Nicolas **Chu**

Réussir un projet de **site web**

4e édition

Avec la contribution de Jean-Marie **Thomas**

EYROLLES

ÉDITIONS EYROLLES
61, bd Saint-Germain
75240 Paris Cedex 05
www.editions-eyrolles.com

Avant-propos

D'aucuns pourraient dire (et le disent, d'ailleurs !) qu'il suffit de « bien » développer un site pour que ce dernier soit une réussite. C'est une condition essentielle certes, mais non suffisante. Le succès d'un tel projet passe en effet par une approche multidisciplinaire.

Ainsi est-il nécessaire pour toute personne souhaitant mettre en œuvre un site web de disposer de connaissances aussi bien dans le domaine de la gestion de projet que dans ceux de l'ergonomie, de l'hébergement, du référencement, de la promotion et de l'animation, de l'analyse d'audience et des aspects juridiques.

Chaque aspect pourrait à lui seul faire l'objet d'un ouvrage entier. J'ai préféré ici proposer une synthèse complète afin de vous apporter toutes les connaissances nécessaires pour atteindre vos objectifs :

- Le chapitre 1 présente la méthodologie à appliquer pour la gestion d'un tel projet en décrivant précisément chaque étape.
- Le chapitre 2 regroupe les aspects fondamentaux à suivre pour rendre votre site facile d'utilisation et l'information accessible aisément.
- Le chapitre 3 donne des indications précises pour bien choisir votre hébergement : les offres du marché, les « pièges » à éviter, les erreurs à ne pas commettre...
- Le chapitre 4 dévoile comment bien référencer votre site auprès des outils de recherche.
- Le chapitre 5 détaille les stratégies à employer pour faire connaître votre site au plus grand nombre et pour en assurer l'animation.
- Enfin, le chapitre 6 explique comment récupérer et interpréter les statistiques d'audience pour connaître le trafic de votre site ainsi que ses performances.

Outre une prise en compte des avancées fonctionnelles, technologiques et juridiques, cette quatrième édition comprend une mise à jour complète du chapitre sur le référencement ainsi que celui sur les aspects promotionnels d'un site web.

L'approche se veut ici pragmatique en exposant pour chaque thème les principes fondamentaux ainsi que des recommandations (pour éviter la plupart des écueils) avec des exemples concrets. Vous trouverez également des modèles de document en annexe ainsi que des fiches récapitulatives à la fin de chaque chapitre.

Cet ouvrage vise donc à introduire auprès des lecteurs ce qu'est « un projet de site web » en abordant l'ensemble des thèmes susmentionnés. On y présente un point de vue pouvant convenir aussi bien aux personnes en charge de la mise en place d'un portail de grande envergure qu'à celles désirant simplement approfondir leurs connaissances dans le domaine.

À qui s'adresse cet ouvrage ?

Cet ouvrage se situe à l'interface entre le technique et le fonctionnel. Il s'adresse à toute personne concernée par la création ou la refonte d'un site web : dirigeants d'entreprise ou d'association, particuliers, chefs de projet, chefs de produit, DSI, webmasters, chargés de communication...

Mais aussi les étudiants en informatique et en multimédia, qui y trouveront pour la mise en place de leur site web un complément aux aspects purement techniques et les étudiants en gestion de projet ou écoles de commerce qui disposeront ainsi d'une introduction complète dans le domaine.

Remerciements

Avant de rentrer plus en détail dans la conduite de projet web, je souhaite remercier pour leurs apports essentiels :

- tous ceux qui ont bien voulu contribuer à l'ouvrage par leurs éditoriaux :
  - Bertrand Bathelot,
  - Jean-Philippe Briguet,
  - Murielle Cahen,
  - Armel Cusin-Gogat,
  - Carl Rakotondrainibe,
  - Alain Robillard-Bastien,
  - Marc Pfohl
  - et Nathalie Weinryb ;
- Kristen, Pierre et Renaud pour les illustrations de têtes de chapitre ;
- Nicolas Herzog, avocat au barreau de Paris, qui a relu et commenté avec soin les aspects juridiques de chaque chapitre ;
- Jean Bury, pour sa relecture et ses commentaires toujours fondés et constructifs ;
- Muriel Shan Sei Fan, Sophie Hincelin et toute l'équipe des éditions Eyrolles pour la confiance qu'elles m'accordent depuis quatre éditions ;
- Séverine pour son soutien et pour m'avoir enseigné qu'il y avait une vie après le travail !

Enfin, merci à ma mère pour m'avoir offert un Amstrad CPC 6128 dans les années 1980 et, ce faisant, d'avoir fait naître ma passion pour les technologies de l'information...

Bonne lecture !

Nicolas Chu

http://www.nicolas-chu.com

Table des matières

chapitre 1

Méthodologie de conduite de projet web

On commet souvent l'erreur de ne pas considérer la mise en place d'un site web comme un projet à part entière. Or, comme toute application informatique, un site web nécessite d'être défini, puis conçu, avant d'être réalisé, sans oublier qu'il existe aussi un « après projet », qui devra être préparé – exploitation, promotion, animation…

SOMMAIRE

MOTS-CLÉS

- Gestion de projet
- Définition
- Expression des besoins
- Plan du site
- Trame des pages
- Architecture web
- Réalisation
- Développement web
- Recettes et tests
- Lancement
- Organisation

Phase 1 : définir un projet

La définition est la phase la plus importante d'un projet. De nombreux projets de création de sites web échouent en raison d'un cadrage initial insuffisant : les besoins ont été trop peu ou mal définis, aucune stratégie n'a été clairement identifiée, aucun budget n'a été prévu pour l'exploitation...

La phase de définition permet d'identifier le périmètre initial du projet et d'établir l'organisation et les moyens nécessaires à sa mise en œuvre. Il conviendra donc d'étudier les alternatives existantes et on analysera leurs impacts, tout en planifiant les différents travaux et en constituant une équipe de réalisation.

UN PEU DE VOCABULAIRE...

Projet & périmètre

Nous pouvons définir un projet comme la réalisation d'une prestation correspondant à l'expression d'un besoin, suivant un délai et un budget donnés, à un niveau défini de qualité. Ces trois engagements intrinsèques – qualité, délai et coût – définissent ce que l'on nomme « le périmètre » du projet.

Qui demande : la maîtrise d'ouvrage (MOA)

Également appelée « client » d'un projet, la Maîtrise d'Ouvrage est la personne ou l'entité à l'origine de la demande. Cela peut être, selon les cas, une société extérieure ou une unité interne de l'entreprise. Elle définit le site Web, le besoin, l'adéquation des solutions proposées et est économiquement responsable du produit (c'est le payeur).

Qui réalise : la maîtrise d'œuvre (MOE)

Il s'agit de la personne ou de l'entité qui réalise le projet afin de répondre à la demande d'une maîtrise d'ouvrage. Elle définit et conçoit la solution, la réalise et assiste souvent la MOA dans le démarrage du projet.

Étude du quoi, du quand et du pourquoi ?

Cette étude, dite étude préalable ou préliminaire consiste essentiellement à collecter et à analyser les informations relatives au lancement du projet. Ces dernières doivent permettre d'analyser la nature du marché et d'identifier les besoins existants.

La réalisation d'études de faisabilité (ce qui justifie le lancement du projet en fonction des ressources de l'entreprise), de marché (positionnement du futur site en fonction de l'existant), voire de concurrence (qui donnent un panorama de ce qui a déjà été fait en la matière par d'autres entreprises), peut vous aider dans cette démarche.

Pour mieux cerner les raisons de la création du site, ainsi que les contraintes qui y sont associées (calendaires, techniques, juridiques, organisationnelles...), l'étude doit répondre aux questions suivantes :

- Quelles sont les attentes du client et/ou du public cible ?
- A-t-on identifié les gains qui seront engendrés par la mise en place de ce site web ? Si oui, de quelle nature sont-ils : gains de productivité ? réduction des coûts ? gains en notoriété ? gains financiers ?
- A-t-on prévu un retour sur investissement ? La cible serait-elle prête à payer pour accéder à des informations à haute valeur ajoutée ?
- Quel est le résultat à obtenir d'un point de vue fonctionnel ?
- Quelles sont les stratégies associées au lancement du projet ?
- Quelle est la cible (typologie, niveau d'équipement, niveau de connaissance...) ?
- Est-ce que le public visé est sensible à ce nouveau moyen d'information ou de commerce ?
- Quels sont les risques ?
- Le contenu est-il identifié ?
- Quel est le budget envisagé ?
- Est-ce que le lancement du site est associé à une date fixe (salon, promotions, etc.) ?

RETOUR D'EXPÉRIENCE

Premières causes de dérapage

Souvent, le client d'un projet part sur une idée trop imprécise. L'étude préalable doit l'obliger à cerner plus précisément ses besoins. À défaut, le projet risque fort de ne jamais aboutir (gel dû à une mauvaise définition, arrêt pour manque de budget...).

À l'issue de cette étude, vous devriez avoir identifié la cible et les besoins, estimé le niveau d'équipement de vos futurs internautes et surtout défini les objectifs généraux et le type de site qu'il vous faudra mettre en œuvre (voir tableau 1–1). La synthèse de l'ensemble de ces informations se retrouvera dans un document spécifique : le cahier des charges fonctionnel.

Tableau 1–1 Les différents types de sites web professionnels

Intitulé	Description	Cible
Site institutionnel	Également appelé « site plaquette », il s'agit d'un site présentant l'activité d'une entreprise, les produits et services qu'elle propose, ses offres d'emploi, son implantation...	Clients et prospects de l'entreprise
Site marchand	Il s'agit d'un site de commerce électronique en charge de proposer un catalogue de produits avec une possibilité de commander et de payer en ligne.	Clients et prospects des produits proposés par le site
Portail généraliste	Ce type de site ne s'adresse pas à une cible bien déterminée et peut se scinder en trois catégories : • Les portails de service en ligne. Il s'agit généralement de ceux des fournisseurs d'accès à Internet (Wanadoo, Free, Club-internet, Tiscali…). • Les moteurs ou annuaires de recherche qui proposent des services en plus de leur fonction première, tels des traducteurs, des forums, des petites annonces…(Yahoo!, Alta Vista, Google…) • Les portails de téléchargement de logiciels (tucows.com…)	Grand public
Portail thématique	Un portail thématique est un espace sur le Web se proposant de ne traiter que d'un domaine spécifique en offrant tous les services qui pourront s'y référer (seloger.com, netalya.com, notre-planete.info…)	Internautes intéressés par le thème du site
Communauté virtuelle	Une communauté virtuelle est un site web qui propose aux internautes un espace de communication pour échanger, publier, débattre, convaincre autour d'une passion voire d'une activité commune. Proche d'un portail thématique, la communauté virtuelle s'en démarque cependant en formant un véritable groupe unique et identifié : ses membres.	Membres de la communauté
Portail d'entreprise	Il peut prendre plusieurs formes selon sa cible : • pour les employés : un intranet d'information, de collaboration ou d'applications ; • pour les clients : un site Internet de diffusion d'informations relatives à leur compte, la prise en considération de leurs aspirations permettant la mise en place d'un CRM… • pour les partenaires et/ou fournisseurs : un extranet pour le suivi des commandes, la gestion des stocks…	Employés, clients, partenaires ou fournisseurs de l'entreprise
Journal en ligne	Comme son nom l'indique, il s'agit d'un journal sur Internet. Il peut appartenir à un organisme de presse traditionnel ou bien être uniquement diffusé sur le Web (lemonde.fr, 01net.com…)	Grand public

Le cahier des charges fonctionnel

Le cahier des charges fonctionnel

L'AFNOR définit le cahier des charges fonctionnel comme un document par lequel le demandeur exprime son besoin (ou celui qu'il est chargé de traduire) en terme de fonctions de services et de contraintes. Pour chacune d'elles sont définis des critères d'appréciation et leurs niveaux. Chacun de ces niveaux doit être assorti d'une flexibilité.
(Source : AFNOR / Norme NF X 50151)

Le cahier des charges fonctionnel d'un projet est un document par lequel le client (maîtrise d'ouvrage) exprime son besoin. Ce dernier doit être formulé en termes de fonctionnalités que le futur internaute aura à accomplir, ou que le site Web devra accomplir pour lui. Il s'agit d'un élément clé du projet, à ne surtout pas négliger. En effet, c'est ce dernier qui va permettre à l'équipe de réalisation :

- de savoir ce qu'elle doit développer ;
- de définir comment elle doit le développer.

L'élaboration d'un tel document s'appuie sur une démarche spécifique qui consiste à rechercher, caractériser et hiérarchiser les fonctionnalités du futur site web :

1. Dans un premier temps, il convient de recenser les fonctionnalités possibles. Chaque fonctionnalité devra être exprimée exclusivement en termes de finalité et être formulée par un verbe à l'infinitif suivi de plusieurs compléments. Par exemple : « afficher de la documentation », « rechercher des informations », « télécharger des logiciels »...
2. Une fois les fonctionnalités identifiées, il est nécessaire de caractériser et de quantifier chacune d'elles en précisant les critères d'appréciation, les niveaux de chaque critère et la flexibilité de ces derniers.
3. Enfin, il faut pouvoir indiquer à la maîtrise d'œuvre les services essentiels sur lesquels il faudra concentrer son savoir-faire ; pour cela, il est possible de hiérarchiser les fonctionnalités, soit en associant directement un coefficient à chacune, soit en comparant chaque fonctionnalité à toutes les autres en jugeant si elle est « plus importante » ou « moins importante ».

À la fin de la démarche, nous obtenons pour chaque fonctionnalité une grille de description des besoins :

Sujet	Description
Intitulé	Intitulé de la fonctionnalité
Objectif	Formuler ici les actions que le site doit être capable d'effectuer. On parle alors de « fonctionnalités » du site : moteur de recherche, téléchargement...
Description précise	Une description précise permettra à la maîtrise d'œuvre de voir quels développements seront nécessaires au cours de l'étape de « conception technique ».
Critères d'appréciation	Préciser ici les caractères retenus pour apprécier la qualité de la réalisation (fonctionnel, disponibilité, ergonomie, délais, coût...) et surtout le rapport déclaré acceptable par le client du projet entre le prix, la qualité et les délais de la réalisation (il s'agit ici de se préparer à négocier une variation de performances par rapport au besoin initial).
Priorité	Appliquer ici un critère de priorité. Par exemple : 1 = vital, 2 = important, 3 = confort.

Afin de finaliser le cahier des charges, il convient d'ajouter à ces grilles des rubriques spécifiques devant traiter :

- de l'existant en termes de technique (architecture, infrastructure, applications...), de contenu (présence et disponibilité des sources d'information) et d'organisation (impacts d'un tel projet dans la société) ;

- des contraintes à respecter (sécurité, volumétrie, performances attendues, exigences de qualité, délais, aspects administratifs et juridiques…) ;
- des solutions possibles pour répondre aux exigences et aux besoins exprimés.

Le plan projet

Une fois le cahier des charges fonctionnel rédigé, la maîtrise d'œuvre définit dans un plan projet les orientations structurantes permettant de fixer le cadre des travaux à venir.

Ce document prend donc naissance à partir d'une expression de besoin (cahier des charges fonctionnel), pour être complété en fonction de l'analyse de ce besoin (faisabilité, définition de la solution, travaux à réaliser, estimation des charges et planning). Il est destiné à rendre explicite le projet à l'ensemble des acteurs concernés, y compris et surtout à l'équipe de réalisation.

Le plan projet matérialise le « contrat » entre le demandeur (MOA) et l'équipe en charge de la création du site (MOE). Tout au long de la durée du projet, ce document protégera chaque partie contre toute contestation et tout imprévu en définissant clairement le périmètre et les limites du projet.

Vous trouverez en annexe un modèle de plan projet avec des exemples de contenu pour chaque section.

À RETENIR

Le cahier des charges fonctionnel « exprime » un besoin en identifiant le « quoi », le « quand » et le « pourquoi ». Le plan projet « répond » à ce besoin en indiquant le « comment ».

À RETENIR

Le plan projet est également appelé « Cahier des charges Opérationnel ».

Tableau 1–2 Petit lexique de gestion de projet

Intitulé	Définition
Fonction ou Travaux	Une finalité qui concourt à la réalisation d'une mission ou d'un processus et qui est obtenue par la réalisation d'activités.
Activité	Regroupement d'actions qui a un début et une fin et qui peut être mesuré (volume, temps). Elle peut se décomposer en tâches.
Tâche	Action de base à accomplir dans les conditions fixées et permettant la réalisation d'une activité.
Charge	Correspond à un temps de travail effectif (la valeur est exprimée en heures, jours ou semaines).
Durée	Correspond au nombre de jours compris entre la date de début et la date de fin fixées précédemment (la valeur est exprimée en heures, en jours ou en semaines).
Délai	Correspond aux dates de début et de fin dans la réalisation d'une action (les valeurs sont des dates).

Les principaux éléments d'un plan projet

Les principaux éléments du plan projet sont les suivants.

Présentation générale du projet

Cette section doit décrire les motivations et les bénéfices attendus et doit permettre de définir les priorités (MSM : Must, Should, May) pour la réalisation du site web. On y présentera les objectifs du projet, les enjeux, les risques, le périmètre, les limites du périmètre et la/les cible(s) du site.

Orientations fonctionnelles

Cette section résume les fonctionnalités décrites par le cahier des charges fonctionnel qui seront réalisées au cours du projet.. On identifiera pour chacune d'elle un responsable fonctionnel qui sera, par la suite, garant de la définition du contenu voulu. Les orientations fonctionnelles devront donner au client du projet des indications sur ce qui sera développé tant au niveau du front-office (ce que verront les internautes) que du back-office (l'interface d'administration du site web).

Travaux et activités

Cette section décrit, pour chaque phase du projet, les travaux et les charges qui y sont associés. Pour chaque activité, les éléments suivants devront être identifiés : délais, ressources, pré-requis, description des tâches, livrables attendus. Cela donne une visibilité sur le déroulement futur du projet : qui fait quoi, quand.

Les acteurs

Cette section identifie les acteurs du projet et leurs principales responsabilités en termes de réalisation : gestion et pilotage du projet, comité directeur et intervenants.

Le plan d'assurance qualité (PAQ)

Cette section doit résumer les actions ou consignes principales qui permettront le bon fonctionnement du projet. Le PAQ devra être respecté par chaque membre de l'équipe en charge du projet.

EXEMPLE **Principes de durée et de charge**

Pour mieux comprendre le principe de durée et de charge, prenons l'exemple d'une tâche de préparation d'une réunion.
Imaginons que nous sommes le vendredi 1er décembre 2006, j'ai prévu une réunion pour vendredi prochain, soit le 8 décembre 2006. mardi 5 décembre 2006, j'ai enfin pu mettre d'accord tous les acteurs concernés par la réunion et les convaincre d'y participer. J'ai finalement passé un total de 3 heures pour préparer cette réunion : en contactant les acteurs, en mettant d'accord les acteurs sur les points précis à aborder dans cette réunion et en réservant la salle. Les délais de cette tâche de préparation sont alors :
- date de début : 1/12/2006,
- date de fin : 5/12/2006.
La durée de cette tâche est égale à 5 jours et sa charge, à 3 heures.

Planning

Cette section doit offrir une vision synthétique du projet et de son déroulement, en indiquant les dates clés (jalons) et, pour chaque tâche : la durée, la charge, la date de début, la date de fin, les ressources associées et les liaisons entre chacune d'entre elles. Le planning est un des éléments clés du plan projet car il engage la responsabilité de l'équipe de réalisation sur les dates de livraison.

Budget

Cette section décrit tous les coûts induits par la réalisation du projet : les coûts humains, matériels, de formation, de prestations. Il vous faut ici évaluer le plus précisément possible les dépenses pour chacun des postes :

- l'élaboration du cahier des charges, voire des spécifications fonctionnelles ;
- le dépôt du ou des noms de domaine ;
- la création graphique ;
- la conception et la rédaction du contenu ;
- le développement de l'application ;
- la recette et les tests ;

- la mise en ligne et l'hébergement du site ;
- la ou les campagnes de promotion (publicité, communiqués de presse, marketing direct...) ;
- l'exploitation du site.

Comment présenter votre estimation budgétaire ?

Il est fortement recommandé de présenter votre estimation budgétaire sous plusieurs formes différentes afin de donner une visibilité globale sur les coûts engendrés par la création de votre site web.

Premier aspect : l'estimation budgétaire par poste de travail

Cette vue budgétaire consiste à déterminer le temps passé par chaque membre de l'équipe sur le projet, après y avoir associé pour chacun un taux journalier. Cette démarche est indispensable pour prévoir les ressources (voir figure 1-1).

Charges projet par poste de travail			
	Charges en J/H	Taux journalier	Sous Total
Responsable Projet	215	543 €	116 745 €
Responsable technique	100	320 €	32 000 €
Conseil Marketing	100	340 €	34 000 €
Concepteur/Webdesigner	80	380 €	30 400 €
Ergonome	100	530 €	53 000 €
DA	60	530 €	31 800 €
Infographiste	80	420 €	33 600 €
Rédacteur	170	320 €	54 400 €
Ingénieur/Développeur	500	250 €	125 000 €
Architecte web	50	600 €	30 000 €
Chargé d'étude	190	590 €	112 100 €
TOTAL	1645	4 823 €	653 045 €

Figure 1–1 Exemple d'évaluation budgétaire par poste de travail pour la création d'un site web important

Deuxième aspect : l'estimation des charges par travaux et activités projet

Cette dernière décompose le projet en tâches, auxquelles est affectée la quantité appropriée de jours pour leur réalisation (voir figure 1-2).

Répartition des charges par activité	
Activité	Charges
Gestion de Projet	245
Conception	320
Marketing & Communication	120
Travaux Techniques	650
Qualification & Recettes	150
Documentation & Formation	50
Mise en place Exploitation	70
Aspects fonctionnels	40
Sous total	1645

Figure 1–2 Exemple d'estimation des charges par activité pour le même projet

> À RETENIR **Les indicateurs de pilotage d'un projet**
>
> Piloter un projet, c'est en fin de compte mettre en œuvre toutes les actions nécessaires pour assurer la convergence vers les objectifs. Pour ce faire, plusieurs outils (les indicateurs de pilotages) sont à votre disposition :
> - l'avancement de la production ;
> - le contrôle des jalons critiques ;
> - l'avancement du budget.
>
> Selon l'importance et/ou la complexité du projet, ces indicateurs peuvent être utilement complétés par :
> - un suivi de planning détaillé (sous réserve de disposer d'un outil adéquat) ;
> - un suivi des risques.
>
> Les indicateurs de pilotage doivent être régulièrement mis à jour et publiés dans un tableau de bord.
>
> Vous trouverez en annexe une description détaillée de chaque indicateur (objectif, format, exemple, conception, actualisation, interprétation, points forts et limites).

Troisième aspect : l'estimation des autres charges budgétaires

Il s'agit ici de lister l'ensemble des charges du projet, autres que celles relatives aux ressources de l'entreprise : licences des logiciels, mise en place de l'hébergement, formations, audit de sécurité, tests de charges, prestations externes...(voir figure 1-3).

Autres charges budgétaires projet	
Licence de développement	15 000 €
Mise en place hébergement	8 000 €
Audit de sécurité	10 000 €
Tests de charges	12 000 €
Agences de communication & relations presse	10 000 €
Tests de consolidation	9 000 €
TOTAL	64 000 €

Figure 1–3 Exemple d'estimation des autres charges budgétaires pour le même projet

📖 J.Printz C.Deh B.Mesdon N.Trèves, *Coûts et durée des projets informatiques - Pratique des modèles d'estimation*, Hermès, 2001.

Il est également essentiel d'associer à l'estimation budgétaire du projet les charges évaluées pour l'exploitation, c'est-à-dire pour la vie et la maintenance du site ainsi que celles nécessaires à sa promotion. En effet, ces dernières peuvent s'avérer parfois très importantes et remettre en cause la viabilité économique du site (voir figure 1-4).

Charges d'exploitation	
Syndication de contenu externe	40 000,00 €
Hébergement matériel + licence	150 000,00 €
TOTAL	190 000,00 €

Charges de promotion	
Promotion on-line (e-mailing, régie publicitaire et développement d'animations Flashs)	50 000,00 €
Promotion off-line (communiqué de presse, CD de démonstration, salons, publicité presse)	40 000,00 €
TOTAL	90 000,00 €

Figure 1–4 Exemple de charges d'exploitation annuelles d'un portail ainsi que les charges pour sa promotion

Réunir une équipe de réalisation

Dès lors que le plan projet (et donc surtout le périmètre) est validé, une équipe de réalisation se constitue. Il est important ici de bien affecter à chacun ses rôles et ses responsabilités (voir tableau 1-3). En fonction de l'envergure du projet, de l'entreprise ou de l'association, une même personne pourra occuper une ou plusieurs fonction(s).

Panorama des profils

Comme une même personne peut assurer plusieurs missions, il est préférable de raisonner en termes de fonctions plutôt que de se fonder sur les compétences de chacun. Chacune de ces fonctions pourra être confiée, selon les cas, à une personne de votre entreprise, à un indépendant (free-lance), ou encore à une société spécialisée (web agency, société de services en ingénierie informatique...).

Tableau 1–3 Fonctions clés pour la mise en place d'un site web

Fonction	Description
Responsable du projet	Il coordonne le projet et les équipes et prend les décisions dans le périmètre fixé par le plan projet. Il est responsable de la livraison dans les délais attribués avec la qualité requise et le budget alloué. Enfin, il doit résoudre les problèmes et conflits tout en assurant la communication et la cohésion entre le client du projet et tous les membres de l'équipe de réalisation. Quel que soit le type de site, cette personne doit avoir une solide culture technique et marketing ainsi qu'une bonne connaissance de l'ensemble des aspects d'un projet web : contexte financier, hébergement, télécoms, fonctionnel, communication, aspect organisationnel et exploitation. Elle doit aussi être capable de gérer une équipe.
Chef de projet technique ou chef de projet opérationnel	Il est en charge de la maîtrise d'œuvre technique. Il encadre les ingénieurs, l'architecte web, et est responsable de tous les livrables techniques.
Un conseil en marketing et communication interactive	Il compare les coûts de fonctionnement et d'investissements (projet), l'adéquation de la stratégie (ambitions) à la tactique (réalités opérationnelles). Il s'occupe également des opérations d'animation et de promotion du site et est consulté sur la pertinence du contenu et de l'agencement des informations.
Concepteur / webdesigner	Il conçoit l'architecture interactionnelle, l'organisation des pages, l'arborescence et la navigation du site en respectant les indications graphiques, ergonomiques et structurelles.
Ergonome	L'ergonome collecte toutes les informations sur le comportement possible des futurs internautes du site web. Il travaille étroitement avec le webdesigner pour définir le type de navigation.
Directeur artistique (DA)	Le DA conçoit la charte graphique avec le webdesigner et définit la « personnalité » du site en tenant compte des capacités techniques du public cible.
Infographiste	Formé aux principaux outils du marché (Flash, Dreamweaver, Photoshop, Illustrator, Image Ready...), l'infographiste doit suivre les consignes du DA et réaliser les éléments graphiques, ainsi que les templates des pages.
Rédacteur / responsable des contenus.	Il s'agit du responsable des contenus, de leur agencement et du style d'expression. Le rédacteur doit structurer et adapter pour le Web le contenu informationnel fourni par le client.
Ingénieur / développeur web	En fonction du besoin, l'équipe de développement réalisera de simples intégrations « statiques » (découpage et intégration HTML / JavaScript) ou de véritables développements dynamiques (modélisation de base de données, interaction avec le site web en ASP, PHP, JSP, CGI...).
Architecte web	Il doit identifier les modules techniques du site (gestion des utilisateurs, gestion du contenu...) en fonction des fonctionnalités définies par le plan projet. Il est en charge du choix d'une solution du marché adaptée aux besoins (solutions propriétaires type broadvision, solutions J2EE, solutions Microsoft...) et doit estimer les coûts et charges d'implémentation de la solution retenue.
Ingénieur réseau	Il configure les serveurs (HTTP, Application, SMTP...) ainsi que les accès télécoms. En général, il fait partie de l'équipe du prestataire qui héberge le site.
Chargé d'étude	Il aide à la conception du site et à son évaluation (représentant ainsi l'interface entre le technique et la maîtrise d'ouvrage). En amont du projet, il rédige les spécifications fonctionnelles. En aval, il effectue les recettes et les différentes formes de tests (tests de consolidation, tests de charges, tests de visibilité...)

Clauses à vérifier dans un contrat de réalisation de sites web

Si vous décidez de confier la réalisation de votre site web à une entreprise externe, nous vous recommandons fortement de bien vérifier le contenu de certaines clauses du contrat de service.

Modalités de réalisation du site web

Une clause du contrat devra expressément traiter du cahier des charges, des spécifications techniques, de la maîtrise d'œuvre, de la maquette et de la programmation.

EXEMPLE

Le prestataire a pris connaissance du cahier des charges annexé aux présentes et s'engage à en respecter les termes. Sur la base du cahier des charges, le prestataire rédigera les spécifications fonctionnelles et techniques du site web, validées par le client.

Le prestataire assure la maîtrise d'œuvre de la réalisation du site web pour la partie du projet placée sous sa responsabilité et, à ce titre, assure la conception globale de sa part de projet et coordonne tous les intervenants sur sa part de projet.

Le prestataire réalise une maquette du site web comprenant notamment une analyse fonctionnelle des développements spécifiques. Il s'engage à prendre en compte les remarques ou réserves éventuelles du client.

La programmation débute à compter de la validation des spécifications techniques et de la maquette.

Garanties et responsabilité

Cette clause engage le prestataire sur la conformité de ses réalisations tant par rapport au cahier des charges (devant ainsi répondre aux besoins du client) que du point de vue de la législation en vigueur (respect de la propriété intellectuelle).

EXEMPLE

Le prestataire garantit expressément la conformité de ses réalisations aux spécifications de la maquette et aux spécifications techniques, ainsi qu'aux besoins du client, tels que précisés dans le cahier des charges.

Le prestataire garantit expressément ses réalisations auprès du client contre des anomalies et défauts de fonctionnement de toute nature provenant de vices ou erreurs de conception ou de réalisation afférents aux travaux qui lui ont été spécifiquement confiés.

Le prestataire garantit que ses réalisations ne constituent pas une violation d'un droit de la propriété intellectuelle, ni un quelconque fait de concurrence déloyale ou parasitaire. À ce titre, il s'engage à assurer la défense du client et à en supporter tous les frais contre toute réclamation concernant directement ses réalisations et leur utilisation normale, sous réserve d'en avoir été rapidement averti par le client et que la prétendue violation ne porte pas sur des modifications ou adjonctions apportées directement ou indirectement par le client.

Tous les éléments que le prestataire sera susceptible d'apporter au client pour la réalisation de ses prestations devront respecter les lois relatives : aux droits d'auteur / aux marques, dessins, modèles et brevets / à la vie privé / à la communication audiovisuelle /...

Délais

Cette clause implique la responsabilité du prestataire sur des dates de livraison.

> EXEMPLE
>
> L'ensemble du site testé et recetté devra être livré pour une mise en production le 18 avril 2003
>
> Les délais ont un caractère impératif, compte tenu des contraintes de l'exploitation du client, que le prestataire déclare bien connaître.

Cession des droits de propriété intellectuelle

Les points clés du contrat de réalisation tournent autour du code de la propriété intellectuelle : celui qui crée est l'auteur, il a droit à protection par droits d'auteur moraux et patrimoniaux sur son œuvre. Cela sous-entend que la société qui réalise le site web est considérée par défaut comme « l'auteur » de cette application et est donc protégée par le droit d'auteur. Il vous faut alors absolument convenir dans le contrat de réalisation d'une clause de cession de droits sur le site réalisé. C'est une clause à ne pas oublier, faute de quoi vous (en tant que client et non en tant qu'auteur) n'aurez aucun droit de modification et d'adaptation de ce site.

> EXEMPLE
>
> La propriété de tous les éléments du site web conçus sous la responsabilité du prestataire, qu'il s'agisse des développements spécifiques, des documents de conception du site et des éléments graphiques, tels que charte graphique et présentation des écrans, est transférée sans exception ni réserve au client.
>
> À cet effet, le prestataire transfère tous les droits de propriété intellectuelle afférents aux réalisations effectuées par le prestataire pour le client, qu'il s'agisse des droits de reproduction, de représentation, d'adaptation, d'arrangement, de traduction, de distribution, de location, droit d'exploitation sous toutes ses formes.
>
> Le client pourra reproduire et exploiter les réalisations du prestataire de la manière la plus large selon tout mode présent et à venir, sur toute machine et tout support, l'intégrer en tout ou partie avec ou sans modification d'interface, le diffuser par tout moyen ou réseau de télécommunications, y compris par câble ou satellite.
>
> Le client pourra de même adapter, modifier les réalisations du prestataire, à ses seuls risques et périls, comme il l'entend, ajouter ou supprimer des éléments ou fonctionnalités, les fusionner avec d'autres créations.

Phase 2 : concevoir le site

Avant de commencer la réalisation du site à proprement parler, il est nécessaire de définir quelles devront être son architecture logicielle, son infrastructure matérielle et télécoms, son arborescence, la structure de ses pages ainsi que son futur aspect.

La conception fonctionnelle

ACTEURS ET LIVRABLES

Acteurs

MOA (maîtrise d'ouvrage)
Chargé d'étude
Webdesigner
Responsable des contenus
Ergonome

Livrables

Plan du site
Trames des pages
Spécifications fonctionnelles

Déterminer la structure du site et des pages web

Cette tâche, réalisée par le webdesigner, détermine l'organisation générale des services (arborescence) et celle des informations (trame des pages) proposées par le futur site.

L'une des méthodes pour définir l'arborescence d'un site web est de partir du niveau le plus bas, le contenu, pour remonter jusqu'au niveau de la rubrique (voir figure 1-5) :

1 Récoltez le contenu transmis par le client du projet.

2 Structurez ce dernier en blocs d'information.

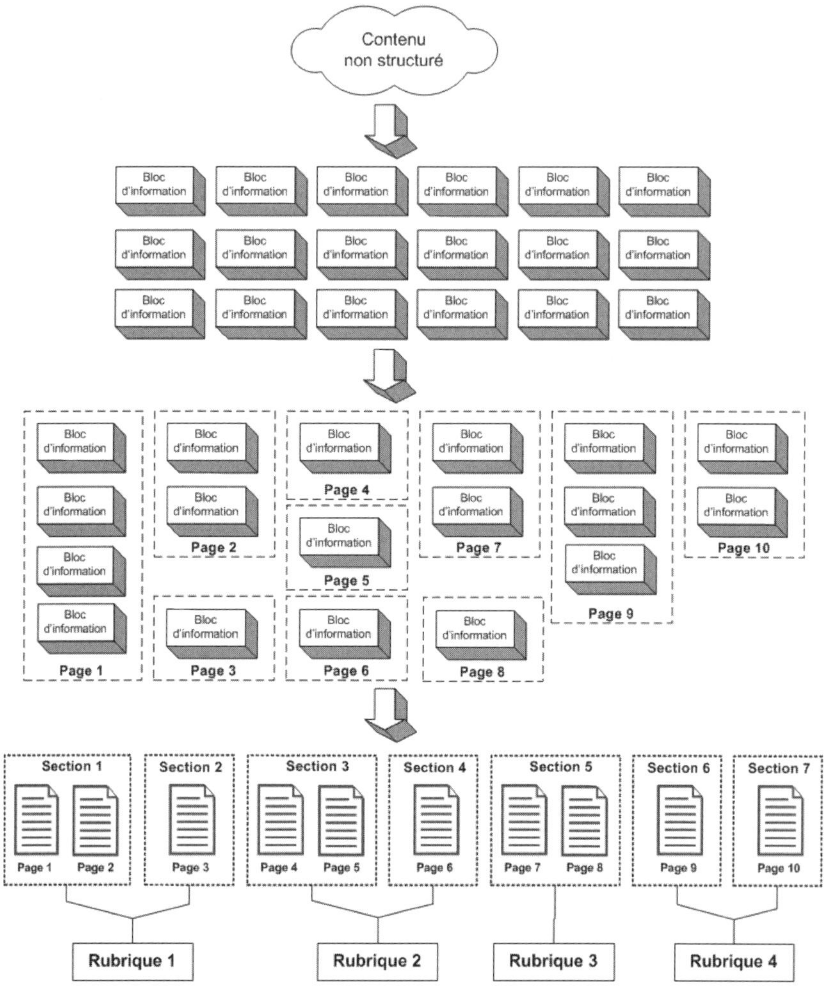

Figure 1–5
Méthodologie pour la réalisation d'une arborescence d'un site à partir d'informations collectées auprès du client du projet

3 Regroupez les blocs d'information portant sur un même sujet afin de constituer le contenu des pages.

4 Identifiez les liens entre les pages du même niveau et rassemblez-les en sections.

5 Définissez l'ossature du site en plusieurs rubriques distinctes à partir de sections portant sur le même thème (maximum neuf rubriques).

6 Trouvez les intitulés des rubriques.

On obtient ainsi un plan du site (voir figure 1-6) qui décrit les liens requis entre chaque page et fait apparaître les groupes qui doivent être mis ensemble.

POUR ALLER PLUS LOIN **L'élaboration du contenu**

Le chapitre 2 du présent ouvrage décrit les principes de rédaction et de communication à suivre pour l'élaboration d'un contenu adapté pour le Web.

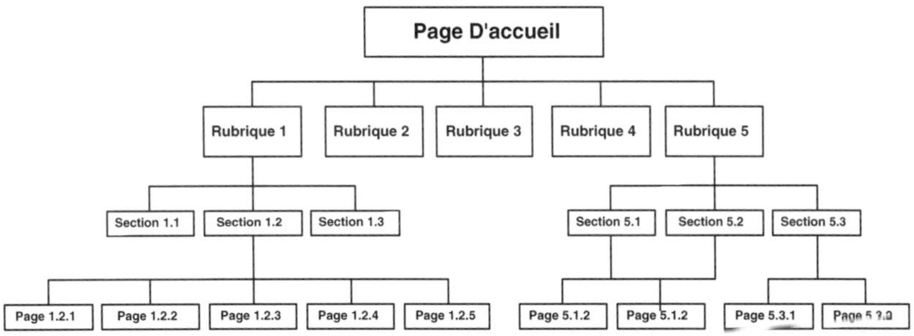

Figure 1–6 Exemple de plan de site

Dans le cas de contenus dynamiques, il est également intéressant de matérialiser les différentes connexions entre chaque composant : base de données, zone de téléchargement... (voir figure 1-7).

Site dynamique

Un site dynamique est un site dont le contenu de certaines pages a été créé automatiquement sur le serveur en recourant à différents mécanismes : requêtes sur une base de données, récupération d'information, envoi de formulaire... Ainsi, tandis qu'une page web « statique » affichera toujours la même information, le contenu d'une page web dynamique variera selon certains paramètres.

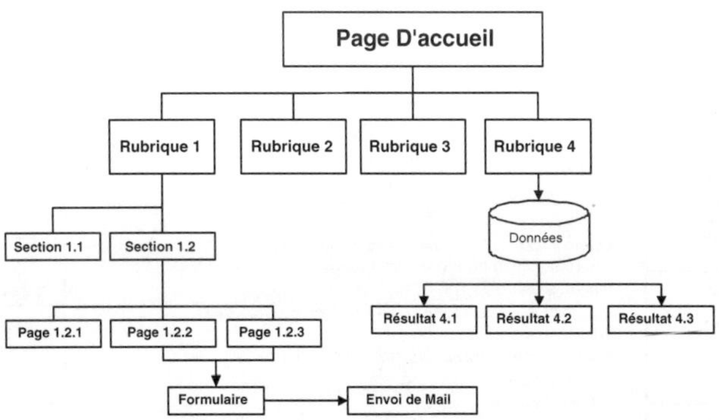

Figure 1–7 Exemple de plan de site avec des contenus dynamiques

Lorsque le plan du site est réalisé, le webdesigner, en collaboration avec le responsable des contenus et l'ergonome, élabore les trames des pages web. Ces dernières doivent représenter conceptuellement l'agencement des informations et le positionnement des différents objets : boutons, zone de contenu, images... (voir figures 1-8 et 1-9). Notez cependant qu'il ne s'agit pas de définir ce qui doit apparaître dans le site mais de définir les orientations à donner au site en termes d'agencement de l'information. Vos trames doivent donc être sans graphique.

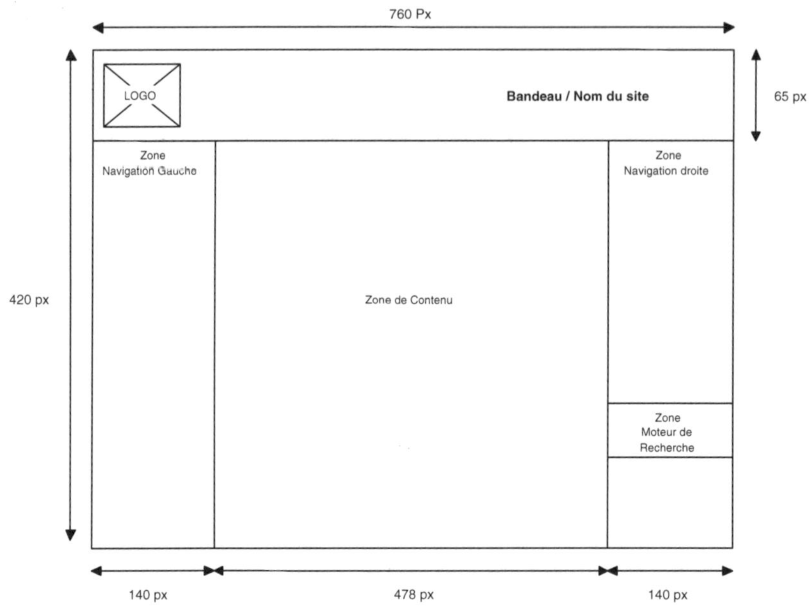

Figure 1–8
Trame simplifiée de la page principale du portail netalya.com avec les dimensions

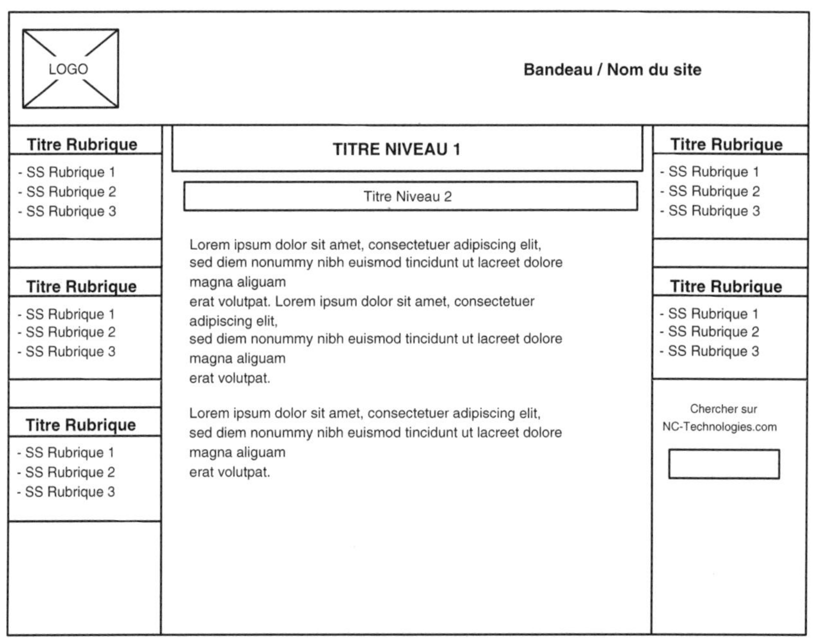

Figure 1–9
Trame de la page principale du portail netalya.com représentant les différents objets

Les spécifications fonctionnelles

En se basant sur les orientations fonctionnelles du cahier des charges et sur le plan du site qui présente les différentes rubriques et sous rubriques, le chargé d'étude va pouvoir réaliser une analyse approfondie par des entretiens réguliers avec le client du projet. Cette analyse devra, pour chaque fonctionnalité, reprendre les orientations déjà exprimées en mettant en avant les points suivants :

- les acteurs concernés par le besoin : profil (internautes, administrateurs) et nombre ;
- les différents cas d'utilisation possible de la fonctionnalité ;
- les éléments en entrée : ce que l'utilisateur doit fournir en entrée ou les actions qu'il doit effectuer ;
- les éléments en sortie (résultats) : quelles sont les données affichées, quand et comment elles sont affichées... ;
- les différents cas d'erreur à gérer.

Une telle analyse sera synthétisée dans un document appelé « Spécifications fonctionnelles ». Ce dernier a donc pour objectif de décrire précisément la future application web et présente un triple avantage :

- premièrement, il donne l'opportunité de s'assurer que les attentes du client ont bien été comprises par l'équipe de réalisation ;
- deuxièmement, il servira de référence pour le développement du site en permettant d'appréhender rapidement le fonctionnement général ;
- troisièmement, il permet de poser les bases d'une réflexion devant par la suite aboutir à la mise en place d'une organisation pour l'exploitation du site.

La conception technique

ACTEURS ET LIVRABLES

Acteurs

MOA (maîtrise d'ouvrage)
Chef de projet technique
Architecte Web

Livrables

Dossiers d'architectures
Modèles des données
Spécifications techniques

L'architecture logicielle

Partant des spécifications fonctionnelles, l'architecte web va identifier les différents modules à intégrer ou à développer :

- personnalisation ;
- gestion des contenus ;
- téléchargement ;
- recherche ;
- ...

Composant

Un composant est une unité de composition logicielle pouvant être produite, acquise et déployée séparément. Selon les cas, le composant peut être développé par des tiers ou bien réalisé en interne.

Tableau 1–4 Quelques modules

Composant	Description
Gestion de contenu	Un module de gestion de contenu permet l'administration, la création et l'édition du contenu d'un site. Les interfaces utilisées n'exigent aucune compétence de programmation particulière ou connaissance spécifique des matériels et technologies nécessaires pour y parvenir.
Gestion de la publication	La gestion de publication (ou *workflow*) permet d'affecter une procédure de suivi à chaque étape d'une publication d'un contenu : rédaction, validation, correction, validation finale. Les différents états sont paramétrables, ainsi que la liste et le nombre de membres chargés de valider chaque état.
Gestion de la personnalisation	Ce module permet de diffuser une même information de manière différente en fonction des profils des internautes.
Gestion des utilisateurs	Ce module permet de gérer les profils des différents utilisateurs du site web. On distinguera les utilisateurs « back-office » (administrateurs et gestionnaires de contenu) des utilisateurs « front-office» (internautes).

L'identification de ces modules va permettre de déterminer l'architecture logicielle : types de serveurs (Web, FTP, SMTP...), composants serveurs requis, annuaire LDAP, SGBD...(voir figure 1-10).

Tableau 1–5 Les principaux éléments d'une architecture web

Élément	Définition
Serveur	Un ordinateur qui contient les informations disponibles pour toute personne accédant à Internet ou à un intranet interne.
Client	Un ordinateur qui accède aux ressources fournies par un autre ordinateur, le serveur
Serveur d'application	Le rôle du serveur d'application est d'assurer l'exécution de la partie serveur de votre site web (si celui-ci en possède une, c'est-à-dire si votre site est dit « dynamique »). Le serveur d'application génère à la volée des pages web pour les internautes à partir d'informations collectées dans les bases de l'entreprise. Ce serveur est toujours associé à un serveur web.
Serveur web ou serveur HTTP	Il s'agit d'un logiciel utilisant le protocole HTTP (*Hyper Text Transfer Protocol* - méthode standard pour transférer des données sur le Web) et dont le rôle est de proposer aux internautes des informations et des services multimédias (textes, graphiques, sons, images), affichés à l'aide d'un navigateur. C'est lui qui gère également les sessions utilisateurs (voir chapitre 6).
Serveur SMTP	Ce logiciel permet la gestion d'envoi de courriers électroniques dans un réseau TCP/IP (voir chapitre 3).
Serveur SGBD	Système de Gestion de Bases de Données. Logiciel permettant de stocker les données, de les mettre à jour et de les consulter
Référentiel statistique/fichier log	Il s'agit d'un fichier créé par un serveur web, contenant des informations sur l'activité d'un site donné. Ces données sont généralement traitées par un outil spécialisé, l'analyseur de log (voir chapitre 6).
Annuaire LDAP	Un annuaire LDAP (*Lightweight Directory Access Protocol*) est une application fonctionnant sur les réseaux TCP/IP et permettant le classement des informations en suivant une thématique arborescente plus ou moins développée.

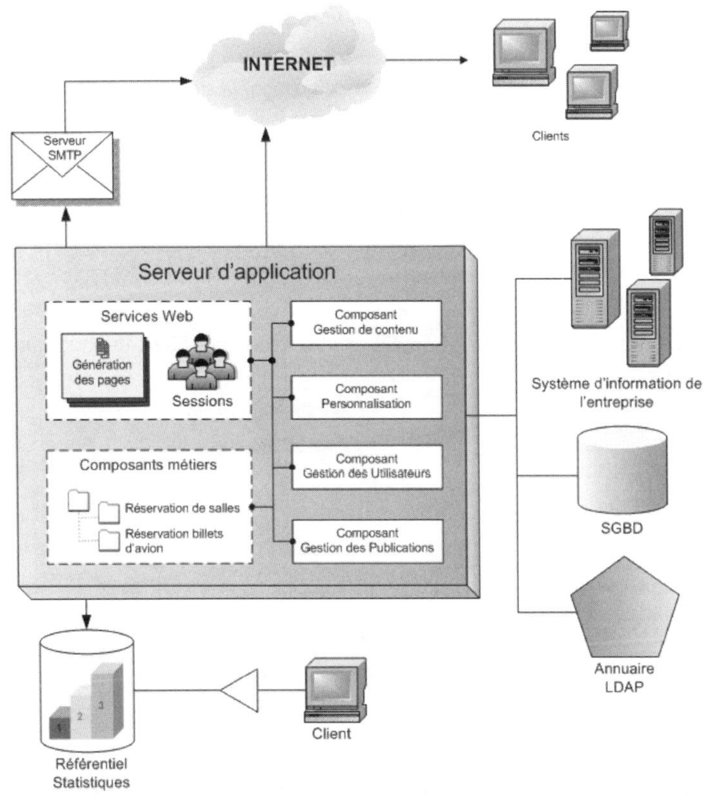

Figure 1–10
Exemple de représentation d'une architecture applicative d'un site web

L'infrastructure matérielle et télécom

Les objets généraux décrits dans le cahier des charges fonctionnel (disponibilité, type de public, estimation de fréquentation…) déterminent l'infrastructure matérielle et télécom à mettre en place : hébergement mutualisé, serveur dédié, bande passante nécessaire (voir figure 1-11, page suivante)…

Le dossier ainsi réalisé servira par la suite de point de départ pour le choix d'une solution d'hébergement.

Voir le chapitre 3 sur l'hébergement d'un site web.

Les spécifications techniques

Afin de préciser un cadre et des règles pour le développement de l'application web, l'équipe technique clôture cette étape par la rédaction des spécifications techniques. On retrouvera dans ce document :

- la description de l'architecture logicielle ;
- le dossier d'infrastructure matérielle et télécom ;
- les règles de nommage (nom des classes, des objets...) et de codage (gestion des variables…) ;
- les types et modèles de données à traiter (modèle conceptuel, opérationnel, logique et physique).

Bande passante, commutateur, pare-feu et routeur

La bande passante représente l'unité de mesure du débit des réseaux et s'exprime en Kb/s (Kilobits par seconde), Mb/s (Megabits par seconde) ou Gb/s (Gigabits par seconde).
Un commutateur (ou *switch*) est un élément d'interconnexion de deux segments de réseaux locaux de même type.
Un pare-feu (ou *firewall*) est un serveur conçu pour protéger un réseau connecté à l'Internet contre le piratage informatique.
Un routeur est un outil logiciel ou matériel servant à diriger les données à travers un réseau.

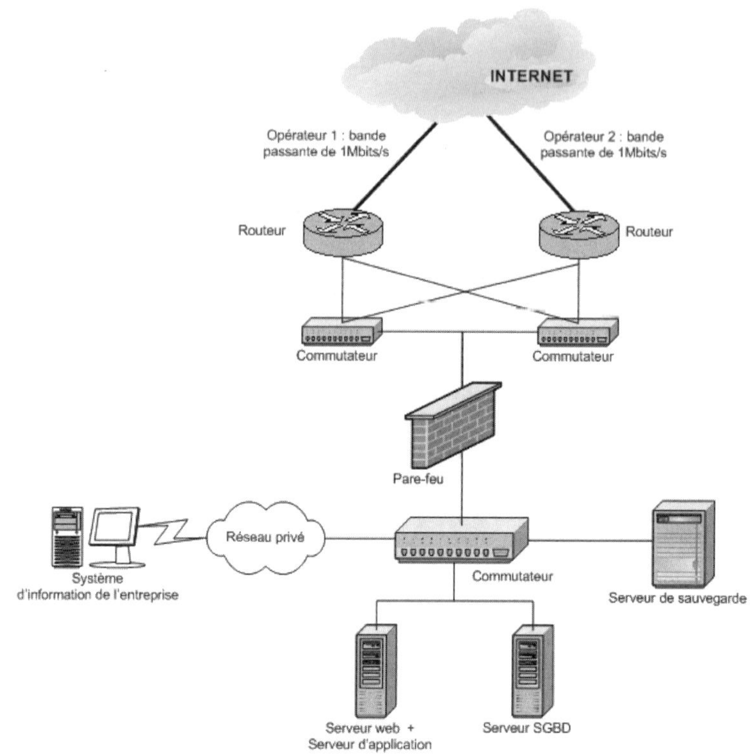

Figure 1–11 Exemple de représentation d'une infrastructure matérielle et télécom d'un site web

ACTEURS ET LIVRABLES

Acteurs

MOA (maîtrise d'ouvrage)
Webdesigner
Directeur artistique
Infographiste
Ergonome

Livrables

Templates graphiques
Maquette
Charte graphique

La conception visuelle

Après validation du plan du site et des trames des pages par la MOA, le directeur artistique définit « l'apparence » du site. Les objectifs principaux sont ici de synthétiser l'ensemble des recommandations pour les mises en page dans un document unique : **la charte graphique** (voir figure 1-12).

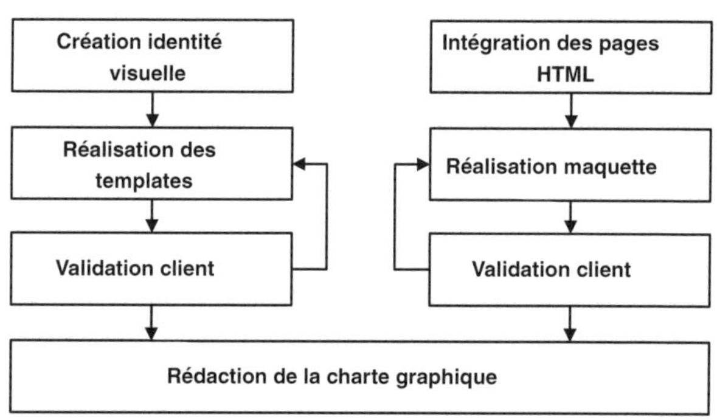

Figure 1–12 Processus de conception de l'aspect du site

Cette étape comprend deux démarches parallèles :

- la création d'une identité visuelle et la réalisation de *templates* pour faire valider l'aspect graphique des pages (voir figure 1-13) ;
- la création d'une maquette du site pour faire confirmer l'agencement des informations et les principes de navigation.

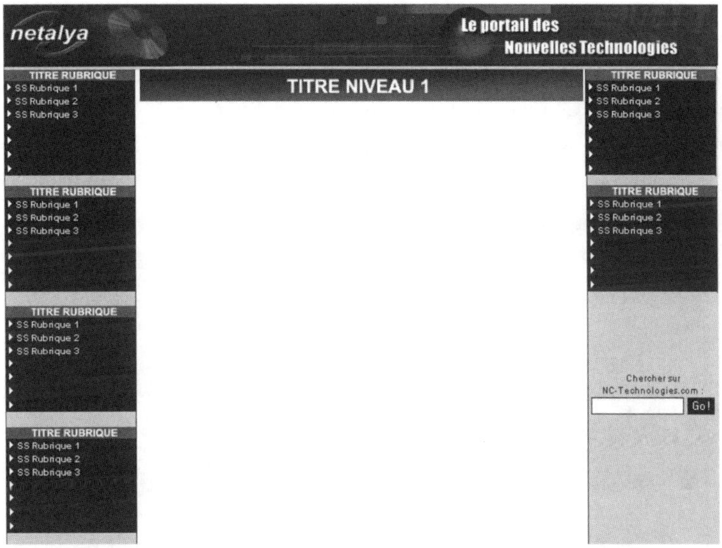

Figure 1–13 Template de la page principale du portail netalya.com

Lorsque l'aspect et la maquette sont validés, l'ergonome établit la charte graphique. Cette dernière se réalise généralement en deux temps :

- la phase « conception » consiste à définir les règles graphiques et ergonomiques permettant la sélection et la mise en page des informations à publier (dimensions et aspects des pages) ;
- la phase « réalisation » complète le document par des éléments plus précis, tels que les conventions de nommage utilisées (nom des fichiers, arborescences, répertoires...), le formatage du code (commentaires, javascript...).

IMPORTANT **La maquette du site**

La maquette du site est une extension et une mise en relation des trames des pages élaborées lors de la conception fonctionnelle. Cette dernière doit permettre de naviguer parmi les contenus et les pages pour valider la pertinence de l'architecture informationnelle.
Tout élément de contenu disponible à cette étape doit être ici intégré avec les liens associés.
Les principales fonctionnalités seront également « simulées » par des pages HTML. Par exemple, si vous incorporez un moteur de recherche, le bouton « soumettre » affichera une « fausse » page « résultats » (en HTML), le principe étant de constituer la structure des futures pages dynamiques (emplacement des objets...). Les éléments statiques représentant les résultats seront par la suite générés par des scripts dynamiques dans la véritable version du site.
L'avantage de développer une maquette est double : d'une part, cela permet de donner un véritable aperçu du site à votre client et d'obtenir ainsi sa validation. D'autre part, cela permet aux développeurs de disposer d'une base de programmation.

Les templates

Les *templates* sont des images représentant les futures pages de votre site. Chaque objet (champ texte, image, boutons...) est placé sur un calque différent. Cela permet de changer sa disposition en fonction des exigences du client.

POUR ALLER PLUS LOIN

Le chapitre 2 du présent ouvrage vous indique les principes à suivre pour réussir votre ergonomie : spécificité du domaine, navigation, recommandations de mise en forme...
Vous trouverez en annexe un modèle de charte graphique avec des exemples de contenu pour chaque section.

ASPECT JURIDIQUE **Le respect des droits de la propriété intellectuelle**

En aucun cas vous ne pouvez reproduire des éléments visuels (photos, images, icônes, logos) sans l'autorisation expresse de leur auteur, qu'il s'agisse d'œuvres originales ou d'œuvres que vous avez retouchées, adaptées, modifiées, etc. Vous pouvez également acheter une licence vous permettant de télécharger et de diffuser certaines images ou photos. L'APP (Agence pour la protection des programmes) est chargée de veiller à toutes ces règles de bonne conduite et est assermentée pour constater les infractions et y mettre un terme.

- http://app.legalis.net

Phase 3 : réalisation technique du site

ACTEURS ET LIVRABLES

Acteurs

Webdesigner
Directeur artistique
Infographiste

Livrables

Pages modèles principales
Pages modèles secondaires

Réaliser l'ossature du site

L'ossature du site est réalisée en fonction des spécifications rédigées au cours de la conception. Il s'agit en fait d'une retranscription des *templates* graphiques en HTML.

Grâce à un outil spécifique (ImageReady, Fireworks...), les trames des pages seront découpées selon la méthode suivante : les éléments qu'on ne peut pas retranscrire en HTML (images) sont convertis au format Jpeg ou Gif, les autres (tableaux, blocs de texte...) deviennent des objets HTML (voir figure 1-14).

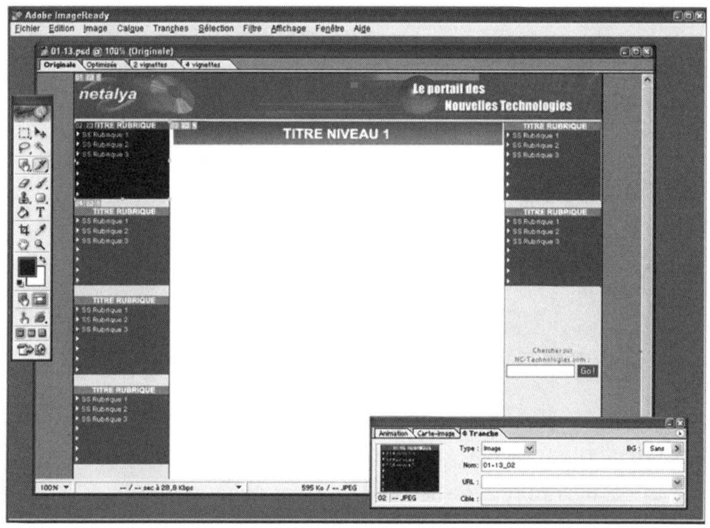

Figure 1–14
Les templates sont divisées en éléments puis découpées avec un logiciel spécialisé.

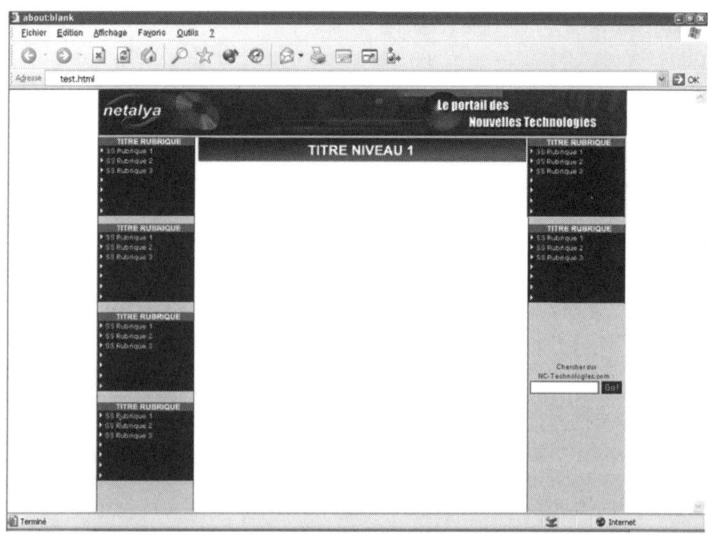

Figure 1–15
Modèle en HTML de pages web obtenu à partir du découpage précédent

Cette action permet de disposer de modèles de pages constitués des principaux éléments de portée générale : menus, images, structures des tableaux... (voir figure 1-15).

Une fois tous ces modèles réalisés, il faut les relier entre eux en suivant l'arborescence définie lors de la phase précédente pour constituer l'ossature du futur site et soumettre l'ensemble au client du projet pour approbation.

B.A.-BA **Modèles de pages web**

Ce sont des pages HTML dénuées de contenu spécifique ayant pour objectif de servir de référence pour le développement des pages du site web.

Les développements

ACTEURS ET LIVRABLES

Acteurs

Chef de projet technique
Rédacteur
Développeur web

Livrable

Site web sur serveur test

Intégration statique et alimentation du contenu associé

Les développeurs intègrent toutes les pages HTML du site en y plaçant les textes, les images et les formulaires. Les CSS seront élaborés en suivant scrupuleusement les recommandations de la charte graphique. Enfin les animations voulues pourront être développées selon les cas soit en Flash, soit en DHTML.

Lorsque le contenu sera intégré aux pages, une attention particulière devra être portée au respect de la charte. En théorie, tout contenu fourni devrait s'insérer dans les emplacements prévus à cet effet. En pratique, le contenu livré nécessite souvent d'adapter la mise en forme de la page web.

Cette étape permet de mettre en œuvre un site dit « statique », c'est-à-dire un site où les pages sont entièrement élaborées et affichées lorsqu'un navigateur les

LANGAGES DU WEB

Flash, CSS et DHTML

Flash est une technologie développée par la société Macromedia permettant la réalisation d'animations vectorielles pour le Web.

▸ http://www.macromedia.fr

Les CSS (Cascading Style Sheet ou feuilles de style en cascade) est un langage permettant de spécifier toutes les caractéristiques de mise en forme d'une page web. CSS permet ainsi de pallier certaines insuffisances du langage HTML (contrôle des polices, contrôle de la distance entre les lignes, contrôle des marges et des indentations...). Vous trouverez plus d'informations sur le site du W3C :

▸ http://www.w3.org/Style/CSS/

Le DHTML (Dynamic HTML) est un terme pour désigner la réunion d'un ensemble de technologies (CSS, HTML et JavaScript) afin de rendre des pages web plus interactives (apparition de texte, défilement d'images...).

ASP et PHP

ASP (Active Server Pages) et PHP (Hypertext Preprocessor) sont des langages de scripts côté serveur (c'est-à-dire interprétés et exécutés sur le serveur et non sur le client, à la différence de JavaScript).

Ces langages permettent le développement de scripts pouvant effectuer de nombreuses tâches comme accéder à des bases de données, générer un contenu HTML en fonction de certains paramètres (profil utilisateur, données d'un formulaire...), gérer des dossiers et autres fichiers directement sur le serveur hôte, etc.

ASP.NET et JSP

ASP.NET et JSP (Java Server Pages) sont des technologies Web orientées « objet » qui reposent sur des pages compilées. Plus robustes et plus puissantes que les langages de scripts, ces deux technologies sont utilisées pour le développement d'applications Web complexes.

Basé sur les langages VB.NET, C# ou Jscript.NET, ASP.NET fonctionne uniquement sous Windows 2000 et XP équipé de l'extension .NET framework.

Les pages JSP, quant à elles, fonctionnent sur toutes les plates-formes équipées d'une machine virtuelle JAVA.

XML

XML (Extensible Markup Language ou langage à balises extensible) est un langage à balises permettant de séparer le contenu de la présentation. XML donne la possibilité de structurer les données qu'il va contenir. Cela permet, par exemple, d'afficher un même document sur des applications ou des périphériques complètement différents en n'en créant qu'une seule version. Contrairement à HTML, vous pouvez définir de nouvelles balises permettant de décrire la présentation d'un texte avec XML. Vous trouverez plus d'informations sur le site du W3C :

▸ http://www.w3.org/XML

appelle. Le contenu placé ici est donc partie intégrante des pages et ne sera pas réactualisé fréquemment.

Programmation dynamique et alimentation du contenu associé

Parallèlement aux développements statiques, la partie dynamique est développée (Scripts ASP, JSP, PHP, modélisation des bases de données, création des fichiers XML…) puis intégrée aux pages.

À la différence de la partie statique, le contenu des pages dynamiques ne fait pas partie des pages mais est issu de sources de données externes. Cette étape consiste donc à mettre en place des modules techniques tels que le moteur de recherche, l'affichage d'un catalogue de produits, la personnalisation...

ACTEURS ET LIVRABLES

Acteurs

MOA (maîtrise d'ouvrage)
Chef de projet technique
Chargé d'étude

Livrables

Rapport de tests
Fonctionnalités corrigées

Tests et recettes

À la fin des développements, le site sera placé sur un serveur de tests afin de vérifier qu'il fonctionne et qu'il correspond bien aux spécifications définies lors de la phase de conception. Cette étape de tests sera réalisée par la ressource à l'origine de l'analyse fonctionnelle : le chargé d'étude.

Il existe un grand nombre de tests possibles pour recetter un site web. Cependant, vous n'êtes pas obligé de tous les réaliser, cela dépendra de la complexité du site et de l'importance que le client du projet accorde à la qualité de service.

Tableau 1–6 Les différents tests pour une application web

Intitulé	Objectif	Points clés
Test fonctionnel	Valider les fonctionnalités du site par rapport aux attentes initiales	Bonne connaissance des spécifications fonctionnelles pour effectuer une comparaison « résultat attendu /résultat obtenu »
Test de design	Valider les éléments graphiques du site	Respect de la charte graphique Respect des standards du W3C Optimisation des pages et des images
Test d'ergonomie	Contrôler la facilité d'utilisation du site par l'internaute	Réalisation par des utilisateurs externes à l'équipe projet Toutes les observations et découvertes concernant chaque participant devront être synthétisées : accès à l'information, compréhension de la fonctionnalité…
Test de compatibilité	Valider l'affichage du site dans différents environnements techniques	Comparaison entre l'affichage obtenu dans une configuration donnée et le gabarit initial de la page
Tests de charge	Valider les temps de réponse, le fonctionnement du site en présence d'un nombre important et simultané d'accès	Analyse du temps de chargement des pages Vérification de la robustesse de l'application dans le cas de « pic de connexion » : accès simultané au site web par un grand nombre d'internautes
Test de sécurité	Vérifier que les informations « sensibles » ne sont pas accessibles par des utilisateurs non autorisés	Protection des données Disponibilités des services Sauvegardes des informations Confidentialité Recherche de vulnérabilité

Tableau 1–6 Les différents tests pour une application web

Intitulé	Objectif	Points clés
Test d'organisation	Valider les éléments d'organisation du site (structure, arborescence...)	Intégrité du site et gestion des erreurs de type « 404 » Gestion des langues Routages en cas de pannes
Test de non-régression	S'assurer que les corrections apportées n'ont pas engendré de nouveaux problèmes	Validation de toutes les fonctionnalités qui ont fait l'objet de corrections Comparaison « résultat attendu / résultat obtenu »

Phase 4 : la mise en ligne du site

La fin de la phase de réalisation ne représente pas pour autant la fin de votre projet. En effet, avant que votre site ne soit accessible à votre public, vous devez préparer son exploitation, régler les aspects administratifs et juridiques et vous occuper de sa promotion.

ACTEURS ET LIVRABLES

Acteurs

MOA (maîtrise d'ouvrage)
Responsable de projet
Chef de projet technique
Conseil en marketing et communication interactive

Livrables

Processus d'exploitation
Documentation
Outils d'analyse d'audience

Préparer l'exploitation du site

Un site web qui dort est un site mort ! En effet, même si votre site ne présente aucun défaut technique ni ergonomique, sans une exploitation efficace et régulière de ce dernier, il sera rapidement abandonné. La préparation de l'exploitation est donc d'une importance capitale : des processus et une organisation devront être mis en œuvre afin de le faire vivre.

Définition des processus d'exploitation

L'objectif ici est de définir un ensemble de processus, de règles qui permettront l'utilisation quotidienne du site par les personnes en charge de son exploitation. Un comité composé du responsable de projet et de plusieurs représentants de la MOA devra se constituer :

- le responsable de projet apportera sa visibilité sur le site web et l'organisation à mettre en place pour son exploitation ;
- les représentants de l'entité cliente adapteront ces indications en fonction des contraintes organisationnelles et budgétaires inhérentes à l'entreprise.

Ce comité devra traiter des points suivants afin de bien définir les modalités d'exploitation du site :

- Qui s'occupera de la mise à jour du contenu ? Quand ? Et comment ?
- Qui s'occupera de l'assistance technique, de la réparation des erreurs constatées ?
- Qui devra gérer les utilisateurs, les droits et les permissions d'accès ?
- Quelle organisation devrez-vous mettre en place pour l'ajout d'une fonctionnalité ?
- Qui s'occupera de l'animation et de la promotion du site ?

B.A.-BA **L'infogérance**

L'infogérance est un service qui consiste à confier la gestion et l'évolution de tout ou partie du système d'information (SI) d'une entreprise à un professionnel des services informatiques dans le cadre d'un contrat avec engagement de résultat. Selon les cas, l'infogérance peut être :

- totale (exploitation du SI du client avec reprise par le prestataire des équipements et de tout ou partie du personnel du client) ;
- partielle (exploitation du SI du client qui en conserve la propriété, avec des équipes du prestataire qui assume la direction des opérations) ;
- réduite (assistance d'exploitation qui correspond principalement à une prestation de moyens, le suivi des tâches quotidiennes restant principalement sous la responsabilité du client).

- Qui analysera les statistiques de fréquentation du site ?
- Qui répondra aux courriers électroniques et autres demandes envoyés par les futurs internautes ?
- Quelles seront les consignes de sécurité à suivre ?

Pour chaque aspect, le comité devra statuer sur le fait de confier ces tâches à une entité interne (webmaster, service informatique, service marketing...) ou externe (entreprise spécialisée dans l'infogérance, dans la syndication de contenu, agence de communication...), le but étant de garantir la pérennité du site web.

Documentation et formation

Une documentation associée à une formation à l'outil de back-office doivent permettre le transfert des connaissances des équipes de développement (celles qui maîtrisent alors le mieux le site web) vers « les nouveaux métiers » induits par la nouvelle organisation mise en place. Cette étape permettra ainsi aux futurs administrateurs fonctionnels de paramétrer et de publier en ligne leur contenu.

> **Le back-office**
>
> Système et architecture d'arrière-plan. Le back-office permet l'administration du site web : gestion du contenu, gestion de la personnalisation...

Le manuel ainsi produit comprendra :

- une description précise des fonctionnalités ;
- les processus d'ajout, de modification et de suppression des informations.

Mise en œuvre d'un système de mesure d'audience

Les technologies web offrent la possibilité d'apprécier la productivité des différentes rubriques, sections et pages de votre site. Pour cela, il vous faut sélectionner un outil spécifique permettant d'évaluer l'efficacité de vos pages en collectant des statistiques pertinentes. Ces dernières pourront s'avérer riches d'enseignements pour le suivi régulier du site :

> Nous détaillerons ces aspects ainsi que les différents types d'outils de mesure d'audience dans le chapitre 6.

- nombre de visites et de visiteurs ;
- taux de clics ;
- pages les plus populaires ;
- durée des visites ;
- pages web d'autres sites qui pointent vers le vôtre ;
- nombre de téléchargements d'une information ;
- type de foyers connectés ;
- parcours des internautes...

L'analyse de ces données donne la possibilité d'identifier le trafic de votre site, le profil des internautes et leurs comportements.

> ACTEURS ET LIVRABLES
>
> **Acteurs**
>
> MOA (maîtrise d'ouvrage)
> Responsable de projet
> Juriste
>
> **Livrables**
>
> Conditions générales d'utilisation (CGU)

Aspects juridiques et administratifs

Respect de la législation en vigueur

La loi française s'applique sur Internet et certains contenus tombent sous le coup de la loi pénale ou civile.

Si certains contenus sont clairement identifiables comme interdits (propos racistes, discriminatoires, diffamatoires, pédophiles, non-respect de la vie privée), d'autres le sont moins, comme ceux du non-respect des droits d'auteur et de la propriété intellectuelle. Ainsi, toute personne évoquée sur un site devra être préalablement prévenue, donner son accord et être informée du fait qu'elle pourra demander ultérieurement la cessation de la diffusion.

De plus, un accord donné pour un autre support ne pourra suffire. On peut croire qu'une entreprise peut transférer sur le Web des œuvres (photos, graphiques, texte, logos de partenaires…) dont elle détient les droits pour un autre support. Or, la légalité de ce transfert ne va pas de soi, car la cession des droits d'auteur n'est jamais tacite. Il est donc particulièrement important de vérifier qu'une clause de cession de droit d'auteur a été libellée avec soin pour tout type de support.

Autre aspect, celui relatif à la langue française. La loi Toubon (4 août 1994) en est garante. Différents organismes et associations peuvent se porter partie civile dans un procès pénal contre un site web ne respectant pas cette dernière dans un cadre commercial et informatif (modes d'emploi, annonces, informations publiques...).

Déclarer votre site

Les sites web, jusqu'au 1er août 2000, étaient considérés comme des services de communication audiovisuelle et étaient encadrés par la loi du 30 septembre 1986. Ils devaient donc être déclarés au CSA, ainsi qu'au Procureur de la République du domicile ou du siège social du déclarant. Ce n'est plus le cas maintenant et la seule déclaration principale qui reste est celle à effectuer auprès de la Commission nationale de l'informatique et des libertés (CNIL).

Les sites web qui collectent des informations nominatives doivent respecter la loi Informatique et Liberté du 6 janvier 1978 en effectuant une déclaration auprès de la CNIL relative au traitement automatisé des données. Ils doivent également prévenir les internautes de l'existence de ce traitement de données et de leurs droits (droit d'accès et de rectification aux informations les concernant).

ASPECT JURIDIQUE

La loi du 6 janvier 1978 reconnaît essentiellement sept droits aux personnes

Le droit à l'information préalable : le contrôle par l'individu des données qui le concernent suppose de sa part la connaissance des fichiers dans lesquels il est recensé.

Le droit de curiosité : toute personne justifiant de son identité a le droit d'interroger les services ou organismes chargés de mettre en œuvre les traitements automatisés pour savoir si ces traitements portent sur des informations nominatives la concernant et, le cas échéant, en obtenir communication.

Le droit d'accès direct : toute personne a la possibilité de connaître l'existence ou non de données la concernant dans un fichier automatisé ou manuel et, si elle le désire, d'en obtenir communication.

Le droit d'accès indirect : pour certaines données nominatives, la loi prévoit un intermédiaire entre les personnes et l'organisme qui détient le traitement.

Le droit de rectification : toute personne peut faire corriger les erreurs qu'elle a pu déceler à l'occasion de la communication des informations la concernant. Ainsi, en cas d'inexactitude, elle peut exiger que ces informations soient rectifiées, complétées, clarifiées, mises à jour ou effacées.

Le droit d'opposition : toute personne peut décider elle-même de l'utilisation de données la concernant et a donc la possibilité de s'opposer à figurer dans certains fichiers ou de refuser la communication des informations qui la concernent à des tiers.

Le droit à l'oubli : la loi reconnaît à l'individu un droit à l'oubli en limitant dans le temps la conservation des données nominatives stockées dans la mémoire des ordinateurs afin d'éviter d'attacher aux personnes des étiquettes définitives.

Tout site à vocation commerciale est amené à procéder à des traitements informatisés et doit donc également faire cette déclaration. Cette dernière peut se faire en ligne, sur le site de la CNIL à l'adresse :

- http://www.cnil.fr

À défaut, l'entreprise risque une amende pouvant aller jusqu'à 300 000 €. En effet, depuis juillet 2004, la CNIL s'est vu dotée de pouvoirs de contrôle effectifs lui permettant de vérifier si les fichiers existants sont conformes aux obligations prévues par la loi et le cas échant de sanctionner directement et financièrement le responsable du traitement de l'information.

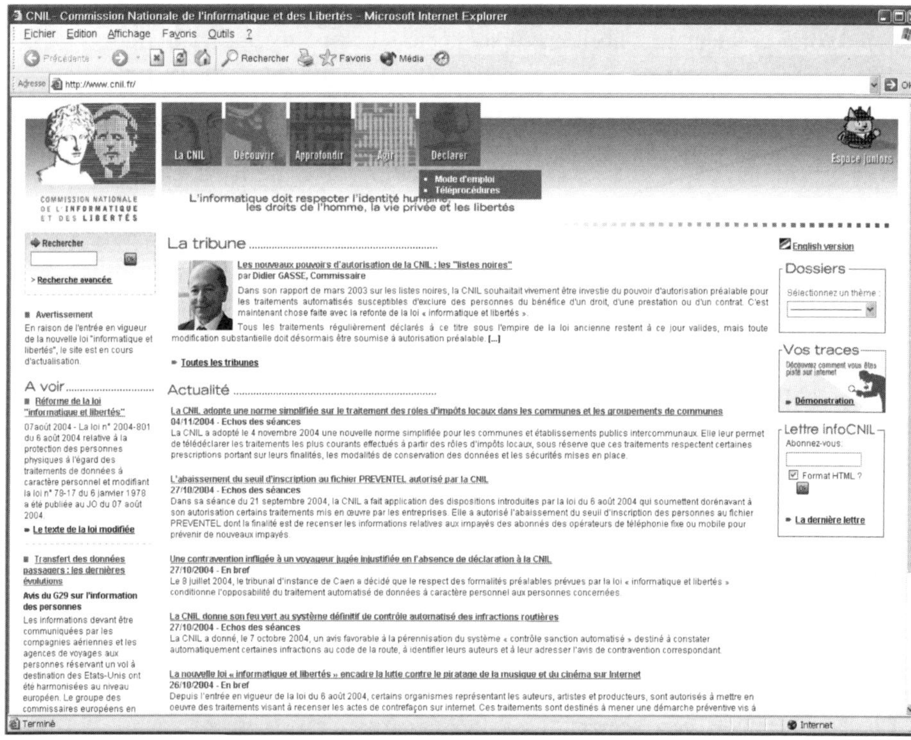

Figure 1–16
Le site de la CNIL vous propose la possibilité de déclarer votre site en ligne, de télécharger des documents en PDF et de consulter des articles et dossiers relatifs à la protection de données personnelles (http://www.cnil.fr).

Citons aussi d'autres organismes qui peuvent être consultés en fonction de la particularité de votre site :

- l'Autorité des Marchés Financiers (AMF) et ses recommandations pour la création d'un site financier (http://www.amf-france.org) ;
- le Bureau de vérification de la publicité (BVP) pour la mise en place de bandeaux publicitaires (http://www.bvp.org/fre/) ;
- la Direction générale des Douanes et des Droits indirects (DGDDI) pour l'importation de produits d'un site marchand (http://www.douane.gouv.fr/) ;
- la Direction générale de la Concurrence, de la Consommation et de la Répression des Fraudes (DGCCRF) pour un site de vente en ligne (http://www.minefi.gouv.fr/DGCCRF/).

Placer en ligne les conditions générales d'utilisation du site

Les sites professionnels doivent comporter certaines mentions à destination des internautes :

- le nom d'un directeur de publication ou celui d'un responsable de la rédaction ;
- pour une société, la dénomination, le siège social et le nom du représentant légal ;
- le récépissé de la CNIL.

D'autres indications, qualifiées de « déclaratives » car non obligatoires, peuvent également être placées en ligne :

- responsabilité et garanties quant à l'utilisation du site ;
- protection des données personnelles /vie privée ;
- avertissement quant à la protection du contenu du site.

Vous trouverez en annexe un modèle de conditions générales d'utilisation d'un site web avec des exemples.

Soulignons que tout site d'information doit désigner un directeur de publication (comme dans la presse écrite) que l'on doit porter à la connaissance du public. Ce directeur de publication sera responsable de l'ensemble des informations contenues dans le site, notamment en cas de violation des dispositions en matière de droit de la concurrence, de la consommation, de protection des mineurs, d'atteinte à la dignité de l'homme, de la femme et des enfants, d'informatique et liberté... Il sera en outre destinataire de toutes les décisions des autorités judiciaires lui commandant de fermer ou non le site.

ASPECT JURIDIQUE

La loi pour la confiance dans l'économie numérique (LEN) adoptée le 21/06/04

L'ensemble des professionnels de l'Internet est concerné par ce texte de loi. En voici les principaux points :

- Les hébergeurs et les fournisseurs d'accès doivent renforcer le contrôle sur les contenus transmis et stockés. Ils doivent également fournir des efforts pour lutter contre la pédophilie sur Internet, l'incitation à la haine raciale et l'apologie des crimes contre l'humanité.
- Pour les sites marchands, leur responsabilité est élargie à l'ensemble de la chaîne de vente : de la commande à la fourniture de biens ou services, même si certaines étapes sont réalisées par d'autres prestataires tiers.
- Pour les professionnels de marketing direct, le seul moyen de toucher les internautes est d'adopter l'envoi d'e-mail en mode « opt-in » (voir chapitre 5). Le consentement préalable du consommateur est donc maintenant impératif pour la prospection par voie électronique.

Quelques démarches pour protéger votre site

Même si une œuvre est protégée dès sa création, il faut en prouver l'authenticité et l'originalité. Plusieurs démarches peuvent vous aider dans ce sens :

- Un pli avec les éléments du site sur papier A4 que l'on s'est envoyé en recommandé avec accusé de réception. Une fois reçu, ce dernier devra être conservé sans être ouvert afin de justifier de l'antériorité de l'œuvre en cas de litige.
- Un dépôt à l'Institut national de la Propriété industrielle (INPI) de formulaires d'enregistrements avec une description des éléments à protéger (http://www.inpi.fr).

- La Société des Gens de Lettres (SGDL) propose aux auteurs un service de dépôt des œuvres qui garantit à l'auteur une date certaine de sa création. Sont acceptés les manuscrits de romans, nouvelles, contes, scénarios, les plans d'architecture, les documents photographiques, les listages de logiciels, les progiciels, les banques de données...
- Un dépôt auprès de l'APP du code source du site.
- L'envoi sur un serveur FTP spécialisé dans le dépôt de documents en ligne tel Fidealis (http://www.fidealis.com/) de votre œuvre.

Vous avez également la possibilité d'utiliser plusieurs techniques de protection.

Par exemple, le dépôt du nom de votre site comme une marque dans la classe 38 (télécommunications : communications par terminaux d'ordinateurs) auprès de l'INPI ou bien l'utilisation du système mis en place par l'APP : IDDN (Inter-Deposit Digital Number) qui protège les œuvres numériques (voir à ce sujet l'encart de Murielle Cahen).

Enfin, la simple apposition d'une mention légale près de l'œuvre protégée peut décourager les internautes mal intentionnés : « Aucune reproduction, même partielle, autres que celles prévues à l'article L 122-5 du Code de la Propriété intellectuelle, ne peut être faite de ce site sans l'autorisation expresse de l'auteur ».

ACTEURS ET LIVRABLES

Acteurs

MOA (maîtrise d'ouvrage)
Conseil en marketing et communication interactive
Responsable de projet
Chef de projet technique
Ingénieur réseau

Livrables

Site web finalisé sur le serveur de production
Bilan « post mortem »
Plan de communication

Le lancement du site et la clôture du projet

Parallèlement à la préparation de l'exploitation et aux aspects juridiques et administratifs, le lancement devra s'organiser en suivant une stratégie de promotion élaborée dès la définition du projet.

Votre budget va directement influencer la politique à suivre pour faire connaître votre site : définition des supports de communication en ligne (publicité en ligne, e-mailing, échange de liens) ou « off-line » (publicité, communiqué de presse...).

C'est également à cette étape que vous envisagez des stratégies de cybermarketing : marketing viral (permettant la diffusion d'informations sur Internet au plus grand nombre et à moindres coûts) et/ou de marketing tribal (vous permettant la mise en œuvre d'une communauté d'internautes fidélisés autour de votre site web).

L'ensemble des objectifs à suivre, des cibles visées, des actions à mener et des supports à utiliser sera résumé dans un « plan de communication ».

Une fois toutes ces tâches réalisées, il faut effectuer une dernière passe rapide sur le site placé sur le serveur de production afin de relever et de corriger les dernières erreurs, puis soumettre votre site auprès des principaux outils de recherche du Web (voir à ce sujet le chapitre 4 du présent ouvrage). À la fin du projet, un bilan devra être établi, dénommé en gestion de projet « bilan post mortem », qui retracera les différentes phases du projet, les aspects positifs comme négatifs, les charges consommées, les délais et les conflits rencontrés. Ce bilan permettra par la suite de servir de référence pour tout nouveau projet similaire.

POUR ALLER PLUS LOIN **Promotion du site**

Le chapitre 5 du présent ouvrage décrit les différentes stratégies possibles pour la promotion de votre site web.

Parole d'expert : comment protéger son site web des contrefaçons ?

Par Murielle Cahen

La création d'un site web demande la mise en place préalable d'une stratégie technique, marketing, financière et juridique, qui suppose, tant pour les entreprises que pour les professionnels personnes physiques, les organismes et associations, voire les particuliers, un effort intellectuel et économique important. Déterminer le cadre juridique de la protection des sites Internet présente, sans doute, un grand intérêt pour les acteurs du monde virtuel.

Que peut-on protéger ?

Les éléments constitutifs d'un site Internet bénéficient, au même titre que les autres œuvres de l'esprit, de la protection par le droit de la propriété intellectuelle. Il en va de même pour le site en lui-même, en tant qu'œuvre multimédia.

Le nom de domaine

La protection des noms de domaine n'est pas expressément prévue par la loi. À cet effet, le nom de domaine pourrait être assimilé à un nom commercial ou à une enseigne, étant donné qu'il sert à identifier une entreprise sur un espace virtuel. Or, un nom commercial ou une enseigne n'est protégé que si ce nom commercial ou cette enseigne est utilisé. Par conséquent, la simple réservation ou l'enregistrement d'un nom de domaine, sans que celui-ci soit effectivement exploité à travers un site Internet actif, ne confère pas le droit à son titulaire d'interdire sa reproduction ou sa réutilisation.

Cependant, le nom de domaine d'un site peut être protégé de trois manières différentes :

- **Par le droit des marques**, s'il en constitue une ou s'il se base sur sa variante. En effet, le droit des marques a un caractère absolu et le titulaire d'une marque peut s'opposer à toute reproduction, usage ou apposition de celle-ci, dans les limites du principe de la spécialité, c'est-à-dire pour des produits ou services similaires à ceux désignés dans l'enregistrement.
- **Si vous avez déjà réservé un nom de domaine dans une zone spécifique** (.fr par exemple) vous pouvez vous opposer à l'utilisation de votre nom de domaine par un tiers dans une autre zone (.com, .net...), en ayant recours à la procédure de règlement uniforme des litiges relatifs aux noms de domaine de l'ICCAN. Cette procédure a pour objet d'organiser le transfert des noms de domaine au profit du requérant, ou la radiation de l'enregistrement du nom de domaine. Pour cela, il faut prouver que le défendeur n'a aucun droit ni intérêt légitime sur le nom de domaine en cause et qu'il est de mauvaise foi.
- **Si la raison sociale de votre entreprise correspond au nom de domaine souhaité**. Vous pouvez réclamer la protection de votre dénomination sociale sur le fondement de l'article 1382 du Code civil. Mais il faut que celui qui a enregistré la dénomination sociale de votre société comme nom de domaine n'ait aucun droit ni intérêt légitime sur le nom de domaine en cause. Si, par exemple, il s'agit d'une société qui a une dénomination sociale similaire ou identique, il faudra prouver qu'il y a, du fait de l'utilisation du nom de domaine, confusion dans l'esprit du public.

Le titre, le logo et les éléments graphiques

Le titre du site web et/ou le logo peuvent être protégés tant par le droit de marques, ce qui suppose leur dépôt préalable auprès de l'INPI, que par le droit d'auteur, s'il a un caractère original (ce dernier, apprécié par le juge, s'entend de l'empreinte de la personnalité de l'auteur).

La structure du site : aspect des pages, arborescence, scénario de navigation sont protégeables au titre de la protection des bases de données

La condition d'originalité vaut également pour la présentation du site. Ainsi, une page-écran, un graphisme, une animation ou l'arborescence d'un site peut être protégé en tant qu'œuvre de l'esprit, lorsqu'il/elle présente un caractère original. Il en va de même pour ce qui concerne l'assemblage de textes, d'images, de sons et de liens hypertextes.

Si le site web présente un aspect graphique, il peut également être protégé par un dépôt de modèle auprès de l'Institut national de la Propriété industrielle, sous réserve que ladite œuvre graphique soit nouvelle.

Le contenu du site : texte, information et base de données

Articles, dossiers, cours, textes... : tous ces éléments sont protégés par le droit de la propriété intellectuelle qui s'applique pleinement dans l'univers numérique. Selon les cas, il peut s'agir d'œuvres protégées par le droit d'auteur ou des prestations d'auxiliaires de la création, bénéficiaires de droits voisins du droit d'auteur (artistes-interprètes, entreprises de communication audiovisuelle...).

Un site web peut, par ailleurs, bénéficier de la protection sui generis des bases de données, s'il répond à la définition de la base de données de l'article L.112-3 du Code de la propriété intellectuelle : « recueil d'œuvres, de données ou d'autres éléments indépendants disposés de manière systématique ou méthodique et individuellement accessibles par des moyens électroniques ou par tout autre moyen ».
Le producteur d'une base de données a le droit d'interdire l'extraction, par transfert permanent ou temporaire, de la totalité ou d'une partie qualitativement ou quantitativement substantielle du contenu d'une base de données sur un autre support, ainsi que la réutilisation, par la mise à la disposition du public de ceci (article L. 342-1 CPI).
Le régime juridique des bases de données peut notamment s'appliquer à une compilation d'hyperliens, pourvu que ceux-ci soient disposés de manière systématique ou méthodique et être individuellement accessibles. Il est à noter que les éléments contenus dans une base de données peuvent être également protégés indépendamment de cette base par le droit d'auteur et les droits voisins.

Le code source des pages

Le langage de programmation (code source) du site web peut être protégé par le droit d'auteur, mais la condition d'originalité est ici difficile à établir. Aux termes de la directive communautaire de 1991 (91/250/CEE) : « un programme est original s'il est la création intellectuelle propre à son auteur ». L'originalité de l'œuvre multimédia est acquise, dès lors que celle-ci, dans sa composition ou son expression, va au-delà d'une simple logique automatique ou d'un mécanisme intellectuel nécessaire. La création d'une architecture propre au site web, d'un scénario de navigation et l'organisation des différents composants de celui-ci suffit, en principe, pour le rendre œuvre originale. Ainsi, toute reproduction, représentation ou modification du site web, faite sans le consentement de l'auteur ou du titulaire des droits est illicite et constitue une contrefaçon.

Comment protéger ces éléments ?

Le dépôt de la marque

Les dépôts des marques s'effectuent auprès de l'INPI (Institut National de Propriété Industrielle, www.inpi.fr). Ils peuvent y être remis directement ou adressés par voie postale. Si vous n'avez ni domicile, ni siège, ni établissement en France ou dans un État membre de l'Union européenne ou de l'Espace économique européen, vous êtes tenu d'effectuer votre dépôt auprès de l'INPI et de choisir un mandataire qui ait son domicile, son siège ou un établissement en France ou dans un État membre de l'Union européenne ou de l'Espace économique européen.
Avant de déposer une marque, il est nécessaire de vérifier si le signe choisi est disponible. L'INPI permet d'effectuer des recherches à l'identique parmi les marques en vigueur en France : les marques françaises, les marques communautaires et les marques internationales désignant la France et les noms commerciaux.
Quant au coût du dépôt, il s'élève à 215 euros jusqu'à trois classes et au-delà de cela, à 38 euros par classe.

Les différents moyens pour prouver la propriété d'une œuvre : texte, logiciel, code source...

Les auteurs d'œuvres de l'esprit peuvent procéder à un dépôt auprès des différentes sociétés de gestion collective des droits d'auteur (voir tableau ci-dessous), de l'Institut national de la Propriété industrielle, d'un notaire ou d'un huissier.

SACEM	Société d'auteurs et compositeurs de musique	www.sacem.fr
SCAM	Société civile des auteurs du multimédia	www.scam.fr
SESAM	Société commune de gestion des droits d'auteur pour la production multimédia	www.sesam.org
APP	Organisation européenne des auteurs de logiciels et concepteurs en technologies de l'information	app.legalis.net

Il existe également des dépôts en ligne permettant d'envoyer à un serveur d'archivage qui procède à une datation avec avis de réception comme les site cyberprotec.com ou fidealis.com (CD archivé par et chez un huissier). Ce dépôt n'institue qu'une présomption de propriété qui peut être combattue par la preuve contraire.
Autre moyen, l'enveloppe Soleau, gérée par l'INPI (http://www.inpi.fr/front/show_rub.php?rub_id=133), qui permet, moyennant 15 euros, de se préconstituer la preuve d'une création en lui donnant date certaine. Elle comporte deux compartiments. L'utilisateur est invité à introduire dans chacun d'eux un exemplaire de la description, ou d'une reproduction en deux dimensions, de sa création ; puis, à adresser l'enveloppe à l'INPI (éventuellement en recommandé). L'INPI, après enregistrement et perforation de l'enveloppe au laser retourne un compartiment à l'utilisateur. On recommande de conserver ce compartiment sans le décacheter et de conserver l'autre compartiment dans ses archives pour être produit en justice en cas de besoin.

L'enveloppe est conservée à l'Institut pendant une période de cinq ans qui peut être prorogée une fois moyennant paiement de la même redevance que celle prévue pour l'achat d'une enveloppe (15 euros).

Enfin, sachez que vous pouvez vous envoyer à vous-même, en objet recommandé, un exemplaire de l'œuvre créée dans une enveloppe spéciale. Une fois reçue, l'enveloppe ne doit pas être ouverte. En cas de contestation de paternité, l'enveloppe sera ouverte devant huissier. Le cachet de la poste faisant foi, cette preuve acquiert date certaine.

Les mentions légales

L'éditeur du site doit avertir expressément les internautes quant à la protection du contenu de son site par le droit de propriété intellectuelle et industrielle. Si la marque est déposée et enregistrée, il peut mentionner le « ® », symbole de *registered*, et apposer le « © », symbole de *copyright*, à titre pédagogique. (Il s'agit en effet d'une formalité qui n'est pas obligatoire. La protection est accordée dès l'acte de création originale. Une telle mention a comme seul objectif de prévenir les internautes du fait que les œuvres sont protégées.)

Enfin, il est possible de recourir au système d'Interdeposit (IDDN : International Identifier of Digital Works, www.iddn.org) qui signale à l'utilisateur les coordonnées du titulaire du droit d'auteur sur l'œuvre et les restrictions d'utilisation de celle-ci.

Quels sont les recours en cas de contrefaçon ?

La contrefaçon est la reproduction totale ou partielle d'un élément protégé.

Pour se protéger de celle-ci, la première étape est de la faire constater, en faisant appel à un huissier de justice ou à un agent assermenté de l'Agence pour la protection des programmes (APP) (http://app.legalis.net). Une fois le constat obtenu, il convient de saisir le juge pour faire cesser la contrefaçon et obtenir des dommages-intérêts.

Le type de tribunal compétent est fonction des parties en cause : si les parties sont toutes commerçantes, c'est le tribunal du commerce, sinon c'est le tribunal de grande instance. Toutefois, le demandeur non commerçant peut attraire le défendeur commerçant au tribunal du commerce. S'il s'agit d'une action en contrefaçon de marque, le tribunal de grande Instance est seul compétent.

L'article L.716-6 1er alinéa du Code de la Propriété intellectuelle prévoit que « Lorsque le tribunal est saisi d'une action en contrefaçon, son président, saisi et statuant en la forme des référés, peut interdire, à titre provisoire, sous astreinte, la poursuite des actes argués de contrefaçon, ou subordonner cette poursuite à la constitution de garanties destinées à assurer l'indemnisation du propriétaire de la marque ou du bénéficiaire d'un droit exclusif d'exploitation ». Pour obtenir des dommages-intérêts il faut intenter une procédure au fond. Il est pourtant possible de demander une provision devant le juge des référés.

En ce qui concerne spécialement le nom de domaine, le titulaire de celui-ci pourrait engager une action en concurrence déloyale devant les tribunaux de commerce ou civils, selon la qualité du défendeur, en vue d'obtenir, une interdiction d'utiliser le signe litigieux. L'interdiction est généralement accompagnée d'une astreinte, généralement une somme forfaitaire par jour de retard, pour assurer l'efficacité de la mesure d'interdiction. Le titulaire d'un nom de domaine pourrait en outre obtenir du Tribunal des dommages et intérêts à titre de réparation, ainsi qu'une publication du jugement dans des journaux spécialisés de son choix.

Toutefois, l'atteinte à un nom de domaine n'est pas un délit pénal, contrairement à l'atteinte aux autres droits de la propriété intellectuelle. En effet, la contrefaçon d'un droit d'auteur, d'un dessin ou modèle déposé ou d'une marque, est un délit pénal, qui peut être sanctionné d'une peine d'emprisonnement de deux ans et d'une amende de 150 000 euros d'amende.

Enfin, si le nom de domaine est également déposé à titre de marque, son titulaire peut agir en contrefaçon et/ou en concurrence déloyale et parasitisme contre toute personne qui utilise le même nom de domaine ou sa variante, devant le tribunal de grande instance. Dans le cadre d'une action en contrefaçon de marque, des mesures en référé peuvent être ordonnées par le président du tribunal saisi de l'action au fond, pourvu que celle-ci présente un caractère sérieux et qu'elle soit engagée à bref délai à compter du moment où le propriétaire de la marque a eu connaissance de la contrefaçon.

Murielle Cahen, avocate à Paris, a créé depuis 1997 un site juridique très complet : lexique juridique, droit d'Internet, articles thématiques. Son cabinet propose des réponses aux questions juridiques d'Internet, aux problèmes de la vie des sociétés et de la vie quotidienne.

‣ http://www.murielle-cahen.com/

Synthèse : le cycle de vie d'un projet web

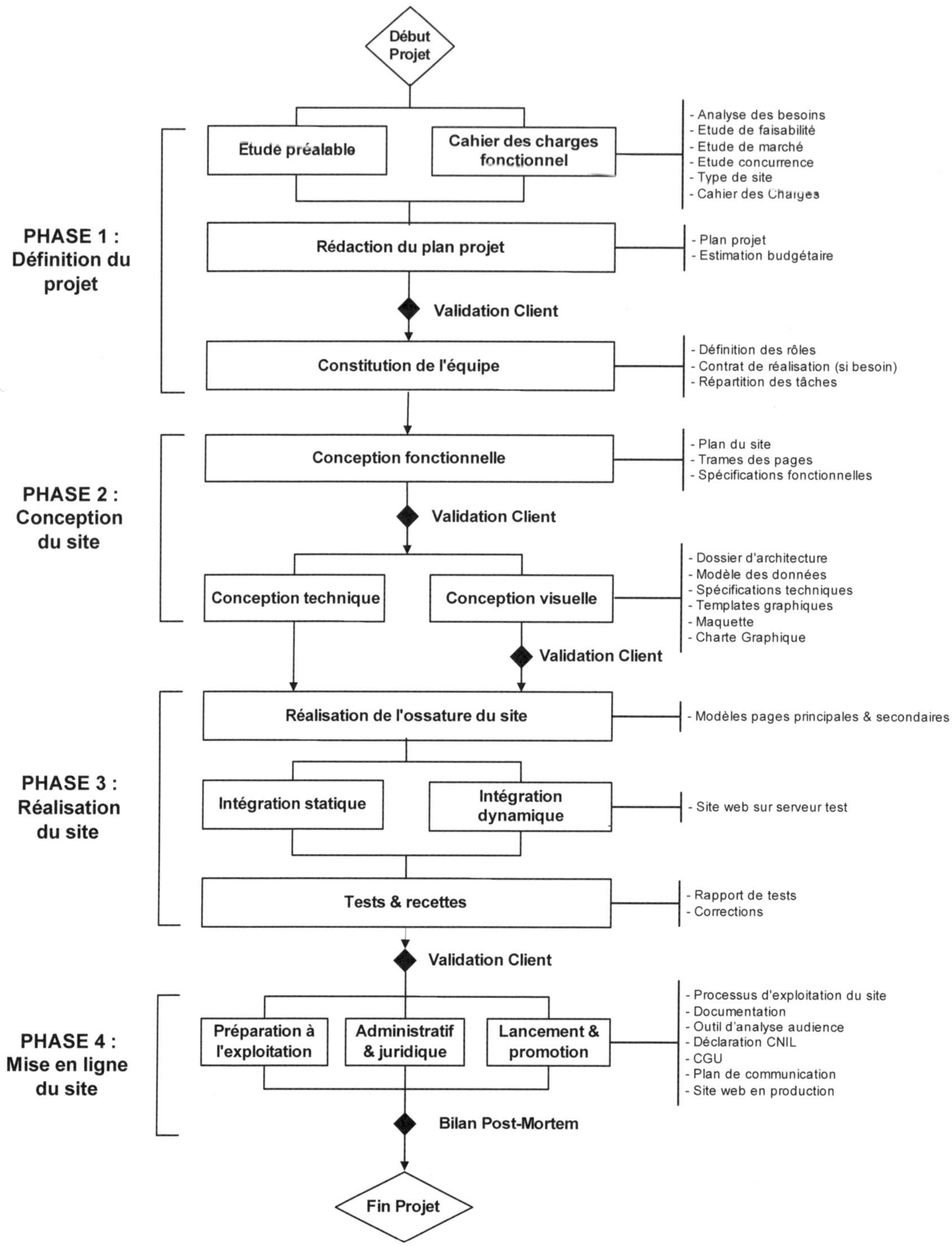

Testez vos connaissances

- Quelles sont les quatre principales phases de toute conduite de projet web ?
- Quelles sont les rôles/ressources clés d'un projet web ?
- Quelles différences existe-t-il entre une trame de page, une template et une maquette ?
- Quelles sont les étapes d'une réalisation ?
- Quels types de tests pouvez-vous réaliser pour valider votre site web ?
- En quoi consiste la préparation à l'exploitation du site ?
- Quels sont les aspects juridiques à prendre en compte au cours de votre projet ?
- Qu'appelle-t-on le lancement d'un site web ?

En résumé...

La création d'un site web doit suivre une méthodologie bien définie, avec des phases clairement identifiées. Ce chapitre vous a permis d'acquérir les connaissances générales indispensables à toute gestion de projet web en décrivant étape par étape les actions à entreprendre et les livrables qui seront attendus.

Pour conclure, soulignons qu'en conduite de projet web (comme dans toute autre conduite de projet) vous êtes parfois obligé de faire preuve d'une grande flexibilité d'esprit : les objectifs, les délais et les coûts, voire les facteurs externes, peuvent donner lieu à des arbitrages et à des changements de périmètre. Bien sûr, la méthodologie présentée ici n'empêchera pas votre projet d'y échapper. Cependant, elle vous permettra de disposer d'un cadre de référence qui vous aidera tout au long de la mise en place de votre site.

chapitre 2

Réussir l'ergonomie de son site

Du grec *ergon* (travail) et *nomos* (règle, loi naturelle), l'ergonomie web se définit comme la mise en œuvre d'un ensemble de règles pour concevoir un site facile d'utilisation où l'information est aisément accessible. L'ergonomie implique d'adapter la structure, l'aspect et le contenu du site en fonction du profil des utilisateurs.

SOMMAIRE

MOTS-CLÉS

- Gestion de projet
- Charte graphique
- Cohérence visuelle
- Navigation
- Gestion des couleurs
- Webdesign
- Interaction homme-machine
- Utilisabilité
- Découpage
- Titrage
- Cohérence
- Liens
- Hypertextes
- Pertinence
- Lisibilité

Contraintes spécifiques au Web

B.A-BA Ergonomie

D'après Human Factors International, l'exemple du site de Staples, modifié en mai 2000, montre que le nombre d'internautes fidèles peut augmenter de plus de 60 % si l'ergonomie d'un site est améliorée.

Un site web a pour particularité d'être utilisé par le biais d'équipements hétérogènes, aussi bien logiciels, que matériels, et via des moyens de connexion différents. Cette spécificité impose une conception orientée utilisateur : il faut abandonner l'idée que l'on contrôle complètement le site. L'étape de validation doit être faite dans les conditions de visualisation d'un utilisateur type en tenant compte :

- des limites matérielles ;
- de la disparité logicielle ;
- de la difficulté à prévoir le comportement des visiteurs.

Un site pour tout type de matériel

Le type de processeur, la taille de l'écran, la vitesse du modem, les capacités de la carte graphique sont autant d'éléments qui font qu'une page web ne sera jamais vue de manière identique par deux internautes ni chargée dans un même délai.

Près de 78 % des visiteurs n'attendent pas au-delà de 20 secondes le chargement d'une page (voir figure 2-1). Par conséquent, il importe de réduire ce délai d'affichage, en vérifiant que :

- l'usage de graphiques est limité ;
- toute image d'un poids supérieur à 30 Ko a été retirée ;
- la quantité de texte est réduite.

Privilégiez toujours une présentation moins avant-gardiste et plus sobre et vérifiez bien que le poids de vos pages (contenu + images) est inférieur à 70 Ko. Au-delà, le temps de chargement risque d'être trop long pour les internautes munis d'une connexion de type modem RTC. Dans le cas où l'information dépasse la limite fixée, proposez cette dernière sous forme de documents en téléchargement en indiquant clairement leur poids.

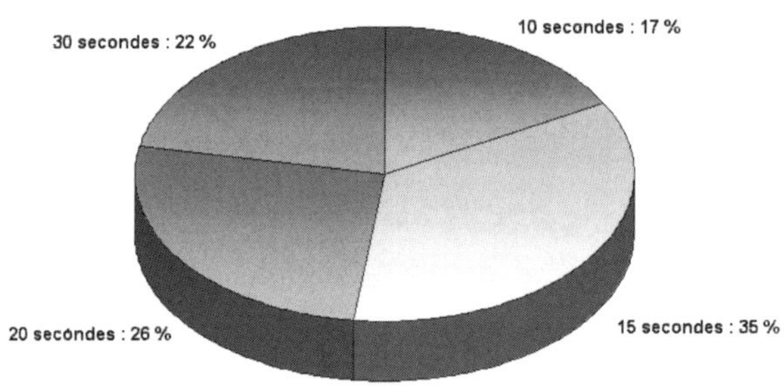

Figure 2–1
Délai maximum supporté par les internautes (graphe réalisé à partir de données issues d'une étude réalisée par l'auteur, 2001)

Un site accessible à tous les navigateurs et systèmes d'exploitation...

Il existe de très nombreux navigateurs (ou *browser*), et ce pour tous les systèmes d'exploitation. Les plus connus sont Firefox (Mozilla), Internet Explorer, Netscape Navigator, Opera, Safari, etc. Même s'ils suivent les principales recommandations du W3C pour l'interprétation des pages web, ces logiciels possèdent tous leur propre façon de travailler.

Le système d'exploitation côté client est également déterminant (Mac OS, Windows, Linux et autres Unix...). Quant aux formats tels que Flash, Acrobat Reader, QuickTime..., ils requièrent des *plug-ins* qui ne sont pas forcément présents sur les ordinateurs de vos internautes. Sur le Web, il est donc difficile de savoir ce que votre internaute verra sur son écran (voir figure 2-2).

B.A.-BA **Le W3C**

Le W3C, ou World Wild Web Consortium, est l'organisme en charge de la normalisation des technologies du Web : http://www.w3c.org

Figure 2–2 Exemple d'une même page web vue par différents navigateurs sous différents systèmes d'exploitation

Parts de marché des navigateurs dans le monde

La société OneStat a relevé en janvier 2006 la part de marché des navigateurs dans le monde :

- Microsoft IE 80,91%
- Mozilla Firefox 12,55%
- Apple Safari 3,82%
- Opera 0,80%
- Netscape 0,28%

Source :

- http://www.onestat.com/html/aboutus_pressbox41_mozilla_firefox_usage_share.html

- http://tidy.sourceforge.net
- http://www.w3.org/People/Raggett/tidy/
- http://www.w3.org/Consortium/Translation/French

La taille des polices de caractères est un bon exemple. Il s'agit du premier élément qui varie en fonction du matériel ou du navigateur. Un PC restitue les polices avec deux ou trois points de plus qu'un Macintosh. Par conséquent, afin de disposer d'une taille de police classique, le webdesigner devra utiliser une police HTML de taille deux ou trois, c'est-à-dire de 10 pt ou 12 pt.

Toutefois, un site ergonomique doit s'afficher correctement et de la même manière quels que soient la version et le type de navigateur :

- La première exigence indispensable pour cela est la « propreté » du code HTML ; pour qu'il ne contienne pas d'erreur, il faut le valider avec des outils tels que HTML-tidy.
- La seconde, est de tester le site sur différents types de plates-formes avec différents écrans, différents systèmes d'exploitation, différents navigateurs (au moins Mozilla Firefox et Internet Explorer), dans des versions variées et avec des connexions diverses (ADSL, câble, extranet, modem...). Ceci permet de constater les erreurs et d'y remédier.

Mise en garde

Attention à l'utilisation des technologies de type Flash, QuickTime... Certains internautes ne possédant pas le *plug-in* associé, ou pas dans la bonne version, préfèrent abandonner la visite du site plutôt que de télécharger ce dernier (peur de contaminer l'ordinateur, temps de chargement trop lent dû à une faible connexion...).

La barre d'outils Accessibilité du Web

La barre d'outils Accessibilité du Web est une barre d'outils développée par l'équipe d'AIS (Accessible Information Solutions) de NILS (National Information and Library Service) service national d'information et de bibliothèque en Australie. Très pratique elle vous permet d'examiner différents aspects d'un document HTML (tels que sa structure, son code, son contenu...) et surtout elle vous permet de consulter votre page telle qu'elle apparaît sous différentes résolutions, différentes couleurs et différentes applications tiers.

- http://www.nils.org.au/ais/index.html

Un site pour tous les utilisateurs...

Le comportement des utilisateurs est très difficile à prévoir. Chaque internaute a sa façon de naviguer sur un site web. Certains, débutants, mettront plus de temps à accéder à l'information, tandis que d'autres, plus expérimentés, rechercheront une navigation classique conforme à leurs habitudes de travail et à ce que l'on trouve généralement sur le Web : menu avec accès direct aux rubriques, moteur de recherche, plan de site...

Prise en compte des personnes handicapées

Les handicaps devront également être pris en considération. Si les caractéristiques de votre cible vous l'imposent, votre site devra être accessible pour les personnes ayant des déficiences visuelles ou auditives. Les problèmes sont un peu différents pour les non-voyants et les mal-voyants. Pour les mal-voyants, on pensera à des outils à interfaces graphiques travaillant sur les tailles de polices, la visibilité des couleurs ou les contrastes, voire à des outils comme les loupes. Quant aux non-voyants, ils travailleront plus souvent en mode texte avec des navigateurs tels que Lynx.

Quelques liens

Recommandations du W3C en matière d'accessibilité (Web Accessibility Initiative - WAI) :

- http://www.w3c.org/WAI/

Site de l'association Braillenet dont l'objectif est la promotion du Web pour les personnes handicapées visuelles :

- http://www.braillenet.org

Et d'autres liens et outils :

- http://accessibility.kde.org
- http://www.brlspeak.net

Utilisabilité

DÉFINITION **Utilisabilité**

L'utilisabilité est la mesure de la facilité avec laquelle les utilisateurs peuvent interagir avec un outil informatique. Ramenée à un site web, l'utilisabilité comprend la mesure de la simplicité de navigation et d'accès à l'information.

Afin de bien prendre en compte les différences qui peuvent subsister entre les internautes, nous vous recommandons fortement de réaliser des tests d'utilisabilité sur une maquette statique de votre site. Au cours de ces tests, un panel d'individus est invité à réaliser des actions déterminées en fonction des services proposés par l'application web. Leurs comportements sont enregistrés pour être ensuite analysés, afin de mettre en évidence les lacunes du site et d'aider les ergonomes dans leurs choix de conception.

Il n'est pas nécessaire de réaliser des tests utilisateurs à grande échelle. En effet, les ergonomes Nielsen et Landauer ont montré que 85 % des problèmes pouvaient être identifiés avec un groupe de cinq utilisateurs d'un même profil.

- http://www.useit.com/alertbox/20000319.html

Nous pouvons donc en conclure que pour connaître 85 % des difficultés ergonomiques d'un site web, il est nécessaire de constituer autant de groupes de cinq personnes que de profils cibles identifiés. Par exemple, pour un site universitaire s'adressant à des étudiants mais aussi à des professeurs, il sera essentiel d'organiser deux groupes de test composés l'un de cinq étudiants et l'autre de cinq professeurs.

Nielsen, J., Landauer, T. K. (1993). *A mathematical model of the finding of usability problems.* Proceedings of ACM INTERCHI'93 Conference (Amsterdam, The Netherlands, 24-29 April 1993).

Parole d'expert : comment réussir ses tests d'utilisabilité ?

Par Alain Robillard-Bastien

Identifier et corriger les problèmes ergonomiques d'un site web ou d'un logiciel est essentiel. À défaut, il finit par irriter les utilisateurs en réduisant leur productivité.

Le test d'utilisabilité permet à faible coût d'identifier ces problèmes rapidement. Le principe en est le suivant : en utilisant des scénarios d'utilisation typique, on demande individuellement à des utilisateurs potentiels de compléter certaines activités, tout en leur demandant aussi d'exprimer leurs actions. En les observant, il devient possible d'identifier les principales sources d'erreurs et de frustration ainsi que les éléments incompris du produit testé.

Les résultats ainsi obtenus auront une valeur plus sûre pour identifier les problèmes d'interface que ceux provenant, par exemple, d'un groupe témoin (*focus group*). En effet, ces derniers ne permettent d'obtenir que des impressions subjectives, trop incomplètes pour améliorer à elles seules l'ergonomie d'un produit interactif.

Tester tôt et avec des utilisateurs représentatifs

Il vaut mieux faire des petits tests régulièrement dès le début du cycle de développement, plutôt qu'un seul grand test à la fin ou au milieu du projet. Une maquette imprimée sur des feuilles de papier ou bien un prototype fonctionnel peuvent faire l'objet de validations ergonomiques. Il est alors tout à fait aisé d'effectuer des tests d'utilisabilité très tôt dans le processus. L'intérêt d'effectuer des tests à cette étape est grand : il est beaucoup plus facile, et moins onéreux, de corriger des défauts et d'améliorer une interface à l'étape de la conception qu'une fois en ligne.

Encore aujourd'hui, nous rencontrons des entreprises et des organismes publics qui, actifs sur le réseau depuis un certain temps, demandent de l'aide pour comprendre ce qui grève leur présence sur le Web. Le verdict se répète souvent : un petit test aurait permis bien avant la mise en ligne d'éviter des situations malencontreuses, synonymes de pertes de temps, d'argent et de crédibilité. Il est important, donc, de tester tôt. Mais il est aussi essentiel de savoir s'arrêter : atteindre l'interface parfaite pour un site web relève de l'utopie. Il faut se concentrer sur le public cible, puis sur les activités les plus importantes. Ensuite, en fonction des échéanciers et des ressources, on pourra se concentrer sur des éléments secondaires.

Une autre condition essentielle à la réussite d'un test repose sur la représentativité des utilisateurs. Ceux-ci doivent appartenir à ce qui aura préalablement été défini comme le public cible. Vient ensuite leur capacité à exprimer leurs points de vue : il n'y a rien de plus difficile que de tester un produit interactif avec des utilisateurs qui n'ont rien à dire ou ne manifestent aucun intérêt envers l'activité.

Il faut aussi prendre en considération leurs aptitudes à utiliser les ordinateurs et Internet. Les tests d'utilisabilité ne doivent pas servir à évaluer la capacité des internautes à utiliser une souris ou un clavier. Ainsi préférera-t-on travailler avec des internautes maîtrisant les bases de la technologie concernée, pour ne pas trouver de « faux problèmes » qui seraient dus plus au manque d'expérience des participants avec les ordinateurs qu'à l'interface elle-même.

La connaissance, le savoir-faire ou l'intérêt dans le secteur du produit testé est une autre dimension essentielle dont il faut tenir compte lors du choix des participants.

Choisir des testeurs concernés par le thème du site

Par exemple, en testant le prototype du site des archives d'une importante station de télévision canadienne, nous avons délibérément recherché des utilisateurs qui éprouvent un certain intérêt pour l'histoire. Dans le cas d'un site présentant des reportages concernant des problématiques humanitaires, nous avons recherché des testeurs auprès d'organisations telles qu'Amnesty International. Enfin, pour des intranets, la sélection s'est portée tout naturellement vers les employés appelés à utiliser le service.

Il faut donc travailler avec les principaux intéressés : les utilisateurs finaux. Il est impératif de ne pas tester avec des gens que l'on connaît, les résultats pourraient alors être inconsciemment biaisés. De la même façon, on ne testera pas soi-même son propre produit…

Choisir les testeurs

Le choix des testeurs peut s'avérer fastidieux. On aura souvent recours à des sociétés spécialisées dans l'organisation de sondages, par exemple. Ces sociétés seront en mesure de vous assister dans la création d'un questionnaire de sélection efficace, puis assureront le recrutement : appels téléphoniques, prises de rendez-vous, etc. Le fait de prévoir une récompense pour les participants contribuera à garantir la présence de ces derniers lors du grand jour. Notez qu'il est préférable de ne pas mentionner à l'avance aux participants l'objet précis du test.

Avec combien d'utilisateurs ?

La question du nombre de participants est le sujet de vives polémiques. Les intervenants ne s'entendent pas sur le nombre idéal d'utilisateurs qui permettraient d'identifier tous les problèmes ergonomiques (si cela est possible…).

Ainsi, une équipe de développeurs de jeux, avec qui nous nous entretenions dans le cadre d'une conférence en 2002, soutient qu'un seul utilisateur est suffisant si, tout de suite après le test, des modifications sont faites et testées à nouveau avec un autre utilisateur.

Il est alors possible de vérifier si les corrections ont amélioré la situation, n'ont eu aucun effet, ou, au contraire, ont eu pour effet de détériorer la qualité de l'interaction. Cette approche implique cependant un nombre de tests relativement important. D'autres, comme Jakob Nielsen, avancent, chiffres à l'appui, que cinq utilisateurs effectuant le même test sont suffisants pour identifier la très grande majorité des problèmes d'utilisabilité (voir la référence citée par Nicolas Chu). Enfin, certains évoquent que pour atteindre des résultats statistiquement significatifs, de nombreux tests doivent être conduits, avec un très grand nombre d'utilisateurs.

Qui a raison ? La stratégie du « un utilisateur – un test » est intéressante, mais demande un effort constant, peu réalisable dans le contexte de la majorité des entreprises. Il en va de même avec les approches qui permettent d'obtenir des résultats quantitatifs rigoureux : elles sont trop coûteuses et, surtout, beaucoup trop longues pour tenir dans les délais de développement d'aujourd'hui. Retenons donc qu'en tenant compte des contraintes économiques et temporelles de la grande majorité des projets, l'approche d'un test avec cinq à dix utilisateurs me semble la plus raisonnable, efficace et rentable (ce qui m'a été confirmé par la majorité de tests que j'ai menés ces dernières années).

Par ailleurs, il faut souligner la nécessité de se concentrer sur un type d'utilisateurs précis pour tous les tests d'un même produit. Ainsi peut-il arriver que dans un profil donné (par exemple : « les utilisateurs de l'intranet ») se cachent des sous-profils bien distincts. Mélanger par mégarde ou par souci de représentativité des sous-profils trop différents réduira drastiquement la qualité des résultats. Si des archétypes (personas) ont été utilisées lors de la conception initiale, on pourra par exemple se concentrer sur un archétype principal comme profil unique de tests. L'expérience montre que se concentrer sur un profil spécifique représentatif permettra le développement d'interface plus homogènes que tous comprendront mieux en bout de ligne. Au contraire, vouloir plaire à un trop grand nombre de profils hétérogènes entraînera la conception d'interfaces disparates qui embêteront un peu tout le monde...

De plus, il ne faut pas oublier les objectifs même des tests, qui servent d'abord à identifier les problèmes critiques pour les corriger immédiatement, et non à définir des normes et des probabilités statistiques. En ce sens, bien souvent, deux séries de petits tests, les uns après les autres, en tenant compte des itérations apportées au produit en développement, sont adéquates. On parle d'un cycle itératif : une petite série de tests entraînera des corrections qui seront, en fonction des besoins, à nouveau testées.

Les objectifs, les scénarios et la tenue d'un test

Un test valable doit mesurer des éléments bien définis. Les objectifs de test devront spécifier clairement ces éléments. Par exemple, pour le test d'un site bancaire, on pourra analyser la procédure d'inscription, les activités entourant des paiements de factures ou encore l'importation de données dans un logiciel comptable. Pour ces activités, on aura préalablement fixé un point de réussite. Dans le cas de l'importation de données dans un logiciel comptable, l'achèvement de l'activité en soi pourrait être le point de mesure. Dans le cas de l'inscription en revanche, la réussite de la démarche jumelée à la perception de réussite par l'utilisateur (l'utilisateur réalise pleinement que l'opération est réussie) pourraient être les points de mesure. La première question du scénario peut être construite tout simplement comme ceci :

« Voici le site de la banque XYZ. Imaginons que vous souhaitiez y faire affaire. Que feriez-vous pour y ouvrir un compte à partir de ce site ? »

L'utilisateur est invité à décrire ce qu'il fait, ce qu'il voit, ce qu'il comprend et, surtout, ce qui le laisse perplexe. L'idéal est de prévoir dix à quinze questions (durée : 60 à 90 minutes). Tout au long du test, il importe de demander systématiquement au participant de décrire ce qu'il fait et comprend, s'il ne le fait pas spontanément, car une part importante de la richesse des tests d'utilisabilité repose dans ce qu'expriment les participants.

Dans un test réel effectué en 2002, en laboratoire, tous les participants sont parvenus à ouvrir un compte à l'aide du prototype de la nouvelle version du site web d'une banque locale, soulignant ainsi une interface théoriquement efficace. Mais la majorité d'entre eux, ne comprenant pas que l'opération était complétée, disaient au même moment ne pas savoir quoi faire pour compléter l'ouverture du compte, soulignant ainsi que le site n'exprimait pas assez clairement la réussite de la démarche. Un test de cette nature permettra donc d'identifier les éléments de l'interface qui empêchent les utilisateurs de mener à bien leurs activités. Dans bien des cas, des solutions possibles émergeront naturellement de la démarche, parfois même de la bouche des participants : « Si on m'avait dit au départ que ma transaction était acceptée plutôt que de me renvoyer directement à la page d'accueil, je n'aurais pas recommencé trois fois ! ».

Une prise de notes exhaustive est importante durant les séances de tests. Dans certains cas, la présence d'un observateur dont l'unique fonction est de prendre des notes est de mise, laissant ainsi à l'animateur toutes ses énergies pour interagir avec le participant.

Cette approche se prête aussi très bien à des tests à distance, c'est-à-dire avec des utilisateurs étant localisés dans d'autres villes, voire d'autres pays. En 2004, nous avons ainsi testé un site spécialisé dans le transport aérien, auprès de responsables de l'industrie exerçant leur profession en Asie, en Europe, en Amérique du sud, en Afrique et en Amérique du Nord, sans avoir à se déplacer, les outils courants de conférences Web permettant aisément la tenue de ces tests.

Néanmoins, il faut prendre note de quelques particularités :

1. La logistique de l'activité est plus complexe. Le recrutement de participants peut s'avérer difficile à l'international, puis il faut, durant les tests, décupler d'ardeur pour bien comprendre ce que font les utilisateurs qu'on ne voit pas nécessairement (seul l'écran étant partagé, à moins de travailler en plus avec une caméra web). La langue de travail peut devenir problématique, tandis que des contraintes techniques de connectivité Internet peuvent nuire au bon déroulement des tests.
2. L'horaire : s'il est 15h00 à Tokyo, quelle heure est-il chez vous? Vous avez tout compris : les tests internationaux à distance requièrent parfois deux ou trois équipes de travail, pour mener les activités à toute heure du jour, ou de la nuit...

Dans tous les cas, notamment en laboratoire, les développeurs du site ne devraient pas être en contact direct avec les participants, car ceux-ci seraient d'abord indisposés, voire intimidés, puis auraient tendance à vouloir bien paraître, gardant alors pour eux certains commentaires précieux. Certains professionnels utilisent aussi la vidéo, avec la permission écrite des participants, pour enregistrer les séances de tests. Les enregistrements pourront être utilisés à des fins d'analyse, mais le processus est très long, potentiellement coûteux, tandis que ses avantages ne sont pas si nombreux lorsque la prise de notes est bien faite durant les tests. Bien des problèmes deviennent évidents une fois que les participants les ont mis en lumière. En revanche, les vidéos constituent souvent un outil de choix pour « convaincre » des décideurs de la nécessité de régler certains problèmes ergonomiques. Quelques « laboratoires » d'utilisabilité emploient d'ailleurs la vidéo comme caractéristique centrale. Quand il faut le voir pour le croire, la vidéo est le médium par excellence, bien plus qu'un rapport écrit. De plus, quelques logiciels spécialisés, facilitant la captation et l'indexation vidéo en temps réel, facilitent la tâche d'analyse des clips des séances de tests.

Retenons donc ici que le recours à ce moyen constitue un choix de communication plutôt qu'un choix d'analyse ; avoir une copie vidéo des tests peut constituer, de temps à autre, un outil de dernier recours pour se remémorer des éléments précis qui ne seraient pas suffisamment détaillés dans les notes. Mais ne perdez pas trop de temps à tout réécouter, à tout noter.

L'oculométrie : la nouvelle panacée?

L'oculométrie, jadis réservée aux laboratoires les plus avancés, devient lentement plus accessible. Il s'agit d'une technique permettant de suivre et de quantifier le mouvement des yeux des utilisateurs sur une interface donnée. Ainsi, en 2005, des études spectaculaires mettaient en évidence certains comportements typiques sur des interfaces comme les moteurs de recherche de type « Google » ou « Yahoo ».

L'oculométrie est certainement une technique extrêmement précise et factuelle de mesure de l'utilisabilité. En identifiant les mouvements moyens des yeux des utilisateurs sur une interface dans le cadre d'une activité spécifique, il devient bien plus facile de situer les éléments critiques de façon optimale. Néanmoins, elle demande une très grande rigueur dans l'exécution, un nombre plus grand de testeurs (au moins 20, sinon plus) et une approche sensiblement différente. Notamment, la verbalisation est à proscrire durant les tests. De plus, cette méthode n'est appropriée qu'avec des prototypes extrêmement complets, dont la conception visuelle est pratiquement finale. En ce sens, les tests effectués avec un oculomètre ne sont pas pertinents avant la conception finale.

L'outil s'avère par contre d'une grande efficacité pour comparer la performance de versions différentes d'un même prototype. Dans un test oculométrique réalisé à l'automne 2005 sur un site pan-canadien, nous avons clairement établi que bien que la version B du prototype final remportait la palme de l'appréciation subjective des participants, la version A permettait aux utilisateurs de trouver plus rapidement, avec moins de recherche visuelle, les composantes nécessaires à l'utilisation optimale de l'interface. Cette donnée critique nous a permis de confirmer le positionnement idéal des éléments, en sachant néanmoins qu'un peu de travail esthétique serait nécessaire pour améliorer la perception subjective de l'interface – un élément important pour ce site grand public. Au moment d'écrire ces lignes, nous étions à quelques semaines d'une nouvelle évaluation oculométrique qui permettrait de voir si nous avions atteint cet objectif.

Présenter et exploiter les résultats des tests d'utilisabilité

Tout comme les sites et logiciels doivent être utilisables, les rapports doivent l'être aussi. La présentation des résultats des tests d'utilisabilité est souvent le maillon faible de la chaîne. Dans les organisations les plus efficaces, un simple document relatant point par point les problèmes observés et les solutions envisagées fera l'affaire de tous. Ces rapports sont encore plus efficaces quand l'équipe de développement a assisté aux tests via la vidéo en circuit fermé, car il est alors possible de débriefer en temps réel.

Le rapport devient alors la trace vitale des discussions entourant les problématiques observées sur lesquelles tous se seront entendus.

Dans le cas de rapports plus formels, on indiquera la méthodologie, puis on ajoutera en annexe des documents comme la grille de recrutement et le scénario de test. Les problèmes observés seront documentés un par un, des plus importants au moins importants, les suggestions de correctifs étant proposées, le cas échéant, à chacun des problèmes et non dans une section distincte. L'utilisation de saisies d'écrans annotées est fortement recommandée pour faciliter la compréhension des problèmes décrits.

Si une vidéo accompagne le rapport, elle doit présenter un problème précis et non un résumé de tous les tests : une vidéo par problème. De plus, les séquences vidéo seront courtes, une minute approximativement, à moins de vouloir montrer des interactions plus longues, plus complexes, et doivent demeurer objectives et factuelles. En effet, les personnes qui consultent ces documents peuvent être dans une situation relativement difficile (il n'est jamais bien agréable de voir les lacunes de son propre travail) : on évitera donc de jouer avec les émotions, pour favoriser la raison. L'exercice sera alors profitable pour tous et ménagera les susceptibilités.

L'oculométrie permet aussi de présenter des données quantifiées très pertinentes. Néanmoins, les représentations que l'on voit apparaître sur Internet à droite et à gauche, montrant souvent un genre de carte thermique identifiant les zones les plus chaudes (donc les plus regardées) sont, quoique spectaculaires, d'une bien faible utilité. Ce sont les chiffres qui sont éloquents : le temps réel sur une zone donnée, la séquence du mouvement oculaire entre des zones pré-définies à l'écran, etc. La seule information valable fournie par ces cartes est l'illustration, ou non, de la lecture à l'écran. Selon les cas, un long temps de lecture peut souligner un grand intérêt, ou encore une grande difficulté à comprendre…

Un domaine en pleine explosion

L'art et la science des tests d'utilisabilité ne cessent d'évoluer. Alors que le retour sur investissement de ces activités s'établit de plus en plus facilement et que les outils de mesure de l'utilisabilité se raffinent, le champs ne cesse de croître.

Par exemple, des pistes très prometteuses se dessinent dans la mesure de la réaction physiologique des utilisateurs des sites web – ou autres environnements interactifs, puis le rôle de ces réactions dans l'utilisabilité de ces mêmes sites. En utilisant ces réponses physiologiques des utilisateurs se basant notamment sur la mesure des réflexes psychogalvaniques, on peut par exemple évaluer le niveau de stress généré par une interface.

Aussi, un champ fertile de recherche se trouve dans la compréhension du rôle des émotions dans les rapports homme-ordinateur : ceci s'avère d'un immense intérêt, on le devinera facilement, dans le Web commercial.

La prise en compte des utilisateurs dans le développement de tout produit est une des principales clés du succès. Sans négliger l'ensemble des méthodes de recherche et d'analyse qui existent actuellement, la tenue de tests d'utilisabilité tôt durant la conception d'un logiciel ou d'un site web est une façon simple d'assurer aux utilisateurs, au bout du cycle de développement, une expérience positive et agréable.

Les répercussions sont majeures, tant dans l'augmentation de la satisfaction que la réduction des erreurs et le maintien de la crédibilité. Les enjeux sont tellement importants que certains secteurs industriels exigent de leurs fournisseurs informatiques que leurs produits aient fait l'objet de tests d'utilisabilité. Des efforts concrets en ce sens se reflètent par exemple dans l'initiative Common Industry Format (CIF), qui vise à offrir un format normalisé de rapports de tests d'utilisabilité afin d'en faciliter la diffusion en entreprise et de garantir des éléments de mesure homogènes.

POUR ALLER PLUS LOIN **Le CIF**

Vous trouverez plus d'informations sur le Common Industry Format sur le site du National Institute of Standards and Technology (NIST)

- http://zing.ncsl.nist.gov/iusr/

Peu importe le secteur d'activités, chaque individu est aujourd'hui entouré d'une multitude de dispositifs électroniques et informatiques. Des ordinateurs aux télécommandes multifonctions en passant par les téléphones mobiles, chacun doit constamment apprendre à maîtriser une nouvelle interface. La facilité d'utilisation devient donc la caractéristique la plus recherchée, et les tests d'utilisabilité constituent un moyen hautement efficace d'augmenter, parfois radicalement, cette facilité maintenant tant recherchée.

Consultant, expert en ergonomie et architecture de l'information, Alain Robillard-Bastien est membre de l'exécutif fondateur de la section québécoise de l'organisation « Usability Professionals' Association » (UPA). Le site « Ergonomie du Web » qu'il fait vivre depuis plusieurs années, a été retenu par l'UNESCO et l'UNITAR pour figurer sur un cédérom de formation produit principalement pour les pays du Sud.

- http:// www.ergoweb.ca

Le système de navigation

Pour savoir si le système de navigation d'un site web est ergonomique ou non, il convient d'observer la vitesse à laquelle le visiteur est conduit vers l'information recherchée. La navigation sur le site doit se faire en trois clics, être libre, simple et autonome.

Trouver l'information en trois clics

L'information recherchée doit être accessible depuis n'importe quelle page en trois clics maximum (règle des « trois clics »). Pour y arriver, nous vous recommandons d'intégrer à votre système de navigation :

- un menu, permettant l'accès à une information générique (niveau rubrique) ;
- un plan du site, permettant l'accès à une information particulière (niveau page du site) ;
- un moteur de recherche, permettant l'accès à une information très précise (niveau phrase).

Lors de la phase de conception de votre site web, gardez toujours à l'esprit la phrase suivante : comment peut-on accéder à l'information recherchée ? Votre menu doit regrouper les différentes rubriques (quitte à faire des sous-rubriques pour certaines parties) et offrir une cohérence et une visibilité immédiates sur l'ensemble de la consultation.

EXEMPLE **« BananoWeb, le site sur la banane »**

Imaginons un site traitant de la vente de la banane avec les rubriques suivantes : « Histoire de la banane », « Vente de bananes », « Les différentes familles de bananes ».

La rubrique « Histoire de la banane » est composée de plusieurs pages : une page pour « Les origines », une autre pour « L'évolution au cours des siècles » et une dernière pour « La banane dans le monde actuel » (voir figure 2-3).

Si l'internaute recherche une information sur l'histoire de la banane, il pourra utiliser le menu (donnant accès à l'une des trois rubriques du site).

Si l'internaute recherche une information sur les origines de la banane, il pourra utiliser le plan du site afin d'accéder directement à la page correspondante.

Enfin, si l'internaute n'est intéressé que par le pays d'origine de la banane, le moteur de recherche lui permettra directement d'accéder à cette information dans la page « Les origines » sans être obligé de tout parcourir.

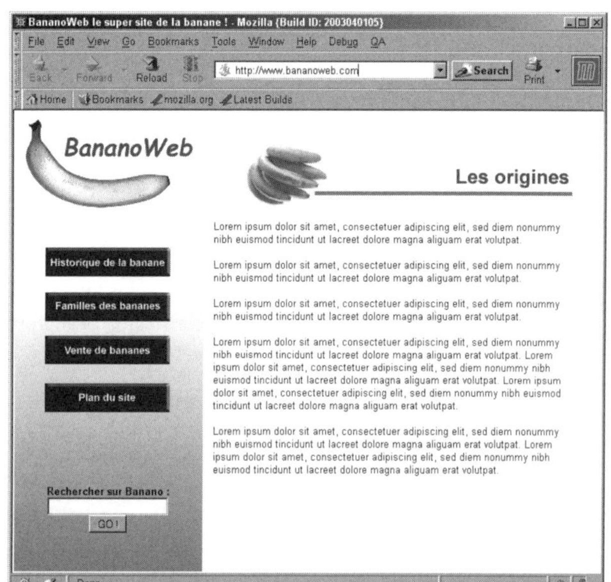

Figure 2–3 Le site virtuel « BananoWeb »

Une navigation libre

Par définition, le Web est une interconnexion de pages reliées entre elles par des liens hypertextes. Il est donc impossible de savoir avec certitude comment votre visiteur arrivera à une page donnée. Est-il passé par un moteur ? Par un lien présent sur un autre site ? Par un favori stocké sur son ordinateur ?

Certes, il existe de nombreuses techniques pour contraindre le cheminement d'un internaute et pour anticiper ou agir en fonction de sa navigation (redirections JavaScript, HTTP-EQUIV = « refresh », pages dynamiques...). Cependant, leur utilisation aura tendance à rendre votre site web « rigide » alors que l'essence même de ce média est de favoriser la liberté de mouvement de l'utilisateur.

Il importe de rendre plus facile cette navigation contrôlée par l'utilisateur :

- Donnez un titre explicite à chaque page : cela permettra à l'internaute d'accéder directement à une page visitée à partir de la fonction Historique de son navigateur (voir figure 2-4).
- Faites en sorte que l'adresse URL de vos pages, qui fait partie intégrante des outils de navigation sur le Web, soit claire et précise. Le début de l'arborescence doit permettre à l'utilisateur de retrouver facilement la page d'accueil du site.
- Enfin, pensez à structurer vos pages de manière à ce qu'elles contiennent des espaces permettant à tout moment l'accès aux principales fonctionnalités ou rubriques du site.

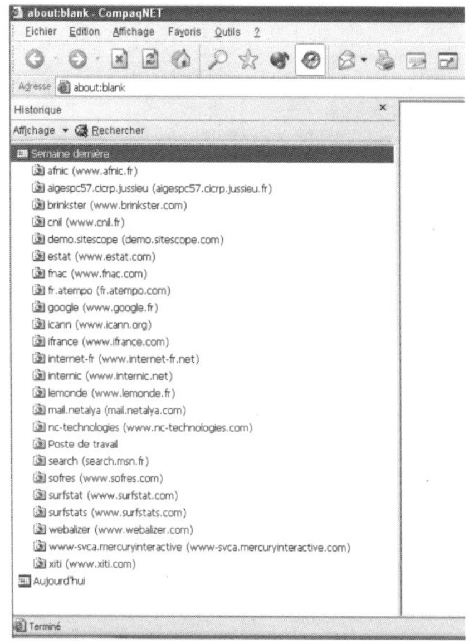

Figure 2–4 Utilisation de la fonction Historique sous Internet Explorer

Bandeau, liste, menu, barre de navigation, menu contextuel... devront ainsi permettre un accès :

- à la page de menu principal ;
- aux contacts ;
- à la recherche par mots-clés ;
- au plan du site (décrivant l'arborescence) ;
- aux dernières mises en ligne (nouveautés) ;
- aux rubriques ou sous-rubriques de niveaux directement supérieurs à la page consultée.

Par exemple, le site de la licence professionnelle « Multimédia et nouveaux métiers » de l'université de Paris-VII, dispose d'un système de navigation permettant à l'internaute :

- d'accéder directement aux différentes rubriques (voir figure 2-5) ;
- de savoir à quel niveau de navigation il se trouve (voir figure 2-6).

Une navigation simple et autonome

Il est important de conserver les principes de navigation généralement utilisés sur le Web : le temps d'apprentissage du site par l'internaute doit être nul. En effet, que penser d'un site web qui nécessite un mode d'emploi pour être consulté ?

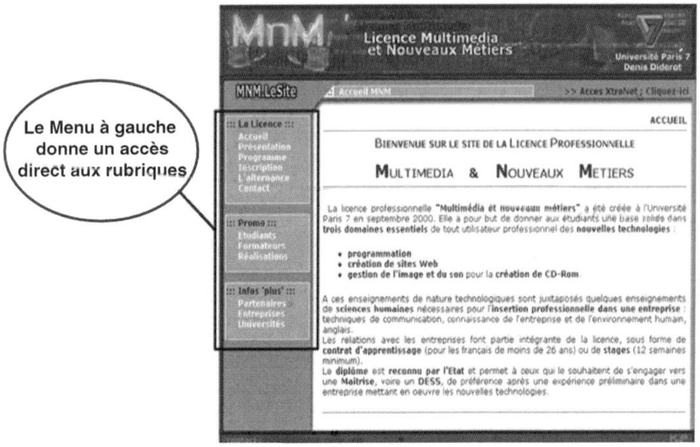

Figure 2–5 Accès au site de la licence ATC par la page d'accueil

Figure 2–6
Accès au site de la licence ATC par la page « Inscription »

Au risque de ne pas être très original, le système de navigation adopté doit viser à minimiser l'effort mental du visiteur en respectant des principes que celui-ci connaît : navigation de type horizontale, accès aux rubriques par un menu vertical (voir figure 2-7) ou par onglets (voir figure 2-8), liens soulignés…

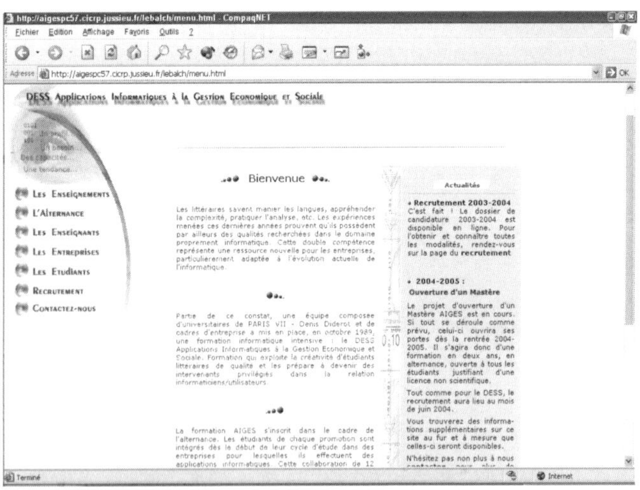

Figure 2–7 Navigation avec accès aux rubriques par un menu vertical

Figure 2–8 Navigation avec accès aux rubriques par un menu avec onglets

Certains webmasters cherchent à démarquer leur site en leur appliquant une navigation complètement avant-gardiste. Cette démarche constitue une grave erreur de conception. L'internaute risque fort d'être complètement perdu et n'hésitera pas à quitter votre site pour un autre, plus simple d'utilisation.

Que les conceptuels se rassurent, il existe beaucoup d'autres moyens pour rendre votre site original et attrayant : le graphisme, l'animation des objets de la page, voire le contenu lui-même.

Enfin, le système de navigation de votre site doit être complètement autonome, c'est-à-dire qu'il ne doit pas être dépendant des boutons Page suivante et Page précédente du navigateur qui ne fonctionnent pas toujours de la même façon suivant le browser.

Apparence du site

Charte graphique

Afin de donner à l'utilisateur des repères au sein d'un site et de faciliter sa visite, il est impératif de développer une cohérence entre l'ensemble de vos pages. Lors de la création du site web, l'ergonome doit établir une sorte de guide à l'attention des personnes qui vont le réaliser, voire l'alimenter : la charte graphique.

Ce document détermine un ensemble de règles graphiques et ergonomiques et précise :

- les dimensions de la page (taille de la fenêtre cible) et du contenu (dimensions des différentes zones) ;
- les principes de navigation générale avec une description des différentes zones pour chaque modèle de page web ainsi que la disposition visuelle des objets ;
- les couleurs à employer avec indication du code couleur en hexadécimal pour l'arrière-plan, le texte, les liens, les liens actifs, les liens visités, les tableaux, les objets images (boutons, puces...) ;
- les styles à employer pour les différents types de textes, pour les liens (famille, taille, couleur, attributs) ;
- les types d'images : traitement à utiliser, formats, dimensions, proportions ;
- les différents médias applicables : flash, vidéos, sons.

La charte graphique confère une véritable « personnalité » à un site et permet de conserver une homogénéité lors de modifications futures ou de rajouts de pages, même si ce sont des personnes différentes qui y travaillent.

POUR ALLER PLUS LOIN **Modèle et exemple de charte graphique**

Vous trouverez en annexe un modèle de charte graphique avec des exemples de contenu pour chaque section.

Choix des couleurs

Si vous disposez d'un logo déjà existant, le choix des couleurs devra correspondre à cet élément. Dans le cas contraire, vous devez les définir au mieux. La chose n'est pas aussi simple qu'il y paraît. Si votre moniteur et celui de votre designer peuvent sûrement afficher des millions de couleurs ce n'est pas toujours le cas pour vos internautes.

DÉFINITION **Le cercle chromatique**

C'est un cercle divisé en douze parties représentant chacune une couleur :

- Trois couleurs primaires : jaune, rouge et bleu, placées aux sommets d'un triangle équilatéral inscrit à l'intérieur du cercle.
- Trois couleurs secondaires ou binaires : vert, violet et orange, provenant du mélange, en proportions égales, des trois premières couleurs situées de chaque côté.
- Six couleurs tertiaires obtenues par le mélange des six couleurs précédentes : rouge-violet (pourpre), bleu-violet (indigo), bleu-vert (turquoise), jaune-vert (vert chartreuse), jaune-orange (doré), rouge-orange (écarlate)

POUR ALLER PLUS LOIN **Utilisation des couleurs**

Le site Chromoweb vous présente les différentes associations de couleurs possibles :

- http://www.smartpixel.net/chromoweb/fr/index.htm

Le site ColorSchemer vous propose une palette interactive qui affiche toute une gamme de couleurs complémentaires pour une couleur donnée :

- http://www.colorschemer.com/online/

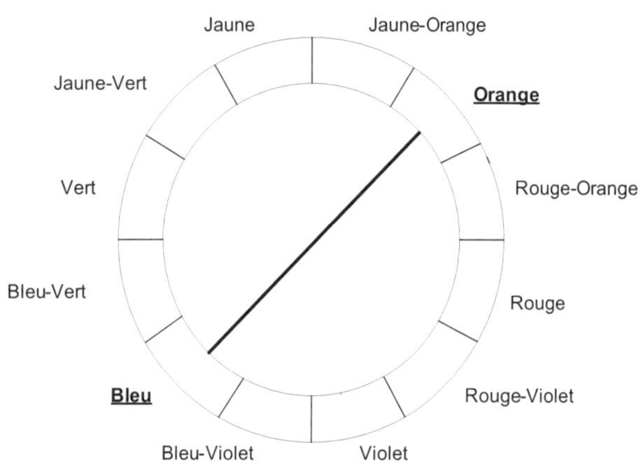

Figure 2–9 Accord de deux tons en choisissant deux couleurs diamétralement opposées

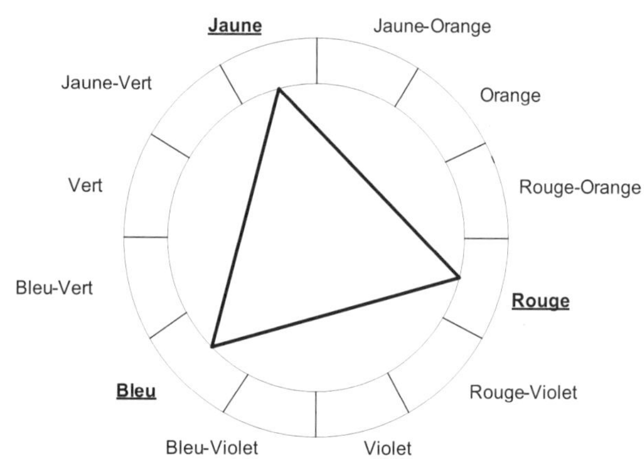

Figure 2–10 Accord de trois tons en choisissant trois couleurs formant un triangle équilatéral

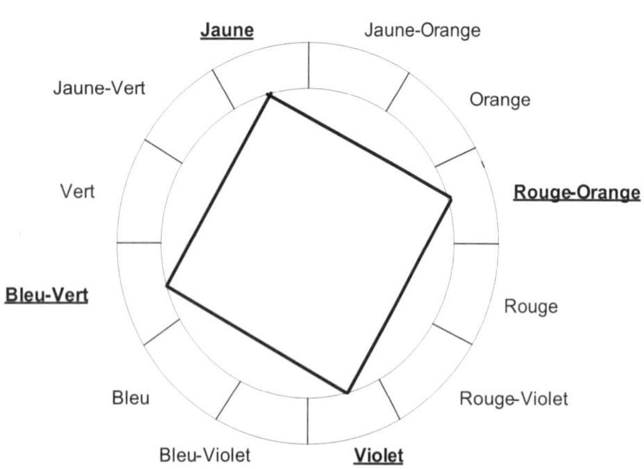

Figure 2–11 Accord de quatre tons en choisissant quatre couleurs formant un carré

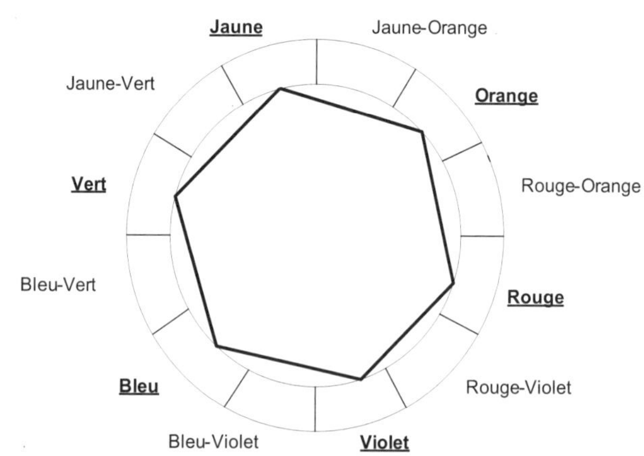

Figure 2–12 Accord de six tons en choisissant six couleurs formant un hexagone

En règle générale, la couleur ne devrait être utilisée dans une page web que lorsqu'elle dispose d'une valeur ajoutée du point de vue ergonomique. Il vous faut alors limiter le nombre de couleurs utilisées à six (à choisir parmi la palette *web safe*).

B.A-BA La palette web safe

Il s'agit d'une palette où les couleurs primaires (rouge, vert, bleu) ne peuvent prendre que six valeurs : #00, #33, #66, #99, #CC, #FF.
Les 216 couleurs ainsi constituées sont normalisées par une instance internationale non gouvernementale, l'International Color Consortium. Vous disposez ainsi de la garantie que leur affichage sera similaire quel que soit le système d'exploitation ou le type de navigateur.

▸ http://www.color.org

Les objets de couleurs chaudes (rouge, jaune et orange) sont perçus comme étant plus gros que les mêmes objets de couleurs froides (vert, bleu et violet). Utilisez alors des couleurs claires, brillantes et saturées pour attirer l'attention et faciliter la recherche d'information.

Afin de choisir les couleurs dominantes pour le design général de vos futures pages, deux possibilités s'offrent à vous :

- Si vous souhaitez favoriser l'unité et l'harmonie dans vos pages web, associez des couleurs analogues à partir de divers tons ou nuances d'une même couleur.
- Si au contraire, vous souhaitez rendre vos pages plus dynamiques et plus variées, utilisez des couleurs complémentaires en utilisant toutes les propriétés du cercle chromatique (voir figures 2-9 à 2-12, page 48). En juxtaposant une couleur et sa complémentaire, elle semblera plus brillante que nature. Attention cependant à ne pas les employer comme contraste couleur du texte/couleur du fond de page, au risque de diminuer la lisibilité de votre texte.

Il est également important de respecter les habitudes de travail ou les spécificités culturelles dans l'utilisation des couleurs. Certaines ont des significations particulières selon les cultures, d'autres ont des significations universelles. Le choix des couleurs devra donc respecter ces usages, ces significations en fonction du public (voir encart page 50).

RÉFÉRENCE

Vous trouverez dans l'ouvrage de L. Mayhew de nombreuses recommandations pour l'utilisation et le choix des couleurs pour votre site web :

📖 L. Mayhew, D. J., *Principles and guidelines in software user interface design*, Englewood Cliffs, Prentice Hall, 1992.

Les principales caractéristiques des couleurs

Le rouge

Description	Couleur de la chaleur par excellence, elle est liée à l'individualisme, à l'agressivité et au bruit
Symbolique	Stop, chaud, danger, en marche, urgent, attention, interdiction
Caractère psychologique	Chaud, vigueur, instinct combatif, tendances agressives, passion, conquête
Thématique pour le Web	Publicité, médias, mode, luxe

L'orange

Description	Active et tonifiante, cette couleur éveille les sens et apporte un certain bien-être
Symbolique	Survie, alerte
Caractère psychologique	Sociable, aimable, enjoué, ouvert
Thématique pour le Web	Sport, divertissement, jeunesse, ludique

Le jaune

Description	Symbole de la spiritualité, de l'intelligence et de la force, le jaune agrandit les espaces
Symbolique	Alerte, tiède, en attente
Caractère psychologique	Intuition, capacité de renouvellement, entrain, audace
Thématique pour le Web	Tourisme, divertissement, jeunesse, ludique

Le violet

Description	Couleur de la réflexion et de la méditation, le violet augmente les contrastes
Symbolique	Mystère, repos, délicatesse
Caractère psychologique	Tempérance, réfléchi, sensitif
Thématique pour le Web	Art, culture, classique

Le bleu

Description	C'est la couleur du froid. Elle donne une impression d'espace, apporte un équilibre tout en accentuant les formes
Symbolique	Froid, éteint, indication
Caractère psychologique	Conservateur, sensitif, sérieux, consciencieux
Thématique pour le Web	NTIC, informatique, médical, high-tech

Le vert

Description	Couleur de la nature par excellence, le vert donne une impression de quiétude et de calme. De ce fait, c'est la couleur la plus apaisante que l'on puisse trouver
Symbolique	Permission, sûr
Caractère psychologique	Compréhensif, tolérant, confiant, sensitif, calme
Thématique pour le Web	Nature, loisirs, détente

Le noir

Description	Couleur la plus sombre, le noir rend les espaces plus petits et donne une impression de mystère
Symbolique	Nuit, mystère, sombre
Caractère psychologique	Déterminé, triste, passif
Thématique pour le Web	Interdit, « underground », design, photos, luxe

Modèle de parcours visuel d'une page par l'internaute

Les études sur l'exploration visuelle d'une page web par un internaute peuvent nous aider à faire certains choix de positionnement des éléments les uns par rapport aux autres. L'exploration visuelle du lecteur opère une distinction entre la zone qu'il voit en premier (« zone active ») et celle qu'il voit en dernier (« zone morte »).

Les informations importantes devront donc se situer dans la zone « active » de votre page web. À l'écran, cette dernière s'étend – pour les Occidentaux – sur la bande diagonale allant du coin supérieur gauche au coin inférieur droit. La zone « morte » s'étend au contraire du coin supérieur droit au coin inférieur gauche (voir figure 2-13).

Néanmoins, le comportement d'exploration visuel d'un internaute n'est pas passif :

- si celui-ci recherche une information très précise, son regard portera sur cette dernière, quel que soit son emplacement sur l'écran,
- si nous mettons en avant une information sous une forme active (animation, couleurs vives...), cela attirera obligatoirement son regard.

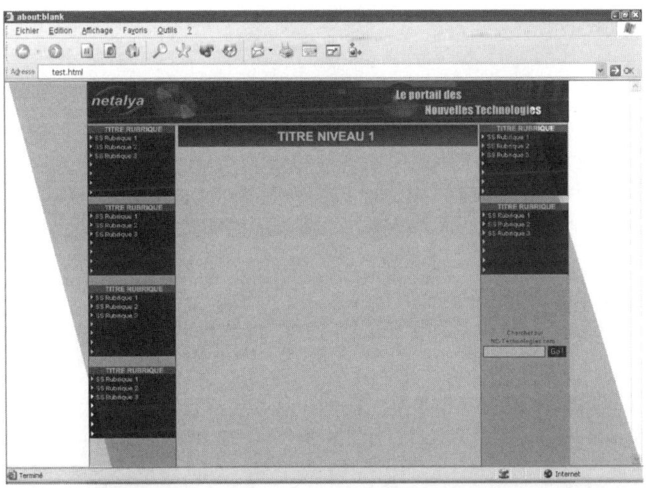

Figure 2–13 Zone active et zone morte d'une page web

Utilisation des cadres (frames)

Les cadres peuvent faciliter la navigation, mais ils gênent souvent les utilisateurs, par exemple lors de l'affichage des données d'un autre site. De plus :

- l'homogénéité entre les pages est beaucoup plus difficile à obtenir ;
- les pages web contenant des frames ne s'impriment pas avec le contenu attendu ;
- les moteurs de recherche n'interprètent pas les cadres.

La gestion des cadres pour le référencement est expliquée au chapitre 4.

Il conviendra donc de les éviter ou du moins de respecter les indications suivantes :

Figure 2–14 Une page qui présente des cadres redimensionnables.

Figure 2–15 Une fenêtre avec et sans bordure autour des cadres

- Utilisez deux frames au maximum et évitez d'en placer sur la première page de votre site. Cela en facilitera le référencement auprès des moteurs de recherche.
- Mettez à disposition une version sans frame (balise `noframes`) contenant les informations principales et des liens vers les autres sections du site (voir le code ci-après).
- Pensez tout particulièrement à mettre un lien vers une version imprimable des documents ne reposant pas sur l'usage de frames.
- Empêchez que vos cadres soient redimensionnables (voir figure 2-14).
- Évitez la présence d'une bordure autour des cadres. Ces dernières découpent la structure de la page d'une manière trop prononcée (voir figure 2-15).

Exemple d'utilisation des cadres

```
<HTML>
<HEAD>
<TITLE>Exemple</TITLE>
</HEAD>
<FRAMESET COLS="20%,*" FRAMEBORDER="No">
  <FRAME NAME="Menu" SRC="menu.html">
  <FRAMESET ROWS="20%,*">
    <FRAME NAME="Top" SRC="haut.html">
    <FRAME NAME="Bas" SRC="bas.html">
  </FRAMESET>
<NOFRAMES>
```

```
<BODY>
Contenu divers...
Lorem ipsum dolor sit amet, consectetuer adipiscing elit,
sed diem nonummy nibh euismod tincidunt ut lacreet dolore magna aliguam
erat volutpat.
Placez également ici des liens vers les différentes pages de votre
site...
</BODY>
</NOFRAMES>
</FRAMESET>
</HTML>
```

Dimension des pages

Les ascenseurs horizontaux sont à bannir. En effet, un utilisateur ne peut pas lire un texte correctement en faisant défiler deux ascenseurs, l'un horizontal et l'autre vertical (voir figure 2-16).

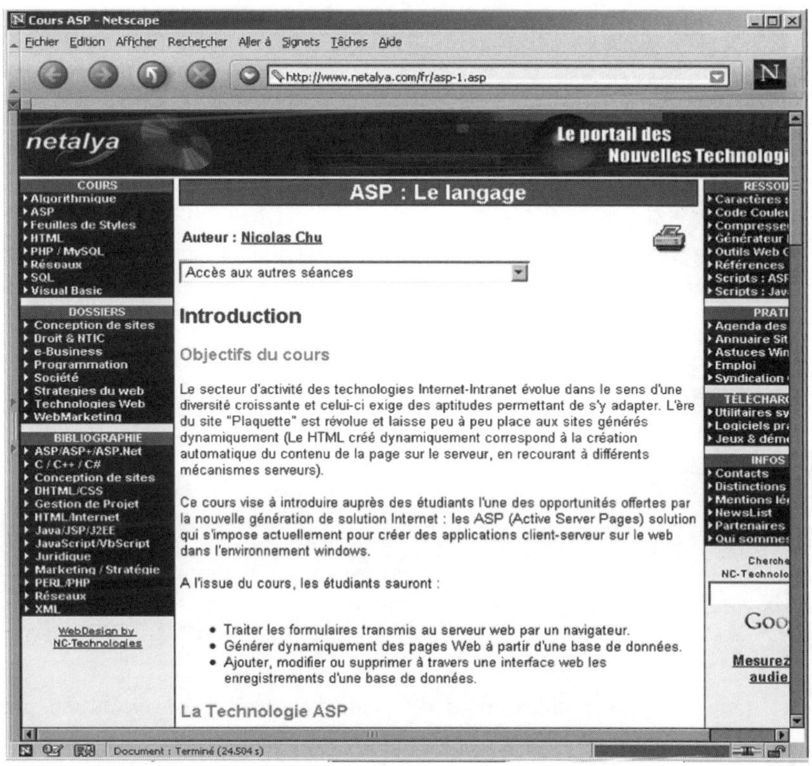

Figure 2–16
Exemple d'une page non optimisée pour une résolution de 800 × 600 pixels

L'une des méthodes pour les éviter consiste à respecter la taille des fenêtres cibles en plaçant l'ensemble du corps de la page dans un tableau d'une largeur égale à la largeur de la résolution d'écran minimum diminuée de 40 pixels :

```
Largeur = Largeur de la résolution d'écran minimum - 40 px
```

B.A.-BA Taille de la fenêtre cible

La taille de la fenêtre cible constitue la partie exploitable de l'écran de votre internaute, c'est-à-dire une fois retirés les pixels utilisés par le navigateur.

Tableau 2–1 Correspondance taille de fenêtre cible / résolution d'écran

Résolution	Taille fenêtre cible
640 × 480	600 × 300
800 × 600	760 × 420
1024 × 768	984 × 588
1280 × 1024	1240 × 844

Si votre cible est bien définie, il faut que le contenu de la page s'adapte à la résolution des écrans de vos internautes. Par exemple, pour une cible « grand public », la résolution des écrans minimun est 800 × 600 px (voir figure 2-17).

Top 7 des résolutions les plus répandues.

La société américaine Omniture a relevé la résolution des écrans les plus utilisés dans le mondeen se basant sur plusieurs milliers de sites de commerce électronique (février 2006) :

1024 x 768 :	52%
800 x 600 :	18%
1280 x 1024 :	14%
1280 x 800 :	5%
1152 x 864 :	3%
1400 x 864 :	2%
1280 x 768 :	1%

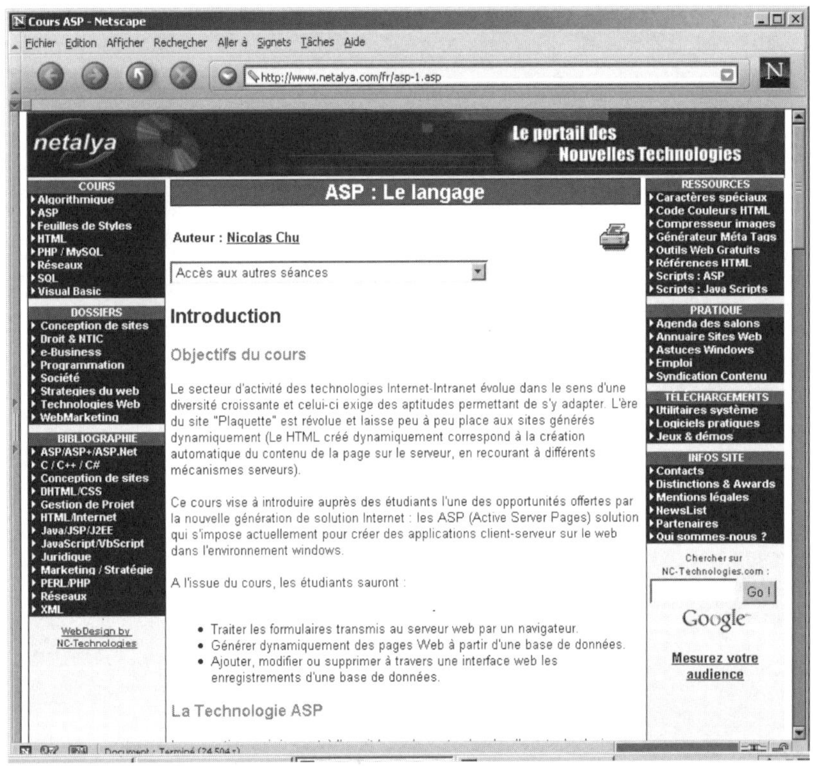

Figure 2–17
Exemple de la même page que celle de la figure 2-16, cette fois optimisée pour une résolution 800 × 600 pixels

Il ne faut pas oublier pour autant ceux qui disposent d'une résolution plus grande : votre site devra avoir la même mise en forme (respect des cotes, des dimensions et des gabarits) quelles que soient les résolutions. De plus, les ascenseurs verticaux doivent disparaître automatiquement lorsqu'ils ne sont pas utiles : vérifier qu'il n'y a pas plusieurs lignes blanches au bas de la page, elles risquent de faire apparaître inutilement un ascenseur vertical.

Le code suivant vous permettra de disposer votre contenu à une résolution 800 × 600 (voir figure 2-18) et supérieure (voir figure 2-19).

```
<CENTER>
<TABLE WIDTH="760" BGCOLOR="#000000" HEIGHT="100%">
  <TR>
     <TD WIDTH="100%" VALIGN="TOP"><FONT COLOR="#FFFFFF"><B>
     Lorem ipsum dolor sit amet, consectetuer adipiscing elit, sed
diem nonummy nibh euismod tincidunt ut lacreet dolore magna aliguam
erat volutpat. Ut wisis enim ad minim veniam,quis nostrud exerci
tution ullamcorper suscipit lobortis nisl ut aliquip ex ea commodo
consequat. Duis te feugifacilisi.
     </B></FONT></TD>
  </TR>
</TABLE>
</CENTER>
```

Nous préférons ici un tableau de largeur fixe (px) et non de largeur relative (%). Cette méthode permettra de respecter les recommandations de la charte graphique (dimensions) quelle que soit la résolution utilisée.

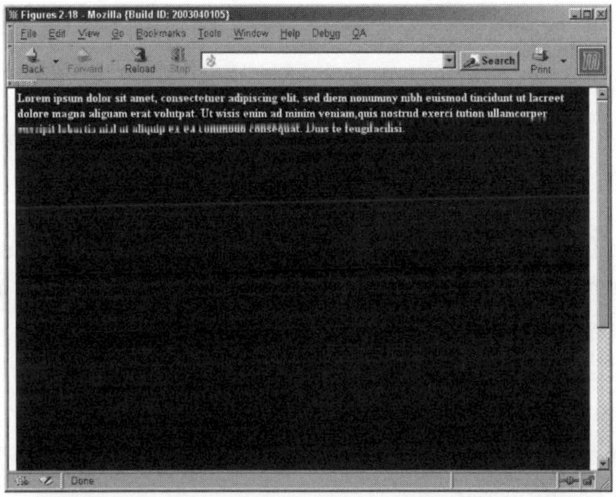

Figure 2–18
Résultat pour une résolution 800 × 600 pixels

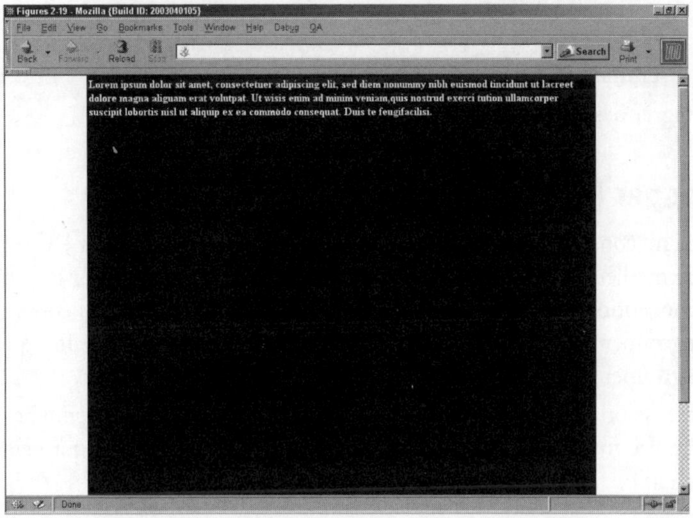

Figure 2–19
Résultat pour une résolution 1024 × 768 pixels

Les animations

Les animations peuvent rendre votre site plus attrayant, en respectant les indications suivantes :

- Il ne faut pas en abuser : elles doivent être utilisées avec parcimonie, uniquement pour souligner les éléments d'une page qui sont vraiment importants pour l'internaute.
- Il ne faut pas mettre d'animations trop voyantes à côté d'un texte long à lire car elles attireront l'attention du lecteur au détriment du contenu de vos pages.

Lisibilité du contenu : huit principes à suivre

Le Web n'est pas un support papier et la lecture s'y révèle plus pénible et plus lente (25 % plus lente selon Jakob Nielsen), parce qu'elle est liée à une projection de faisceaux lumineux, sur un écran.

La lisibilité

La lisibilité peut être définie comme l'ensemble des caractéristiques visant à faciliter et rendre plus rapide la compréhension d'un texte par un lecteur.

Pour pallier cet inconvénient, voici huit principes à suivre pour améliorer la lisibilité de votre contenu et permettre ainsi un accès facile et rapide à l'information recherchée :

1. Découper l'information.
2. Pas de « hors sujet » !
3. Titrer l'information.
4. Hiérarchiser l'information.
5. Bien utiliser les liens.
6. Utiliser une syntaxe simple.
7. Utiliser une sémantique claire.
8. Intégrer des visuels.

POUR ALLER PLUS LOIN

How Users Read on the Web (en anglais)
- http://www.useit.com/alertbox/9710a.html
- Nielsen, J., *How Users Read on the Web*, 1997.
- Bourque, G., *Des mesures de lisibilité*, Communication présentée au 57e Congrès de l'ACFAS, 1989.

Découper l'information

Comment construire un gratte-ciel ? Partie par partie, bien sûr ! C'est également le meilleur moyen de présenter beaucoup d'informations sur le Web. Lors de la conception du contenu, les rédacteurs (ou le responsable du contenu) doivent regrouper l'information en entités faciles à assimiler, c'est-à-dire qu'ils doivent regrouper au plus neuf éléments d'information.

En effet, selon les recherches effectuées dans ce domaine, nous pouvons garder en mémoire immédiate (ou mémoire dite à court terme) de cinq à neuf unités d'information.

Nous comprenons plus rapidement et plus complètement un sujet qui a été découpé.

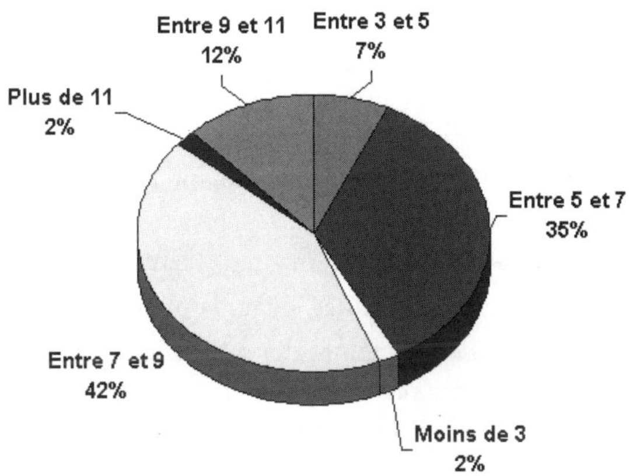

Figure 2–20 Nombre d'éléments d'information retenus en mémoire immédiate (étude réalisée par l'auteur auprès de 400 étudiants de l'université de Paris-VII entre 1999 et 2006)

La mémoire à court terme

La mémoire à court terme est ce à quoi nous prêtons attention dans l'instant, et ce qui se perd si notre attention est attirée ailleurs. (Smith, Fr., *Devenir lecteur*, Armand Colin – Bourrelier, 1986. P.49).

En d'autres termes, l'utilisateur ne devrait avoir à mémoriser ni la structure, ni les rubriques d'un site pour pouvoir trouver l'information qu'il cherche ; sinon, il risque même d'oublier l'objectif de consultation qui l'a d'abord amené sur le site. De ce fait, le découpage doit se faire en entités autonomes, compréhensibles par elles-mêmes. Les parties reliées entre elles n'ont pas pour objectif d'apporter une suite mais des compléments d'informations aux lecteurs qui le souhaitent.

Il faut cependant éviter de trop scinder les informations car chaque page qu'il faut charger provoque une coupure dans la lecture et une attente. Lorsque certaines pages contiennent trop peu de données, il faut revoir le découpage initial du site afin de regrouper certaines informations. Ainsi, lors de la conception, il faut essayer d'adapter le contenu de votre site en conséquence et de regrouper dans la mesure du possible les pages en sections logiques et facilement utilisables :

- cinq à neuf paragraphes dans une page ;
- cinq à neuf pages par section ;
- cinq à neuf sections par rubrique ;
- cinq à neuf rubriques par site.

Il est très important de ne pas dépasser neuf rubriques dans votre site car, au-delà, votre visiteur risque d'être perdu dans sa navigation.

Pas de « hors sujet » !

Les rédacteurs pour le Web doivent s'assurer que toutes les informations contenues dans une même unité de découpage portent sur un seul sujet.

L'utilisation de ce principe facilite la compréhension et permet de gagner du temps : lorsque le contenu d'une page web comporte des informations non pertinentes, les internautes sont obligés de s'interroger sur le rôle de ces données étrangères au sujet et sur leur rapport avec celui-ci. C'est un travail inutile qui ralentit la visite du site et l'accès à l'information alors que l'impatience et le besoin d'efficacité sont déterminantes pour le succès d'un site web.

De plus, les pages trop longues sont le signe d'une navigation défectueuse. Elles montrent que le concepteur du site n'a pas su mettre en valeur le contenu. Vous devez donc vous assurer que les diverses rubriques et sections de votre site contiennent un type donné d'information en éliminant l'information non pertinente selon les deux critères suivants :

- si une information ne sert pas aux internautes, il faut la supprimer ;
- si une information sert aux internautes, il faut la placer dans d'autres unités.

Chaque unité de découpage ne doit comporter qu'une idée et commencer par la phrase la plus importante. S'il y a plusieurs idées importantes à transmettre, il est préférable de découper le texte en plusieurs pages et de créer des liens entre elles.

Titrer l'information

POUR ALLER PLUS LOIN **Importance du titre**

Dès 1985, dans leur ouvrage *Lire, comprendre, mémoriser les textes sur écran vidéo*, Erlich et Tardieu soulignent l'importance des titres pour les textes présents sur écran vidéo.

Après avoir regroupé les informations portant sur un même sujet en unités assimilables, on attribue un titre à chaque unité. En donnant un titre pertinent à chaque unité d'information, vous facilitez l'accès, la compréhension et l'extraction de l'information.

Figure 2–21 Les pages d'accueil des journaux en ligne sont de bons exemples d'utilisation de titres pour faciliter l'accès à l'information (http://www.lemonde.fr).

Les internautes comprennent l'information et y ont accès plus rapidement lorsqu'ils ont une idée de ce qui va suivre. Le principe de titrage sera d'autant plus facile à appliquer si votre information est bien découpée et si elle ne traite que d'un seul sujet par unité de découpage (voir figure 2–21, page précédente).

Comme la lecture sur écran est difficile, le titre doit décrire clairement le contenu de la page ou de la partie concernée, sous peine que le lecteur arrête sa lecture s'il ne comprend pas l'intitulé du titre.

Hiérarchiser l'information

Près de 80 % des utilisateurs lisent les textes en diagonale et ne retiennent que les termes qui les intéressent. Les informations les plus importantes doivent donc être présentées en début de page (règle de la pyramide inversée), dans la mesure où beaucoup d'internautes ne font pas défiler les pages trop longues.

La hiérarchisation de l'information doit également tenir compte de l'environnement tridimensionnel du Web : l'information présente à l'écran (deux dimensions) et celle présente par le biais de liens hypertextes (profondeur). La règle de « la pyramide inversée » pourra donc être suivie, non seulement au sein d'une même page, mais à travers la navigation hypertexte (à condition bien sûr de ne pas dépasser trois à quatre niveaux de profondeur).

DÉFINITION **La règle de la « pyramide inversée »**

La règle de la « pyramide inversée », couramment utilisée en journalisme, consiste à commencer un article par les informations les plus importantes, et à continuer avec les informations de moindre importance : du général vers le détail, avec un chapeau qui développe le titre, avec un article qui développe le chapeau...

Voici les moyens de faciliter la mise en valeur de vos informations :

- Utilisez différents niveaux de styles pour structurer la page (H1, H2...).
- Créez différents niveaux de lecture : la synthèse, les titres/sous-titres, le corps du texte, les encadrés avec informations supplémentaires, les légendes de photos qui complètent l'information...
- Dans le cas d'énumérations, placez des listes afin de synthétiser votre contenu.

ATTENTION **Soulignement et gras**

N'utilisez surtout pas le soulignement des mots au risque de provoquer une confusion avec les liens. De plus, le gras doit être utilisé avec parcimonie car il nuit à la fluidité du texte.

Test grandeur nature pour l'accès à l'information

Un test intéressant consiste à voir en combien de temps vous accédez à l'information suivante : quel sont les risques ?

Essayez de trouver l'information (page suivante) à partir de l'exemple 1 puis à partir de l'exemple 2 et constatez la différence de temps pour y accéder.

EXEMPLE 1 **Contenu de page web où l'information n'est pas structurée**

Présentation générale de l'étude

Nous avons décidé de lancer une étude afin d'initier une réflexion sur la stratégie de la société pour la mise en place d'un site web (objectifs, cibles, contenu). Cette dernière devrait nous permettre d'entrevoir les différentes solutions techniques possibles et de sensibiliser le personnel de l'entreprise à ce projet. Pour ce faire, des formations seront organisées ainsi que des groupes de travail. Ce futur site web permettra à notre entreprise de maintenir nos parts de marché tout en consolidant les relations d'affaires en mettant à disposition des données en temps réel. La réactivité vis-à-vis des clients et de nos partenaires en sortirait améliorée et nous pourrions ainsi leur proposer de nouveaux services. Cependant, il est important de noter qu'une fois des informations publiées sur Internet, il devient facile de les copier et d'en tirer profit. De plus, nos clients risquent de rejeter ce nouveau canal d'information. Nous serions également confrontés à certains problèmes légaux : il n'existe en effet actuellement que peu (ou pas) de textes encadrant le fonctionnement d'Internet.

La mise en place d'un tel site rendrait notre offre plus modulaire : chaque client accéderait en fonction de son profil à tout ou partie des services proposés sur notre site. Cela nous permettrait également de proposer de nouveaux services et de gagner une certaine notoriété dans le domaine des Nouvelles Technologies. Enfin, nos coûts (services, assistance, documentations...) se verraient fortement diminués. Cependant de telles fonctionnalités nécessiteront que l'on ouvre notre réseau vers l'extérieur. Ceci impliquera une attention particulière de notre part au niveau de la sécurité et des risques d'intrusion.

EXEMPLE 2 **Le même contenu découpé, hiérarchisé et titré**

Présentation générale de l'étude

Objectifs

Les objectifs de cette étude sont :

- *d'initier une réflexion sur la stratégie de l'entreprise en matière de site web (objectifs, cibles, contenu) ;*
- *d'initier la réflexion sur les solutions techniques ;*
- *de sensibiliser l'entreprise au « Projet site web » par la formation, la communication et la participation à des groupes de travail.*

Enjeux

Ce nouveau canal de diffusion nous permettrait :

- *de maintenir nos parts de marché ;*
- *de consolider les relations d'affaires : la mise à disposition des données en temps réel accroît les profits de toutes les parties concernées ;*
- *d'améliorer notre réactivité vis-à-vis de clients et nos partenaires ;*
- *de rendre flexible notre offre en favorisant la modularité : selon son profil, le client accéderait à tout ou partie des services proposés sur notre site ;*
- *de proposer de nouveaux services à nos clients et à nos partenaires ;*
- *de gagner en notoriété dans le domaine des Nouvelles Technologies ;*
- *de réduire nos coûts (services, assistance, documentations...).*

Risques

Nous devrons cependant prendre en compte un certain nombre de risques induits par la mise en place d'un site web :

- *copyright : une fois des informations publiées sur Internet, il devient facile de les copier et d'en tirer profit ;*
- *acceptation des clients : possibilité de rejet du nouveau canal par les utilisateurs ;*
- *problèmes légaux : peu de textes encadrant le fonctionnement d'Internet ;*
- *sécurité : réseau ouvert donc accroissement des risques d'intrusion.*

Bien utiliser les liens

Le Web est un média interactif. Profitez de cette possibilité pour interagir avec votre internaute et offrez-lui l'opportunité, grâce à l'utilisation des liens hypertextes, d'accéder à l'information directement (à l'inverse d'un support papier classique). Sur le Web, la mise en scène traditionnellement linéaire du déroulement (début - milieu - fin) fait place à une organisation en réseau. Il n'y a donc pas qu'un seul parcours de lecture possible, mais une multitude de parcours de lecture que le lecteur peut choisir dans un ensemble de données (texte, images ou son). Cette possibilité donnée aux internautes de « sauter » d'une ressource à une autre contribue ainsi à la diffusion de l'information et facilite la recherche de celle-ci.

POUR ALLER PLUS LOIN **L'hypertexte**

Le site de la revue des ressources propose en ligne un dossier sur « l'hyper littérature » avec notamment plusieurs articles sur l'hypertexte :

- http://www.larevuedesressources.org/

CULTURE **Le Web, un ensemble de ressources potentiellement accessibles à partir de n'importe quel site**

Tim Berners-Lee, l'un des pères du World Wide Web, nous indique : « The vision I have for the Web is about anything being potentially connected with anything », T-B. Lee, M. Fischetti, « Weaving the Web – The original Design and Ultimate Destiny of the World Wide Web by its Inventor», HarperBusiness, 1999.

Le principe de découpage de l'information, facilité par l'utilisation de liens, permet à l'internaute de mieux assimiler l'information. Les liens permettent d'associer chaque unité d'information à d'autres qui lui sont naturellement ou logiquement connexes.

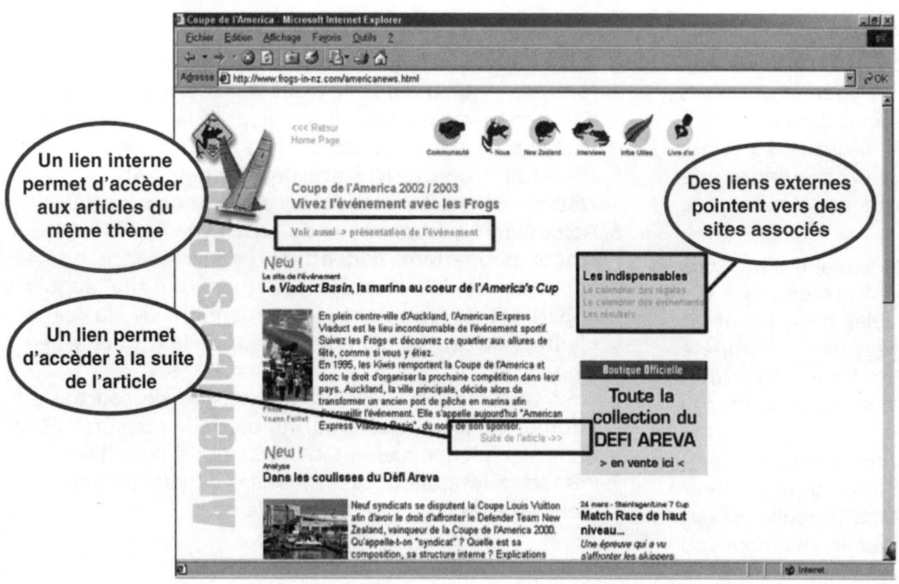

Figure 2–22
Exemple d'une page web utilisant des liens hypertexte internes et externes (http://www.frogs-in-nz.com)

Lors de l'adaptation du contenu pour votre site web, l'information doit être morcelée, séquencée, afin de favoriser l'interactivité à plusieurs niveaux :

- avec l'utilisateur : en fonction du comportement ou des choix de l'utilisateur, le site web affichera tel ou tel type d'information ;
- dans votre site web : disposer des liens hypertextes pour relier les informations entre elles (liens internes à la page ou externes vers une autre page du même site) ;
- avec les autres sites web : en pointant directement vers la page traitant de l'information concernée (définition, référence, articles...).

IMPORTANT **Trop de liens tue l'interactivité**

Si les liens sont indispensables pour un accès à une information variée, la présence d'un trop grand nombre d'entre eux au sein des pages rend l'interactivité difficilement assimilable par l'internaute :

- Les liens, de par leur couleur, attirent l'œil (presque comme un titre) et perturbent le cours de la lecture ;
- le parcours d'un texte avec des liens est plus exigeant parce que la question de la pertinence d'un lien est sans cesse remise en cause : l'utilisateur naviguera de page en page avant d'avoir terminé la lecture complète du texte.

De plus, une surabondance de liens assimilera la page à une simple passerelle vers d'autres sites.

ASPECTS JURIDIQUE **La recommandation du forum des droits de l'Internet sur les liens hypertexte**

Le Forum des droits sur Internet (http://www.foruminternet.org) au travers de sa recommandation « Hyperliens, statuts juridiques » a étudié différentes situations dans lesquelles la mise en œuvre d'un lien comporte un risque d'atteinte aux droits du site lié et préconise ainsi aux personnes souhaitant établir un hyperlien de suivre un certain code d'usage. En voici un résumé :

1. Obtenez l'autorisation préalable du titulaire pour deux types précis d'usages de liens : le lien profond vers des fichiers téléchargeables ou exécutables protégés et les transclusions de pages web protégées par la propriété intellectuelle (comme la technique du framing qui substitue dans la zone URL du navigateur, l'adresse du site principal à celle du site lié).
2. Demandez une autorisation aux propriétaires des marques concernées pour les reproductions, sur le pointeur d'un lien, d'une marque désignant des produits ou services identiques à ceux proposés par le site liant, ou similaire à ceux-ci s'il risque d'y avoir confusion dans l'esprit du public.
3. Veillez à ce que la présentation du lien, simple ou profond, ne tende pas à faire croire au visiteur à l'existence d'une coopération entre le site liant et la ressource liée.
4. Veillez à ne pas effectuer de lien profond vers un site constituant une œuvre artistique à part entière dont l'auteur exigerait un mode de consultation particulier.
5. Accompagnez le pointeur de tout hyperlien des références permettant d'identifier l'appartenance ou la paternité de la ressource liée (nom du site auquel appartient la ressource liée, mention de la page d'entrée de ce site, nom de l'auteur de la ressource liée etc.).
6. Pour tout type de liens, et par mesure de courtoisie, informez le propriétaire du site ou de la ressource liée du fait qu'un lien a été établi vers celui-ci ou celle-ci.
7. Respectez les politiques en matière d'hyperliens clairement affichées par les titulaires de sites.

Une syntaxe simple

La rédaction pour le Web doit privilégier des textes courts et simples afin de favoriser une lecture rapide ; le texte en ligne doit contenir moitié moins de mots que son équivalent destiné à l'impression. Il vous faut donc utiliser des phrases grammaticalement simples. Attention cependant, la réduction du texte de doit pas nuire à sa clarté ni à sa qualité.

Privilégiez toujours la concision et la précision en essayant de réduire la taille des pages à deux voire trois écrans en hauteur. Portez une attention toute particulière à la grammaire et à l'orthographe, en respectant les principes linguistiques de la langue française.

La syntaxe

Le petit Larousse définit la syntaxe comme « l'ensemble des règles qui régissent un moyen d'expression donné ».

Une sémantique claire

Lors de la rédaction d'un contenu web, soyez attentif au choix des termes employés.

- Écrivez en langage clair : l'idéal serait de vous faire relire par une personne pouvant faire partie de votre lectorat avant la diffusion sur le Web. Pensez toujours à vos futurs visiteurs : l'information est-elle pertinente ? Est-elle compréhensible pour un public non averti ?
- Alternez les phrases courtes et les phrases plus longues pour relancer l'attention.
- Faites des phrases simples à comprendre. Bannissez donc les conjonctions « que », « qui »…, les mots trop complexes, trop longs, les doubles négations, l'abus des adjectifs, des adverbes et des noms.
- Évitez le vocabulaire trop spécialisé et non expliqué.
- Évitez les métaphores et les analogies, surtout dans les titres.
- Mettez les idées importantes en début et éviter les périphrases.

La sémantique

La sémantique se définit par tout ce qui est relatif au sens, à la signification des unités linguistiques.

Tableau 2–2 Évitez les périphrases

Périphrase	Remplacement
Maintenance à caractère préventif	Maintenance préventive
Ainsi que	Et
En tout état de cause	En tout cas
Procéder à la vérification	Vérifier
Procéder à des essais comparatifs	Comparer
Être dans l'obligation de	Devoir
Organisation syndicale	Syndicat

Intégration de visuels

Les chercheurs estiment que la disposition visuelle génère plus aisément des images mentales que les mots ne peuvent le faire (plus de 50 % de la population adulte assimile mieux une information présentée avec des illustrations).

POUR ALLER PLUS LOIN
Rédaction des contenus web

« Writing for the web », études en ligne de John Morkes and Jakob Nielsen (en anglais) :

- http://www.useit.com/papers/webwriting/

« Quelques recommandations pour la rédaction de contenus web » :

- http://www.lergonome.org/pages/detail_articles.php?indice=14

Le site des spécialistes de l'information en ligne :

- http://www.redaction.be

Le message visuel est plus adapté dans le cas où le public est exposé à un média dont il ne contrôle pas le rythme d'exposition comme le Web. L'avantage de l'image est de nécessiter moins d'expositions répétées pour avoir le même effet à long terme. Le rédacteur doit donc essayer d'utiliser des illustrations, des tableaux et les enrichissements typographiques comme partie intégrante de la rédaction.

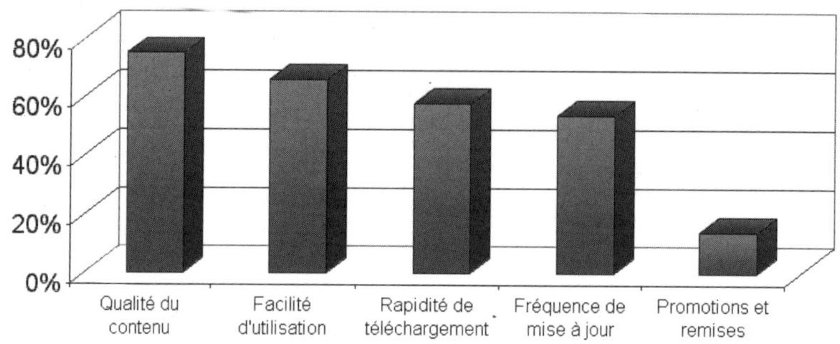

Figure 2–23 Les facteurs de retour (fidélisation) d'un visiteur sur un site web (graphe réalisé à partir d'une étude de Forrester Research - 2000)

POUR ALLER PLUS LOIN **Les théoriciens de l'écriture pour le Web**

En 1998 l'Américain Jakob Nielsen devait fixer les premières règles de cette nouvelle écriture dans un site appelé « Writing for the Web » : la difficulté de lire à l'écran et l'impatience des internautes commanderaient du texte « balayable ».

Ses théories furent développées par la suite par de nombreux auteurs, tels le canadien Crawford Kilian, les américains Jonathan Price et Nick Usborne et l'anglaise Susannah Ross.

Dans son guide pionnier Writing for the Web (1999), Kilian détaille et illustre les trois principes de sa théorie : orientation (sujet, structure), information (publics cibles, objectifs) et action (geste, tâche).

Ce système est complété en 2002 par Price, qui y ajoute les principes d'une rédaction « personnalisable » et par Usborne qui recommande de s'adresser aux internautes à la manière d'une vraie personne en utilisant des propos personnels, simples et précis. Quand à Ross, elle préconise dès 2001 de concevoir son site selon le point de vue de l'internaute et non selon le discours que nous aimerions tenir : Pourquoi écrire sur ce sujet ? Pour qui ? Quel en sera le propos?

Vous trouverez sur le site du formateur-auteur François Hubert, une synthèse de toutes ces théories de l'écriture web :

- http://www.cortexte.com

Synthèse : les caractéristiques d'un site ergonomique

Caractéristique	Explication
Les pages sont sobres.	Une page trop chargée rend difficile la lecture et l'accès à l'information. Choisissez trois ou quatre couleurs et gardez-les pour tout votre site.
Le contenu est cohérent et la mise en forme homogène.	La cohérence de la présentation et du vocabulaire permettra aux lecteurs de trouver rapidement l'information dont ils ont besoin, de localiser partout sur le site les informations semblables et ainsi d'éviter la confusion. Les différentes informations du même type doivent donc être présentées d'une façon similaire et sous la même forme (texte, graphes, images, etc.).
L'information recherchée est accessible en 3 clics (4 maximum).	Concentrez vos efforts sur la simplicité de la navigation. Les surfeurs ne sont pas patients et s'ils ne trouvent pas immédiatement ce qu'ils veulent, ils iront le chercher ailleurs.
L'information importante est placée en haut de page.	Peu d'utilisateurs font défiler les ascenseurs pour consulter les informations qui ne sont pas visibles à l'écran lors du chargement d'une page. Les éléments les plus importants doivent donc se situer en haut des pages.
La hauteur des pages est inférieure à deux ou trois écrans.	Deux écrans de préférence car au-delà, vous risquez de rendre la navigation irritante pour un visiteur utilisant un 15 pouces ou un portable. De plus, votre texte en ligne devrait en principe contenir moitié moins de mots que son équivalent destiné à l'impression. Si l'information présentée dépasse la limite indiquée, découpez-la en plusieurs pages ou proposez la possibilité d'imprimer le contenu pour une consultation hors connexion.
L'usage des frames est limité, voire interdit.	Ces dernières provoquent des difficultés au niveau ergnomique. En cas d'utilisation, pensez à mettre à disposition une version sans frame en utilisant la balise `noframes`.
La taille des fenêtres cibles est respectée.	Cela permet d'éviter l'apparition d'un ascenseur horizontal.
Le dimensionnement des images est réfléchi	Évitez les graphiques faisant la moitié de la zone d'affichage ou les images trop lourdes (plus de 40 ko) dont le temps de chargement horripilera vos visiteurs munis d'une connexion de type modem.
Aucune texture n'a été utilisée pour le fond des pages.	Cela diminue la visibilité du texte. Il ne faut pas que le fond soit trop visible. S'il attire le regard du lecteur, il occulte les informations et empêche une lecture confortable. De plus, cette utilisation ralentit le chargement de chacune des pages.
Toutes les images disposent d'une alternative textuelle (tag IMG + attribut ALT).	L'avantage est triple : cela donne une indication à vos internautes, cela permet aux moteurs de recherche d'indexer un contenu supplémentaire (voir chapitre 4) et cela permet aux personnes handicapées visuelles de lire le contenu des images à l'aide de consoles spécialisées (voir à ce sujet le site de l'associtation Braillenet, http://www.braillenet.org/).
Les animations sont employées avec parcimonie.	Afin d'éviter le phénomène « sapin de Noël » : une page peu lisible et fatigante pour l'internaute.
Le style italique n'a pas été employé.	Ce style étant difficilement lisible, voire illisible à l'écran, ne l'utilisez que pour des textes très courts.

Caractéristique	Explication
Le choix de la police a été réfléchi.	N'utilisez pas de polices trop petites. Même si la taille des polices à l'affichage peut se paramétrer sur certains navigateurs, garder une taille de police « classique », par exemple 10 ou 12 points minimum pour le texte courant. Le visiteur veut se détendre en regardant votre site et non pas partir en clignant des yeux ! Utilisez des polices sans sérif (par exemple, Arial, Helvetica). Beaucoup plus claires à l'écran que des polices du type avec sérif (Times New Roman) qui elles sont optimisées pour l'impression. N'utilisez pas plus de trois polices de caractères différentes.
Les minuscules ont été préférées aux capitales.	Les minuscules sont plus lisibles.
Les phrases simples et les textes courts sont privilégiés.	Cela favorise une lecture rapide à l'écran.
Le contraste texte/fond est soutenu.	Afin d'améliorer la lisibilité du contenu.
Les listes à puces sont utilisées dès que possible.	Les listes permettent un accès facile à l'information.
Les mots importants sont mis en gras.	Surtout pas en souligné, cela provoque la confusion avec les liens.

Testez vos connaissances

- Quel est le poids maximum conseillé pour une page web ?
- Citer cinq contraintes liées aux spécificités du domaine web.
- Qu'est-ce que la règle des trois clics ?
- Quels sont les risques induits par l'utilisation des frames ?
- Que permet la cohérence de la présentation et du vocabulaire ?
- Qu'est-ce qu'une charte graphique ?
- Qu'appelle-t-on une page optimisée pour une résolution donnée ?
- Expliquer le principe de « zones actives/zones mortes » d'une page web.
- Que veut dire « rendre lisible » un texte pour le Web ?
- Quels sont les huit principes à suivre pour permettre un accès facile et rapide à l'information recherchée ?
- Que permettra la disposition visuelle de l'information ?
- Quels sont les avantages et les inconvénients des liens ?

En résumé…

L'ergonomie d'un site web performant réunit deux composantes fondamentales, qui s'adressent chacune à une fraction de votre public :

- être clair, précis et d'un esthétisme soigné ;
- disposer d'une information téléchargeable rapidement et accessible depuis n'importe quelle page en trois clics maximum.

La première composante s'adresse aux « nouveaux visiteurs », ceux qui arrivent sur votre site pour la première ou la deuxième fois. Ces derniers vont porter une attention particulière aux aspects directement visibles et à la facilité d'utilisation.

Le graphisme du site devra alors être plaisant et le chargement des pages, rapide.

La seconde composante s'adresse aux « internautes fidèles », ceux qui cumulent un nombre de visites supérieur à trois. Ces derniers souhaiteront un accès rapide à l'information recherchée.

Les pages du site ne devront donc pas être trop « denses », pour leur permettre de distinguer les informations importantes de celles qui le sont moins.

RÉFÉRENCES **Quelques sites**

- Le site du pionnier en matière d'ergonomie web Jakob Nielsen : http://www.useit.com
- Le site du rédacteur/éditeur américain Jonathan Price : http://www.webwritingthatworks.com/
- L'excellent site « l'ergonome » propose une série de publications et de résultats d'étude dans le domaine des NTIC : http://www.lergonome.org
- « VebLog » est un site personnel proposant un grand nombre de ressources pour réaliser des projets Internet centrés sur les besoins utilisateur : http://www.veblog.com/
- « Iergo » est un site de conseil en ergonomie informatique : http://www.iergo.fr
- Le site du laboratoire d'ergonomie du CNRS propose sur son site un « Guide de recommandations ergonomiques pour la création de sites web (sites de consultation et applications) » http://www.dsi.cnrs.fr/bureau_qualite/ergonomie/ergonomie.asp
- Le site « Usabilis » présente différentes méthodes pour prendre en compte l'utilisabilité au cours du développement d'un logiciel ou d'un site web : http://www.usabilis.com
- « Ergoweb » présente des notions fondamentales sur la conception ergonomique de site web et sur le développement centré sur l'utilisateur en général : http://www.ergoweb.ca
- Le site de la SELF (Société d'ergonomie de langue française) propose un grand nombre de références (bibliographie, revues, liens) : http://www.ergonomie-self.org

chapitre 3

L'hébergement

Une fois créé, le site doit être hébergé sur un serveur connecté en permanence à Internet. Cependant, il est indispensable de choisir l'hébergement le plus adapté à vos besoins spécifiques, donc de comparer les offres du marché et leurs services à valeur ajoutée.

SOMMAIRE

MOTS-CLÉS

- Hébergeur
- Sécurité
- Sauvegarde
- Restauration
- Serveur
- Trafic
- Bande passante
- Surveillance
- Support technique
- Qualité de service
- Technologies serveurs
- Nom de domaine
- Espace disque
- DNS
- Registrar

Estimation de vos besoins en hébergement

Choisir un hébergement

Pour choisir un appartement, il faut savoir à l'avance le nombre de pièces nécessaires, la superficie, l'emplacement, les dispositions... Il en va de même pour l'hébergement d'un site web !

Pour choisir un hébergement adapté, il est nécessaire dans un premier temps d'identifier tous vos besoins. Vous devez d'abord connaître les fonctionnalités et les caractéristiques de votre site avant toute démarche auprès d'un hébergeur. Pour cela, il faut constituer un dossier décrivant l'architecture et l'infrastructure de votre site. Cette tâche s'effectue normalement lors de la deuxième phase de votre projet et vous permettra de définir le type d'hébergement qui vous convient en vous répondant à quatre types de questions :

Voir chapitre 1, Phase 2 : la conception du site

- Quelle est l'importance stratégique de votre site web ?
- Quelles sont les technologies adoptées pour son développement ?
- Quelle sera sa taille ?
- Quel sera le nombre de consultations ?

Importance du site par rapport à la stratégie et à l'activité de l'association ou de l'entreprise

La première question à vous poser concerne l'importance de votre projet. En effet, un simple site plaquette présentant l'activité de votre entreprise ne nécessite pas les mêmes attentions qu'une boutique en ligne : selon le cas, l'arrêt momentané d'un serveur peut n'avoir que des répercussions mineures ou au contraire faire perdre à votre entreprise un important chiffre d'affaires. Il est donc obligatoire de bien délimiter l'importance de votre site, afin de déterminer vos besoins en termes de sécurité, de disponibilité, de sauvegarde, de suivi et d'assistance.

Outils et programmes de développement retenus pour créer votre site

Le deuxième point à ne pas négliger lors du recensement des besoins est l'aspect relatif aux technologies employées. Le tableau 3–1 présente les différents éléments à prendre en compte.

Taille du site

À RETENIR **Taille d'un site**

En résumé, gardez à l'esprit que la taille d'un site n'est pas mesurée par le nombre de pages qu'il possède, mais par l'espace disque qu'il occupera sur le serveur (images, texte, base de données, etc.).

Troisième point, celui relatif à la taille de votre site. Il est impératif de connaître à peu près le volume total que représentera le site une fois en ligne.

L'une des méthodes d'estimation est d'additionner ce que l'on peut nommer le « poids à sec » de votre site avec celui représenté par son contenu :

- Le « poids à sec » peut être défini par le poids de vos pages web associé à celui des images utilisées.
- Le « poids du contenu » regroupe, quant à lui, celui de tous les fichiers qui seront utilisés par votre application web : fichiers sons, fichiers vidéos, fichiers flashs, fichiers de données, etc.

Tableau 3–1 Aspects à prendre en compte pour évaluer ses besoins en termes de technologie

Aspect	Points associés	Exemples
Système d'exploitation	Le système d'exploitation permet l'utilisation de certains composants spécifiques, voire l'utilisation de certains langages. Exemple : PHP est optimisé pour un environnement Linux alors qu'ASP fonctionne dans des environnements de type Windows.	Windows, Unix, Linux...
Serveurs : type et version	Votre application requiert quel type de serveurs ? Sous quelle version ? Avez vous besoin d'un serveur dédié aux transferts de fichiers (FTP) pour faciliter vos mises à jour ? Souhaitez-vous diffuser des informations multimédias en continu (diffusion dite en streaming) ? Est-ce que votre application en ligne utilise une technologie J2EE ? Si oui, un serveur d'application sera requis.	Serveurs web : Apache, IIS Serveur d'application : Tom Cat, Cold Fusion, WebLogic, Websphere... Serveur de streaming : realserver, netshow...
Composants serveur	Votre site peut nécessiter l'installation d'un, voire de plusieurs composants serveur pour effectuer un certain nombre de tâches.	Envoi d'e-mails, upload de données.
Base de données (SGBD)	Réutilisez-vous des données existantes dans votre application en ligne ? De fait, si toutes vos informations sont déjà stockées dans une base de données spécifique, il est probablement inutile d'en adopter une nouvelle pour votre service en ligne !	Oracle, SQL Server, Acces, MySQL, PostgreSQL...
Langages	Quels sont les langages utilisés pour le développement de votre application ?	ASP, JSP, PHP, PERL, Java...

Si le poids à sec ne varie que lors d'un ajout de rubriques aux sites, il n'en est pas de même pour le poids du contenu. En effet, au cours de la durée de vie d'un site web, il n'est pas rare de constater l'ajout progressif de données ou de fichiers supplémentaires. Par exemple, un journal en ligne est constitué de pages web et d'images représentant la structure de base, mais également d'un contenu qui change quant à lui régulièrement. Chaque jour, des données représentant l'actualité viennent s'ajouter à celles déjà présentes. Le poids des bases de données augmente alors au fur et à mesure.

Ce point n'est surtout pas à négliger car, en une année, votre site peut décupler de volume !

Fréquentation du site

Dernier point, le trafic de votre site une fois en ligne. L'une des démarches consiste à partir du public cible identifié en amont du projet pour en déduire le nombre potentiel de visites par mois. Pour ce faire, vous pouvez vous aider des rapports réguliers que publient les organismes de mesure´ d'audience ou d'étude de marché (voir figure 3-1).

Prenons l'exemple d'un nombre de visites estimé à 600 par jour. Nous avons par mois : 600 × 365 / 12 = 18 250 visites donc une estimation d'un trafic de 18 250 × 5 = 91 250 pages vues par mois.

Le trafic cible de votre site se définit en nombre de pages vues par mois. Pour obtenir ce type d'estimation, il est intéressant de savoir qu'en moyenne un site d'information atteint un taux de cinq pages par visite. Dès lors, pour avoir le nombre potentiel de pages vues par mois, il vous suffit de multiplier votre estimation du nombre de visites par cinq.

Figure 3–1
De nombreux organismes proposent en ligne des baromètres de notoriété ou d'utilisation par catégories de sites web (http://www.tns-sofres.com).

Types d'hébergement

Nous proposons ici une description des différents types d'hébergement présents sur le marché, afin d'orienter votre prospection.

Hébergement « entrée de gamme »

Cette catégorie comprend trois types d'offres : l'hébergement chez son fournisseur d'accès à Internet (FAI), l'hébergement gratuit et l'hébergement discount. L'hébergement « entrée de gamme » présente indéniablement certains avantages mais ce type de solution n'est pas adapté pour l'hébergement d'un service professionnel.

Offre des FAI

Quel que soit votre fournisseur d'accès à Internet, ce dernier vous propose sûrement un espace plus ou moins grand pour héberger vos pages web.

Les avantages sont nombreux :

- Le FAI propose souvent des outils de création de pages web qui sont de qualité, tels que différents scripts CGI, compteurs, statistiques détaillées...
- Aucune publicité ne sera normalement imposée puisque cet hébergement est compris dans l'offre d'accès à Internet.

Les inconvénients ne doivent cependant pas être négligés :

- Vous ne posséderez pas un nom de domaine propre, c'est-à-dire qu'il sera du type http://www.fai.com/monsite ou http://perso.fai.com/siteperso.
- Les temps de réponse sont généralement très lents car la bande passante allouée est mutualisée avec plusieurs centaines de sites par serveur.

Hébergeurs gratuits

Les offres d'hébergement gratuit sur le Web ne manquent pas et les acteurs, dans ce domaine, sont nombreux. Ce type d'hébergement a permis à de nombreux « petits » sites d'être ainsi plus facilement accessibles sur la toile. De nombreux outils sont généralement proposés : utilisation de CGI, compteurs, formmail (envoi d'un contenu de formulaire par e-mail), forum, newslist, etc.

Certains proposent même l'accès à du PHP et l'utilisation d'une base de données du type MySQL (Beaucoup plus rare : l'accès à de l'ASP et des bases de données de type MS Access). Enfin, la surface d'hébergement allouée est généralement assez importante, ce qui peut s'avérer être utile pour des sites possédant de nombreuses photos. Cependant, la publicité (sous forme de pop-ups ou de bannières) est omniprésente et souvent répulsive pour les internautes. De plus, vous serez confronté à des problèmes techniques récurrents.

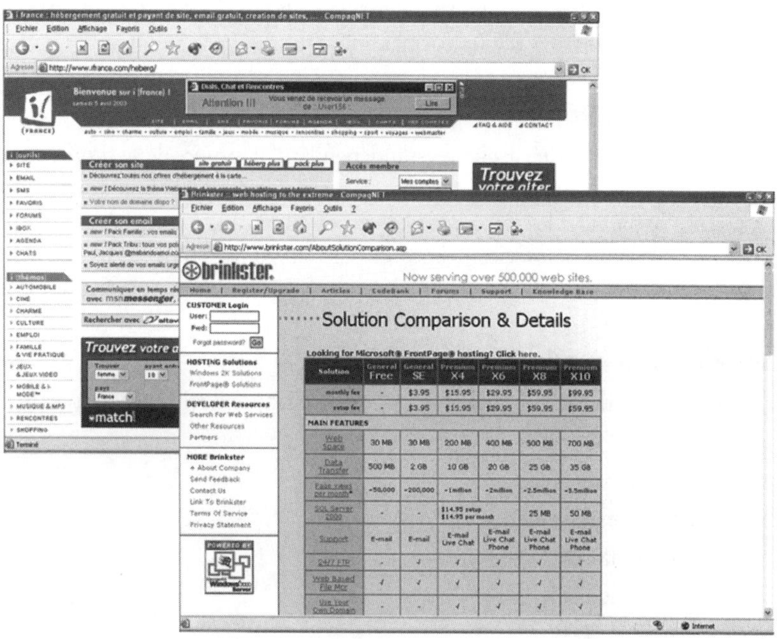

Figure 3–2
Les hébergeurs gratuits sont légion (source : http://www.ifrance.com et http://www.brinkster.com).

Hébergeurs « discount »

Les prix d'hébergement se situent généralement entre 20 € et 100 € par an. Il existe toujours plusieurs formules et vous pouvez ajouter différentes options selon vos besoins :

- espace d'hébergement,
- gestion des adresses e-mails,
- dispositif de sauvegarde,
- module de cryptage mutualisé, etc.

Si ces offres semblent d'abord attrayantes, en pratique ce type d'hébergement repose sur le partage des ressources du serveur avec beaucoup d'autres sites. Les performances seront donc amoindries.

Hébergement professionnel

Ce type d'hébergement propose des formules adaptées pour toute mise en place de site web professionnel : bande passante importante, sécurisation des plates-formes élevée, assistance technique, surveillance des serveurs, etc.

En fonction de vos besoins, trois types d'offres sont disponibles.

Hébergement mutualisé

Ce dernier consiste au partage par plusieurs clients de l'espace disque et des ressources d'un serveur. À l'inverse des offres « discount », l'hébergement mutualisé professionnel propose une solution où le nombre de sites sur le serveur est restreint afin de garantir une qualité de service élevée. Pour ce type d'offre, les tarifs varient entre 100 et 1 000 euros par an.

Hébergement dédié

Avec un hébergement dédié, le client est indépendant, il dispose de sa propre structure d'hébergement (serveur, baies, salles blanches) qu'il gère à sa convenance. Étant seules à se partager les ressources serveur et/ou réseau, vos applications bénéficieront d'une qualité de service beaucoup plus élevée que dans le cas des offres mutualisées. Les tarifs commencent à 120 € par mois sans limite supérieure.

Hébergement d'applications complexes

Ces dernières sont dédiées à l'hébergement d'applications critiques de type :

- portails,
- communautés virtuelles,
- bases de données intranet,
- Extranet partenaires,
- solutions e-business,
- place de marché B2B,
- applications externalisées, etc.

Ce type d'offre intègre généralement un hébergement dédié auquel le prestataire ajoute les outils et prestations suivants : répartition de charges, sauvegarde, maintenance applicative, sécurité et redondance de structures, garantie de disponibilité à des taux supérieurs à 99,5 %. Les tarifs sont ici extrêmement variables.

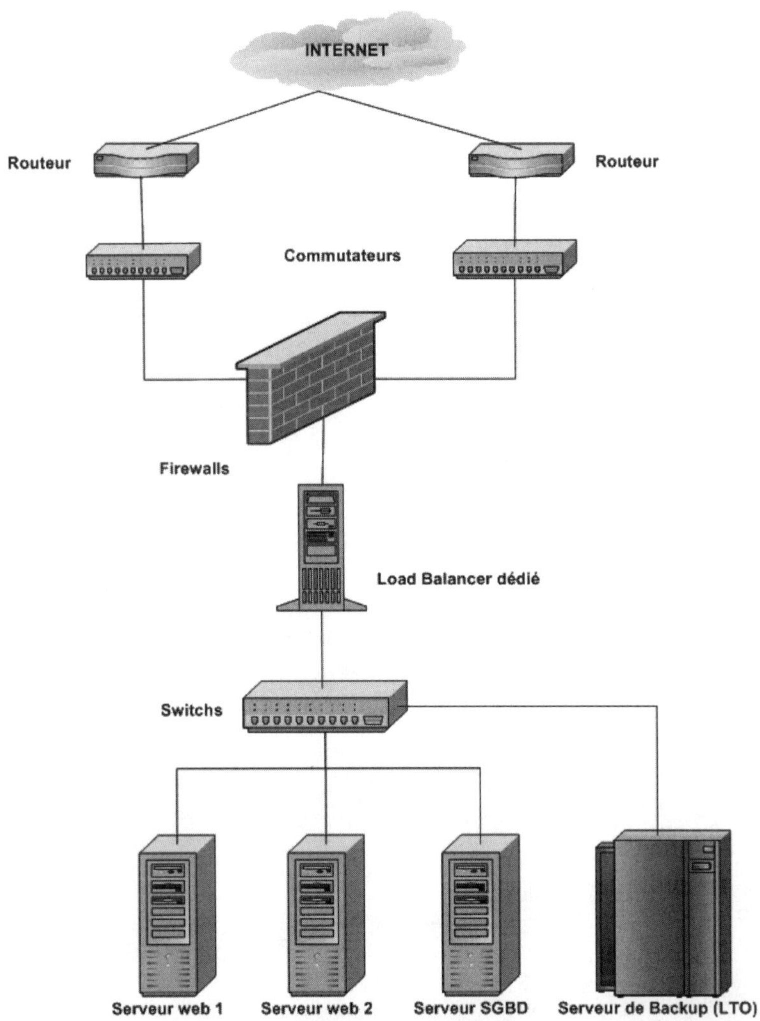

Figure 3–3
Le prix de ce type d'architecture peut avoisiner les 100 000 euros par an si le niveau de service associé est élevé.

À titre d'exemple, une prestation comportant les éléments suivants peut avoisiner 100 000 euros par an :

- au niveau de l'infrastructure : deux serveurs frontaux, un serveur pour la base de données, un firewall dédié, un switch, un load balancer et un système de sauvegarde,
- au niveau des services associés : maintenance matérielle et logicielle, assistance et support, gestion de l'exploitation, SLA de 99,5 %,
- au niveau interconnexion réseau : une bande passante de 1 Mbits/s.

Très onéreux, l'hébergement d'applications complexes n'est nécessaire que pour des sites qui réclament une sécurité très élevée pour les transactions et contre les intrusions, ainsi qu'une disponibilité permanente pour éviter de coûteuses pertes d'activité.

Load balancer

Un load balancer (ou équilibreur de charges) est un serveur distribuant les requêtes entrantes entre plusieurs autres serveurs afin de répartir la charge et ainsi d'éviter la saturation des entrées.
Le tout est vu de l'extérieur comme un seul et unique serveur (voir figure 3-3).

Parole d'expert : quelle formule d'hébergement pour quel site web ?

par Carl Rakotondrainibe

Le choix d'une solution d'hébergement – et par extension, d'un hébergeur — est une étape importante dans la vie d'un projet de site web. Une entreprise souhaitant développer une présence durable sur la toile doit pouvoir s'appuyer sur un prestataire capable de lui fournir certaines garanties de savoir-faire et de fiabilité, qu'elle souhaite promouvoir son image ou vendre ses produits en ligne.

Comme indiqué dans ce chapitre par Nicolas Chu, il existe différents types d'hébergement : mutualisé, dédié ou pour applications complexes. Chacun répond différemment à des besoins de ressources matérielles ou logicielles, de sécurité, ou de disponibilité. Ils offrent également différents degrés de conseil, d'assistance technique ou d'administration d'applications.

L'hébergement mutualisé : standard et peu onéreux

L'hébergement mutualisé, généralement commercialisé sous forme de packs de services complémentaires, repose sur la mutualisation, entre plusieurs sites, des ressources matérielles, logicielles et réseau d'un ou plusieurs serveurs (web, base de données, messagerie...). Ces packs comprennent en général un espace disque, un volume mensuel de transfert de données et quelques comptes de messagerie. À ce titre, ce type d'hébergement est réservé à des sites utilisant des technologies standards et éprouvées, peu gourmands en ressources, et qui ne nécessitent pas de paramétrage particulier du système d'exploitation pour fonctionner. Les offres professionnelles incluent souvent des applications supplémentaires dites « composants serveur » qui peuvent être utilisées pour enrichir les fonctionnalités d'un site. Dans bien des cas, le site plaquette d'une PME ou un site de e-commerce incluant quelques centaines d'articles et un système de paiement électronique peuvent tout à fait être hébergés sur des serveurs mutualisés.

Ce type d'hébergement présente l'avantage d'être peu onéreux, et offre aujourd'hui un environnement à même de recevoir des sites dynamiques assez riches. Il faut cependant garder à l'esprit que les versions des logiciels mises à disposition doivent être exploitables dans un contexte mutualisé, ce qui interdit l'utilisation des dernières versions en date. Il est par ailleurs fréquent que certaines fonctionnalités d'une application soit désactivées parce qu'inexploitables en environnement mutualisé, mais cela dépend de la politique de sécurité que l'hébergeur applique sur ses serveurs.

Ces deux points sont importants car l'utilisation, lors du développement d'un site, de versions trop récentes ou d'applications et de langages peu répandus peut interdire ce type d'hébergement. Il est donc indispensable de bien se renseigner au préalable, afin de disposer du choix le plus large possible.

Bien entendu, tous les sites ne peuvent pas être hébergés sur des serveurs mutualisés. L'emploi de développements élaborés, ceux-ci venant parfois s'articuler autour de serveurs d'applications (ou middlewares), le recours intensif à un SGBD ou à un système de fichiers rend l'emploi d'un hébergement dédié incontournable. Les limitations sont alors celles du serveur et de la connectivité dédiée allouée à celui-ci.

L'hébergement dédié : autonomie et performance

L'hébergement sur serveur dédié présente de nombreux avantages car il permet, outre le fait d'offrir au site web hébergé des ressources plus importantes, d'adapter l'hébergement à vos besoins : puissance du serveur, configuration avancée du système d'exploitation et des applications hébergées, paramétrage plus fin de la sécurité et des droits d'accès...

Une bande passante dédiée, de meilleures performances lors des montées en charge, permettent également d'atteindre des taux de disponibilité et une qualité de service plus élevés qu'en environnement mutualisé. Les budgets à consacrer à ce type d'hébergement sont bien sûr plus importants, ce qui constitue le principal inconvénient des solutions dédiées. Mais un tel investissement est justifié lorsqu'un site est considéré comme stratégique pour l'entreprise qui l'exploite.

Des besoins élevés de sécurité, comme lorsqu'un site web est directement connecté au système d'information de l'entreprise, peuvent justifier le recours à une solution d'hébergement dédié. Divers équipements de sécurité tels que des pare-feux peuvent venir renforcer la sécurisation logicielle d'un serveur.

Un portail dédié aux fournisseurs d'une entreprise, par exemple, requiert l'emploi d'un hébergement dédié. Ici, ce sont des besoins conjugués d'authentification forte, de confidentialité des transactions et de disponibilité qui justifient ce choix.

Un autre aspect très important est la nécessité pour l'entreprise de disposer de personnel qualifié pour l'administration et la maintenance de son ou de ses serveurs dédiés. En effet, et contrairement à l'hébergement mutualisé, ces tâches sont à la charge de l'entreprise cliente d'un hébergeur, et requiert des compétences en administration de serveur.

Cependant, tout ou partie de l'infogérance d'une solution d'hébergement dédié peut être confiée à l'hébergeur, si celui-ci dispose des équipes compétentes pour offrir ce type de prestations.

Hébergement d'applications complexes : le haut de gamme

De nombreuses entreprises ne possèdent pas toutes les compétences requises pour administrer leurs propres serveurs. Dans ce cas, des services d'infogérance simples peuvent être assurés par l'hébergeur du site. D'autre part, certains sites délivrent des millions de pages vues par mois, et ne peuvent se contenter d'un seul serveur pour leur hébergement. Des architectures d'hébergement complexe sont alors conçues et déployées par des équipes spécialisées, en collaboration étroite avec le responsable du projet de site web. Des technologies de répartition de charge sont alors utilisées, les équipements serveurs et réseau, redondés, pour que le site soit maintenu en fonctionnement quelles que soient les circonstances.

Lorsque la location de services de cette catégorie est envisagée, il convient de soumettre à l'hébergeur un cahier des charges très précis afin que celui-ci puisse apporter une réponse technologique pertinente et complète. Quelques hébergeurs spécialisés proposent en France des services d'infogérance partielle ou globale et permettent aux entreprises de se reposer sur des spécialistes de l'hébergement dédié et complexe. Ces services peuvent aller jusqu'à la prise en charge totale de la gestion de la solution d'hébergement, son suivi qualitatif et son éventuel dépannage par des administrateurs réseau et système spécialisés et ce, 24 heures sur 24.

Afin de permettre à l'hébergeur de mener à bien sa prestation d'infogérance, une étroite collaboration doit s'installer entre les équipes du projet et celles de l'hébergeur. Ces dernières doivent disposer des informations nécessaires à l'administration d'applications parfois très complexes et soumises à des Garanties de temps de rétablissement (GTR) de quelques heures, contractuellement définies par SLA (Service Level Agreement).

De plus, un hébergeur spécialisé et compétent sera capable de conseiller ses clients lors d'évolutions fonctionnelles ou technologiques et de les accompagner lors d'opérations délicates. Le coût de telles solutions complexes et/ou infogérées les réserve à des sites à large audience ou requérant une disponibilité très élevée, et les budgets d'hébergement peuvent facilement atteindre plusieurs centaines de milliers d'euros par an.

Un site de e-commerce grand public ayant pignon sur rue avec plusieurs millions de visiteurs uniques par mois nécessite ce type d'hébergement, de part son importance stratégique. Une équipe technique dédiée peut être déléguée par l'hébergeur, dont la mission sera l'infogérance globale et le maintien en conditions opérationnelles du site en toutes circonstances.

Aujourd'hui indépendant, Carl Rakotondrainibe, a été pendant plus de 5 ans le responsable marketing d'un important hébergeur français, au sein duquel il a particulièrement contribué à l'élaboration de l'offre produits.

Comparaison des offres du marché : dix aspects à étudier

Afin de vous aider dans votre démarche de comparaison des offres du marché, nous avons établi ici une liste de dix aspects à étudier. Bien entendu, les informations données dans cette section ne sont là que pour vous apporter une première visibilité en la matière. L'importance de chaque aspect variera en fonction des besoins recensés précédemment. Par exemple, un extranet nécessite un niveau de sécurité très élevé ; un site d'événement sportif, lui, impose une forte disponibilité, etc.

Espace disque

Premier élément à prendre en compte, l'estimation de l'espace disque nécessaire pour l'hébergement de votre site web. Si vous optez pour un hébergement mutualisé, sachez que les prix des disques durs ont considérablement chuté. Pour un coût modeste, vous pouvez maintenant disposer d'un espace qui se situe entre cinquante et cent mégaoctets.

La meilleure solution est d'adopter une évolution progressive de l'espace disponible au cours du temps : vérifiez alors que votre hébergeur vous propose un système de passerelles simplifiées pour souscrire à une formule adaptée (qui propose plus d'espace) ou un dispositif par tranche de *x* Mo supplémentaires (exemple : 5 euros les 10 Mo supplémentaires.)

Si vous avez opté pour un serveur dédié, vous êtes libre d'ajouter comme bon vous semble des disques durs, et il n'existe plus de contraintes liées aux espaces disques partagés avec d'autres sites. Cependant, compte tenu de son coût, cette solution n'est véritablement intéressante que pour des applications web d'envergure.

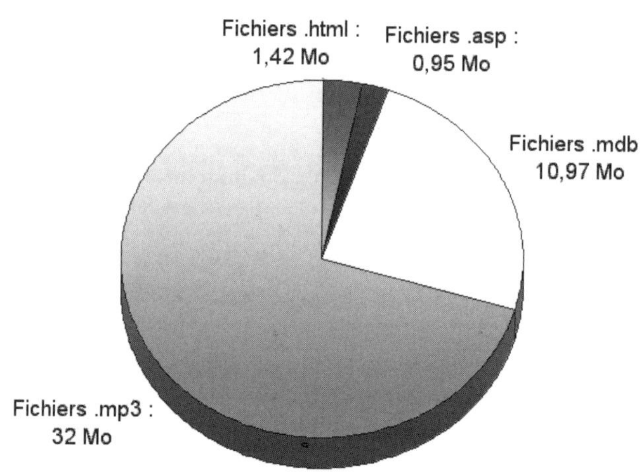

Figure 3–4
Un espace disque entre 50 et 100 Mo sur un hébergement mutualisé suffit largement pour des sites de 400 pages avec une base de données de type MySQL ou MS Access et quelques fichiers de son.

Bande passante et trafic

Élément souvent mis en avant par les hébergeurs, la bande passante correspond à la quantité de données transférées dans une unité de temps particulière et se mesure en Kbits/s (kilobits par seconde), Mbits/s (mégabits par seconde) ou Gbits/s (gigabits par seconde). La bande passante constitue donc une mesure fidèle du trafic sur un site web : plus celui-ci génère de connexions, plus le volume de données envoyées par le serveur est important, et plus vous consommez les ressources du réseau de votre hébergeur.

Toute clause relative à une bande passante devra donc faire l'objet d'une attention particulière. Selon les offres, certains hébergeurs vous proposent un trafic illimité, voire une bande passante de plusieurs Mbits/s. D'autres, un trafic limité à quelques Go par mois. Afin de vous aider dans votre choix, développons ce que sous-entendent ces différentes offres.

Un trafic illimité pour votre site

Ce type d'offre peut prêter à confusion. En fait, cela désigne une méthode de facturation qui ne garantit nullement la disponibilité et les temps d'accès à votre site mais uniquement la possibilité de faire transiter sur le réseau une quantité illimitée de données. Par comparaison, nous pourrions prendre l'exemple d'une autoroute. Le nombre de voitures qui y circule n'est peut-être pas limité mais cela n'empêche nullement les bouchons de fin de week-end ! Il en va de même avec la bande passante : un trafic illimité ne garantit pas la qualité de service.

Une bande passante de plusieurs Mbits/s pour votre site

Une bande passante élevée peut être fort intéressante mais est généralement très onéreuse. Méfiez-vous des offres qui vous proposent de bénéficier de plusieurs Mbits/s pour des prix dérisoires. Généralement, la bande passante est bien de plusieurs mégas, mais elle est mutualisée pour tous les sites hébergés sur le serveur. Le trafic est donc limité tout naturellement par la capacité normale du réseau.

Il importe donc de connaître, non pas le débit de la bande passante, mais le taux d'occupation de cette dernière à partir duquel le trafic est délesté sur une autre connexion. Selon les hébergeurs, ce taux peut varier entre 60 % et 85 % d'occupation de la bande passante.

N'hésitez surtout pas à demander à vos contacts techniques et commerciaux de vous indiquer quelle politique est employée en la matière. Une garantie d'occupation maximale de 60 % à 70 % de la bande passante assure des temps de réponses satisfaisants.

> À NOTER **Prix moyen d'une bande passante garantie**
>
> Actuellement, le prix d'une bande passante garantie de 1 Mbits/s avoisine les 120 euros mensuels.

> EXEMPLE **Bande passante**
>
> Si nous reprenons notre exemple de l'autoroute, quel que soit le nombre de voies de circulation (3,4...), si ces dernières sont saturées, les bouchons seront inévitables. Par contre, si les collectivités ont prévu des itinéraires de délestage à partir du moment où le nombre de voitures devient trop important, le trafic restera toujours fluide.

Un trafic limité par mois

Pour finir, citons également certains hébergeurs qui vous proposent des formules avec une bande passante garantie en échange d'un trafic limité par mois. Pour connaître ce dernier, nous vous proposons la méthode d'évaluation suivante.

Si vous avez estimé un trafic de 3 000 pages vues par jour pour votre site, la taille moyenne d'une page web bien réalisée est de 50 Ko ; le calcul est alors relativement simple.

- $3000 \times 365 / 12 = 91\ 250$ pages par mois
- $91\ 250 \times 50 = 4\ 562\ 500$ Ko soit 4,5 Go

Le trafic mensuel devra être autorisé par votre hébergeur à hauteur de 4,5 Go par mois.

Technologies compatibles

Rares sont les hébergeurs qui proposent toutes les solutions techniques pour le fonctionnement d'un site web dynamique. Dès lors, si vous avez des contraintes en la matière, la gamme des offres devient immédiatement plus réduite et le choix plus facile. Il convient dans ce cas de trouver tous les prestataires qui supportent dans leur offre les technologies que vous avez adoptées pour développer votre site : système d'exploitation, types et version de serveur, composants serveur, langages utilisés, SGBD...

Certains hébergeurs comprennent dans leur offre un ensemble de services en ligne (statistiques, compteur, forum, livre d'or...). Selon les cas cela peut vous éviter des développements (comme la mise en œuvre d'un forum de discussion).

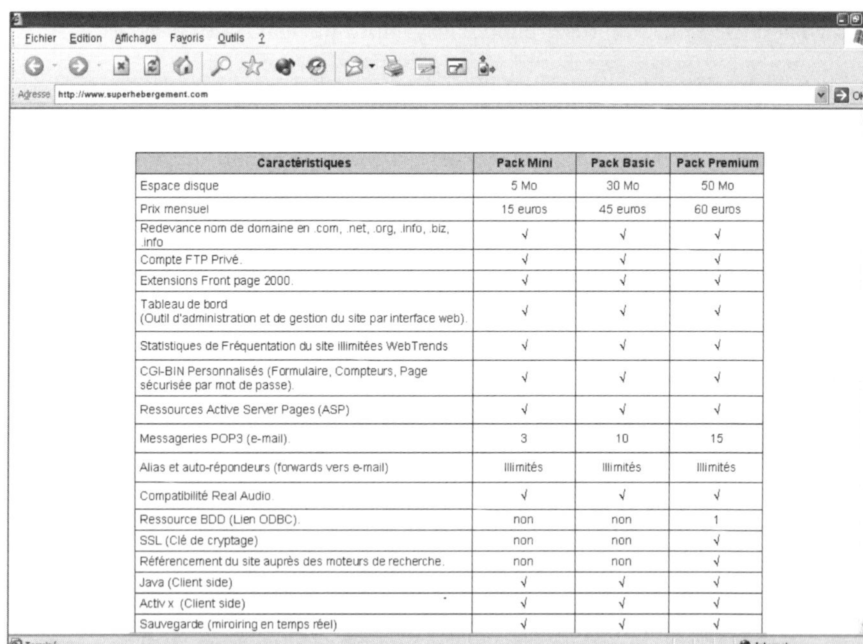

Caractéristiques	Pack Mini	Pack Basic	Pack Premium
Espace disque	5 Mo	30 Mo	50 Mo
Prix mensuel	15 euros	45 euros	60 euros
Redevance nom de domaine en .com, .net, .org, .info, .biz, .info	√	√	√
Compte FTP Privé.	√	√	√
Extensions Front page 2000.	√	√	√
Tableau de bord (Outil d'administration et de gestion du site par interface web).	√	√	√
Statistiques de Fréquentation du site illimitées WebTrends	√	√	√
CGI-BIN Personnalisés (Formulaire, Compteurs, Page sécurisée par mot de passe).	√	√	√
Ressources Active Server Pages (ASP)	√	√	√
Messageries POP3 (e-mail).	3	10	15
Alias et auto-répondeurs (forwards vers e-mail)	Illimités	Illimités	Illimités
Compatibilité Real Audio.	√	√	√
Ressource BDD (Lien ODBC).	non	non	1
SSL (Clé de cryptage)	non	non	√
Référencement du site auprès des moteurs de recherche.	non	non	√
Java (Client side)	√	√	√
Activ x (Client side)	√	√	√
Sauvegarde (miroiring en temps réel)	√	√	√

Figure 3–5 Vérifiez avant toute chose que votre hébergeur supporte bien les technologies adoptées pour le développement de votre site web.

Messagerie

Lorsque vous disposez de votre propre site avec son nom de domaine, il semble naturel de posséder une, voire plusieurs adresses électroniques qui lui font référence. C'est pourquoi la clause « messagerie » des hébergeurs est toujours intéressante. Certains proposent la création de comptes POP3 ou IMAP illimités (mais vous limitent l'espace disque à quelques Mo), d'autres les limitent à cinq, ou plus. Informez-vous, auprès de votre hébergeur, du volume d'espace sur le disque dur dont vous disposez pour chaque compte e-mail et vérifiez surtout que ce dernier ne soit pas déduit de l'espace prévu pour votre site. Attachez également une importance à toutes les fonctionnalités qui vous simplifieront l'administration :

- interface web,
- redirection,
- alias,
- filtre anti-spam et anti-virus, etc.

Compte « Alias »

Adresse e-mail fictive qui re-route les messages vers une adresse e-mail disposant d'un compte POP ou IMAP.

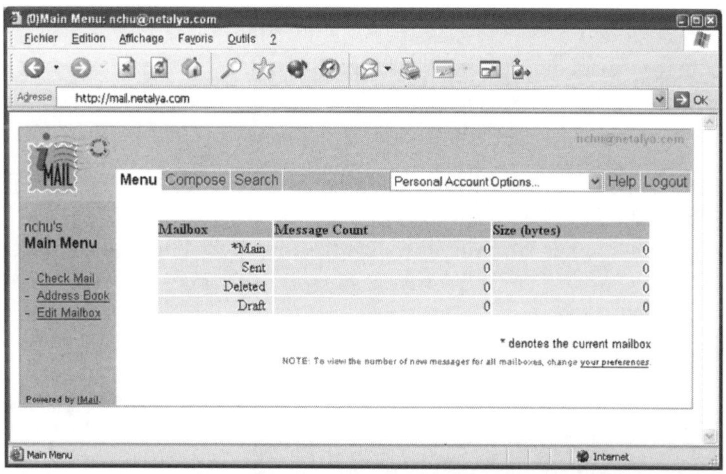

Figure 3–6 Les interfaces d'administration web peuvent s'avérer d'une grande utilité pour des consultations à distance

B.A.-BA POP3, IMAP & SMTP

Le protocole Post Office Protocol version 3 (POP3) permet à votre client d'e-mail de récupérer les messages sur un serveur. Ce protocole n'autorise pas une manipulation complète du courrier électronique sur le serveur mais seulement sa récupération après une authentification (nom de l'utilisateur + mot de passe).

Le protocole IMAP (Internet Mail Access Protocol) est le nouveau protocole de messagerie pour relever son courrier. Comparé à POP3, IMAP dispose de nombreuses fonctionnalités supplémentaires : gestion de plusieurs accès simultanés, gestion de plusieurs boîtes aux lettres, tri du courrier en fonction de plusieurs critères…

IMAP et POP3 n'effectuent pas l'envoi de courrier électronique. Cette fonctionnalité est prise en charge par le protocole SMTP (Simple Mail Transfer Protocol). Ce dernier correspond à la norme Internet de transport et de remise des messages électroniques.

Sécurité

Avec la mise en place d'un site web et plus particulièrement son interconnexion à Internet, l'entreprise peut s'exposer à des risques plus ou moins importants en termes de sécurité informatique. Dès lors, il conviendra d'envisager des solutions de protection. Comme la mise en place de telles solutions entraîne une augmentation considérable des tarifs d'abonnement, il est indispensable de bien définir le niveau de sécurité requis.

Le SSL

La technologie Secure Sockets Layers (SSL) permet le chiffrement des données envoyées à un serveur à partir d'un navigateur. Cette technologie est très utilisée pour les pages web qui nécessitent un accès sécurisé : commerce en ligne, données sensibles...

Si la nature de votre site l'oblige, l'hébergeur devra vous proposer des solutions permettant le cloisonnement des données afin que seules les personnes autorisées accèdent aux informations qui leurs sont destinées. N'hésitez pas alors à demander à vos interlocuteurs commerciaux et techniques une description des mécanismes d'authentification voire une architecture de type SSL pour le chiffrement éventuel de certaines pages.

L'intégrité des données peut également être un point sensible. La modification des informations en ligne pourrait nuire à l'image de l'entreprise voire à celle de ses clients, dans le cas de services offerts à un tiers.

Les logs

Les logs sont des fichiers qui enregistrent toutes les opérations des utilisateurs sur un équipement réseau actif (équipement qui peut être administrable).
Ils permettent donc d'établir un historique des transactions réalisées sur des équipements de type firewall, serveur web, etc.

Les besoins en la matière obligeront alors à prévoir :

- des mécanismes de protection réseaux (firewall, sonde de détection d'intrusion) et système (mise à jour du système d'exploitation) ;
- un suivi des alarmes et des logs des équipements de sécurité ;
- un système d'antivirus capable de protéger tous les équipements susceptibles d'être infectés.

Enfin, pour assurer la disponibilité de votre site web, l'hébergeur devra vous fournir des garanties en la matière : support d'attaques de type « déni de service », contrat d'assurance en cas de dommages immatériels (exemple : perte de données) et matériels (exemple : incendie).

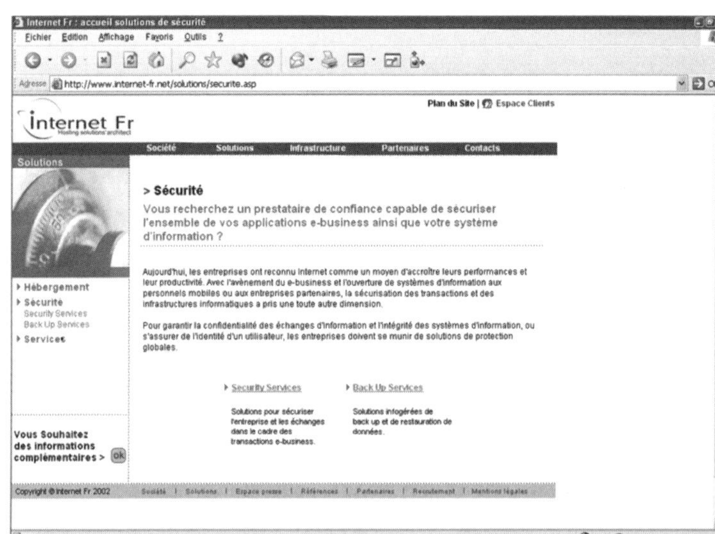

Figure 3–7
Il est intéressant de consulter la politique de sécurité de chaque hébergeur (http://www.internet-fr.net).

> **Les attaques de type « déni de service »**
>
> Les attaques par déni de service consistent à rendre inactifs pendant un certain temps des serveurs afin qu'ils ne puissent être utilisés et consultés.
> D'une manière générale, on parle de ce type d'attaque lorsqu'une personne ou une organisation est privée d'un service utilisant des ressources qu'elle est en droit d'avoir en temps normal. On trouvera par exemple des dénis de service touchant l'accès à la messagerie, l'accès à Internet ou l'accès aux pages d'un site web.

Sauvegarde et restauration de données

Tout hébergeur doit impérativement vous proposer une solution de sauvegarde composée d'un ensemble d'applications dédiées à cette tâche. Bien entendu, cette dernière sera plus ou moins performante en fonction du type d'hébergement auquel vous aurez souscrit. Cependant, quel que soit le cas, ces aspects ne sont pas à négliger, car de nombreux facteurs peuvent vous obliger à restaurer votre site à partir d'une sauvegarde : intrusion, virus, mauvaise manipulation provoquant l'effacement des données… Généralement, tout hébergeur fournit des services performants, 24 heures sur 24 et 7 jours sur 7.

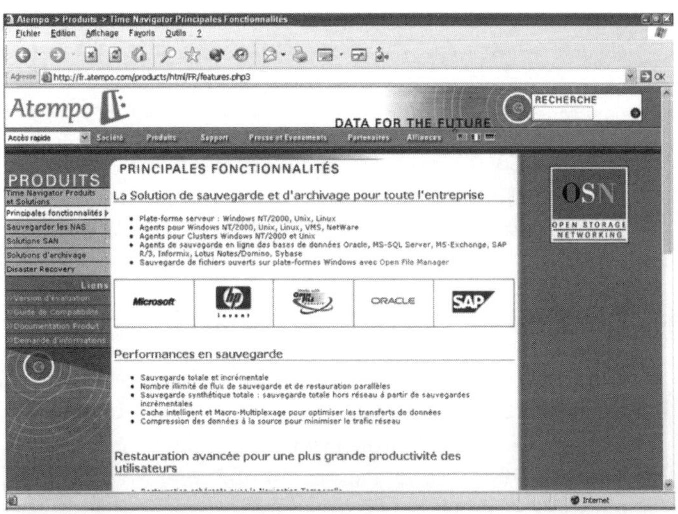

Figure 3–8
Il existe un grand nombre d'applications dédiées à la sauvegarde et à la restauration de données (http://fr.atempo.com).

Dans le cadre d'un hébergement avec serveur SGBD, votre contact pourra vous proposer des sauvegardes « à chaud » des fichiers de base de données : la sauvegarde s'effectue sans interruption de service du SGBD. Les technologies concernées par cette solution sont principalement MS SQL Server, Oracle, Sybase et IBM DB2. Toutefois, ce type de solution nécessite souvent l'installation d'un agent spécifique sur le serveur et cette prestation n'est généralement pas incluse dans les forfaits de base. Une alternative pourra vous être également proposée, procédant à des dumps de la base de données pour les sauvegarder ensuite comme des fichiers classiques. Cette dernière solution provoque cependant une interruption du service pendant toute la durée de la sauvegarde.

> À RETENIR **Trois types de sauvegarde**
>
> - Les sauvegardes complètes : sauvegarde totale du ou des répertoires.
> - Les sauvegardes incrémentales : sauvegarde des données depuis la dernière sauvegarde.
> - Les sauvegardes différentielles : sauvegarde des données depuis la dernière sauvegarde complète.

Les autres formats de bases de données tels que MS-Access et MySQL ou PostgreSQL sont sauvegardés à la manière de fichiers et ne nécessitent pas l'installation d'un agent spécifique sur le serveur.

N'hésitez pas également à demander le détail de leur planning de sauvegarde.

Une politique de sauvegarde de qualité devra prévoir :

- lors de l'installation du serveur, une sauvegarde complète des disques durs permettant de servir par la suite de référentiel en cas d'incident ;
- en phase de production, une sauvegarde hebdomadaire complète et une sauvegarde incrémentale quotidienne.

Le tableau ci-dessous vous présente les différents aspects à aborder avec votre hébergeur avant toute souscription à l'un de ses services :

Tableau 3–2 Aspects « sauvegarde-restauration » à prendre en compte pour l'hébergement de votre site web

Aspect	Points à aborder
Planning de sauvegarde	Quel est le planning des sauvegardes suivi par l'hébergeur (fréquence des sauvegardes complètes et incrémentales) ?
Restauration	Qui est en charge de la restauration ? Est-ce l'hébergeur ? Si oui, est-ce que la restauration fait partie du forfait initial ou est-elle facturable ? Est-ce qu'une restauration peut être faite à la demande du client ? Si oui, quel est le délai et/ou la procédure à suivre ?
Archivage/Rétention	Quelle est la durée d'archivage des informations ? À partir de quand les sauvegardes sont-elles effacées ?
Base de données	Quel type de sauvegarde est mis en place pour les SGBD ? Est-ce une sauvegarde à chaud ? Est-ce que cela nécessite la location d'un agent spécifique ? Est-ce compris dans le forfait ?
Visibilité	Est-ce que l'hébergeur propose à ses clients une visibilité sur le bon déroulement des sauvegardes (rapports…) ?

Surveillance

En fonction de vos besoins, il convient de bien étudier les prestations liées à la surveillance des services. Au-delà d'un simple service de monitoring de la disponibilité des équipements, vous pouvez avoir besoin d'une prestation de surveillance de la qualité du réseau et/ou d'un monitoring complet de l'état des serveurs et des applications critiques.

B.A.-BA Les outils de monitoring

Ces outils permettent de mesurer les aspects « qualité de service » d'un site web donné. Si cette mesure n'améliore pas en elle-même la qualité de service, elle permet toutefois de connaître ses points faibles et d'agir en conséquence.

Surveillance de la disponibilité et de la qualité du réseau

Ce type d'offre met à votre disposition un ensemble d'outils vous permettant de surveiller l'accès à l'hébergeur à partir de serveurs placés sur des réseaux totalement indépendants. En cas d'indisponibilité, une alerte est généralement envoyée au support technique (génération de ticket d'incident). L'idéal est de pouvoir disposer d'une mesure du temps de réponse d'un service à travers le réseau des principaux opérateurs télécoms de votre pays, permettant de disposer de rapports sur les temps de réponses de votre site web en fonction des différents accès Internet que peuvent avoir vos internautes. Ainsi, vous diagnostiquez très rapidement l'origine d'un problème en cas d'incident.

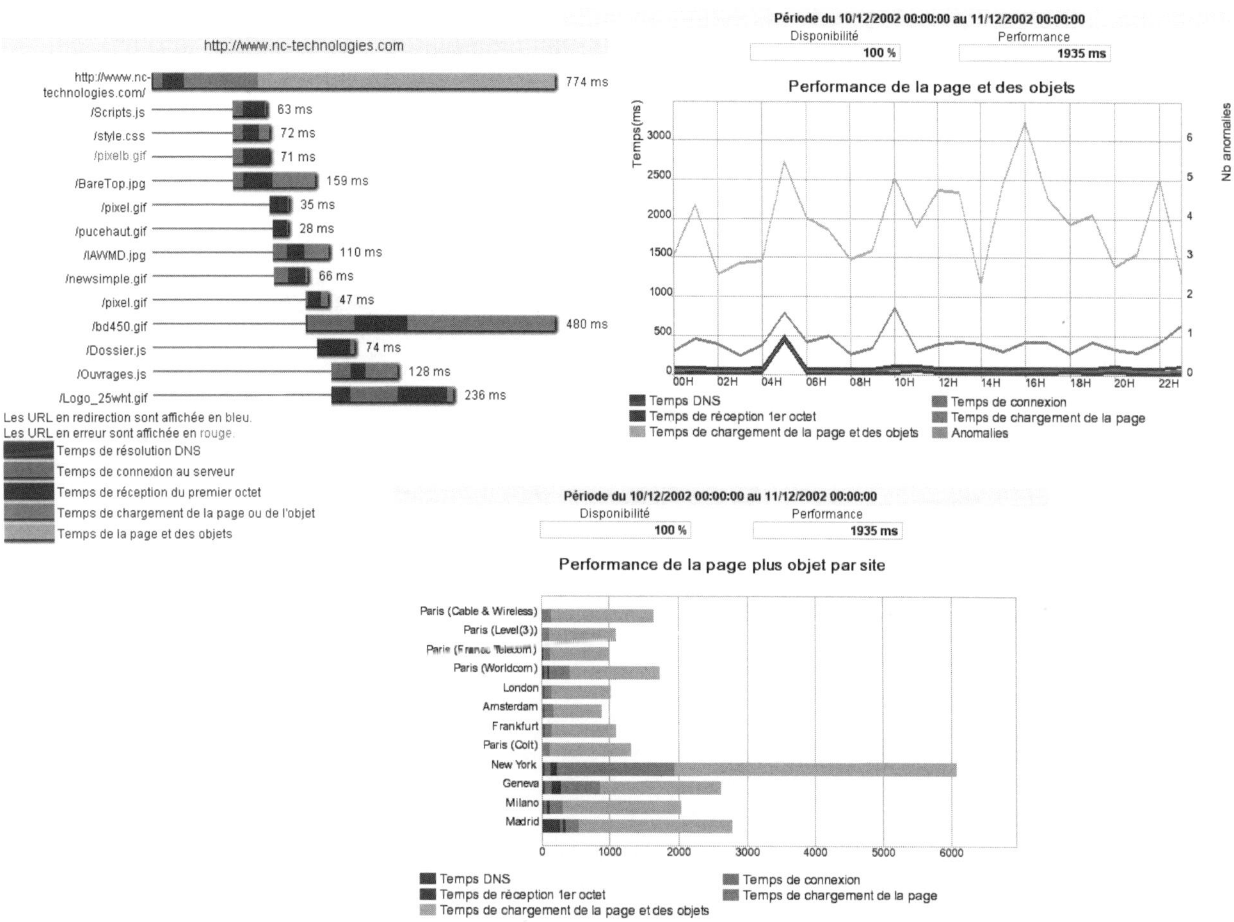

Figure 3–9 De nombreux outils de mesure permettent de connaître la qualité de service (QoS) perçue par les utilisateurs de leurs services en ligne (iplabel, http://www.iplabel.fr).

Les principales fonctionnalités de ces outils sont généralement de :

- mesurer périodiquement le temps de réponse d'une page et des objets qu'elle contient ;
- mesurer périodiquement les temps de réponse de plusieurs pages enchaînées selon un scénario préétabli.

Surveillance des systèmes et des applications

Ce type d'offre vous permet de disposer d'un monitoring de votre serveur web avec vérification du contenu d'une page statique (vérification d'une chaîne de caractères précise afin d'évaluer le bon fonctionnement du service) et dynamique (exécution de scripts validant par exemple le bon fonctionnement de la base de données).

Les principales fonctionnalités de ce service incluent généralement :

- la surveillance de la disponibilité d'une URL en HTTP ou HTTPS ;
- la vérification de la disponibilité d'espace disque et d'utilisation du processeur, disques, processus vitaux…
- l'exécution automatique de procédures correctives ;
- la prévention automatique par e-mail ou pager du support technique lorsqu'un processus est en état critique ou hors-service.

Figure 3–10
Le monitoring de l'ensemble de la plate-forme peut être confié à des outils spécifiques (source : SiteScope http://www.mercuryinteractive.com/products/sitescope/).

Support technique

Il est indispensable de s'informer sur le fonctionnement du support technique et sur ses conditions d'intervention ; les réponses seront différentes en fonction de vos besoins.

En effet, si vous payez entre 25 et 75 euros par an votre hébergement, l'assistance technique s'effectuera par e-mail, voire à travers des forums.

À l'inverse, un hébergement plus sophistiqué (d'un coût plus important) pourra vous proposer toute une gamme de solutions :

- une interface web sécurisée accessible 24h/24 et 7j/7,
- une hotline technique disponible aux jours et horaires ouvrés,
- un service d'astreinte en dehors des horaires d'ouverture de la hotline,
- des garanties d'interventions en fonction de l'importance de la demande : basse (demande de création de compte), moyenne (perturbation mineure de service), haute (perturbation majeure ou perte de service).

La demande d'intervention pourra, selon les cas, être à l'initiative du client ou être lancée par un automate si vous avez opté pour un système de surveillance sophistiqué (voir ci-dessus). La figure 3-11 détaille un « traitement des résolutions de problèmes » type qu'un hébergeur pourrait vous proposer.

Service d'astreinte

Nous pouvons définir l'astreinte comme « une période au cours de laquelle l'hébergeur a l'obligation d'être disponible et joignable à tout moment ». Ceci afin d'être en mesure d'intervenir pour garantir la qualité de service d'un hébergement d'un site web.

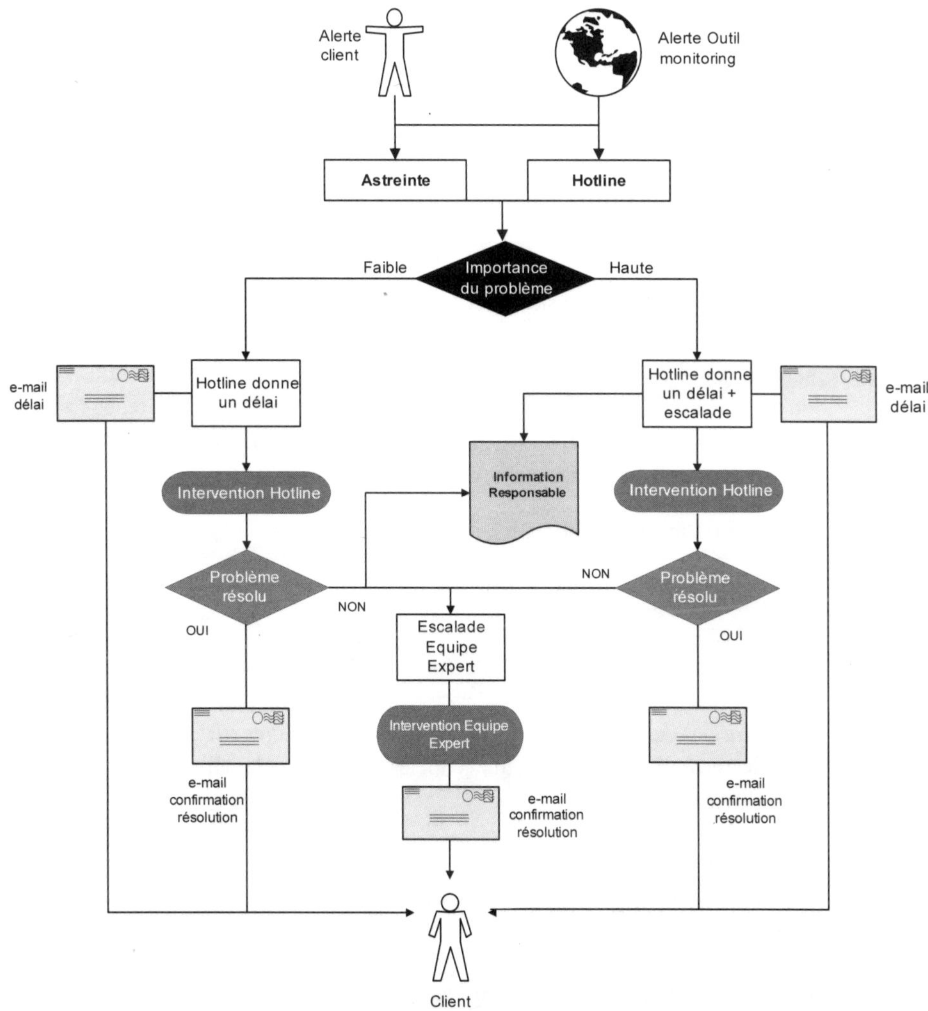

Figure 3–11
Diagramme de traitement des résolutions de problèmes

Équipement et infrastructure de l'hébergeur

Que votre hébergement soit dédié ou mutualisé, l'entreprise qui s'engage à diffuser votre site sur le Web doit toujours être à la hauteur des services qu'elle propose. En fonction de l'importance de votre projet, n'hésitez pas à effectuer une petite visite dans les locaux de vos interlocuteurs, afin de vous faire expliquer l'infrastructure réseau qui vous accueille :

- dispositif firewall pour la protection contre les intrusions ;
- emplacement et description des systèmes de sauvegarde ;
- nombres de commutateurs pour le relais en cas de panne d'une machine ;
- générateurs électriques et ondulateurs pour assurer un courant de 220 V, 24h/24, 7j/7 ;

Les accords de peering

Accords conclus entre deux fournisseurs de services Internet afin d'échanger entre eux de manière privilégiée l'acheminement des données. Un tel contrat permet de rendre le trafic plus rapide.

Il est donc nécessaire de bien connaître les accords de peering de votre prestataire pour vous assurer que vos clients disposeront d'un accès rapide vers votre site, de n'importe quel coin du monde.

Pour aller plus loin, nous vous conseillons la lecture d'une étude issue de l'ENST de Bretagne et disponible à l'adresse :

- http://www-eco.enst-bretagne.fr/Recherche/Biblio/Godefroy/internet1.pdf

- type de climatisation pour évacuer la chaleur des serveurs ;
- sécurité d'accès ;
- système anti-incendie ;
- accord de *peering* pour la bande passante locale et internationale, etc.

Qualité de service (QoS, GTR, SLA)

La qualité de service recouvre un ensemble de paramètres permettant d'assurer la performance d'un service réseau. En standard, elle garantit la disponibilité et les temps d'accès à votre site web.

Certains hébergeurs peuvent vous proposer des fonctionnalités de qualité de service (QoS, *Quality of Service*) : vous pourrez paramétrer des choix assurant qu'un lien de données doit bénéficier de certains privilèges. De telles fonctionnalités vous permettent de mieux satisfaire vos internautes avec les ressources réseau dont vous disposez en privilégiant certains services au détriment d'autres.

Exemple de fonctionnalité QoS

On favorisera les connexions vers le service « support en ligne » au détriment de l'accès aux « informations institutionnelles ».

La garantie de temps de rétablissement (GTR) doit être établie contractuellement en fonction de nombreux critères liés à l'architecture du site et à l'infrastructure des centres. L'hébergeur devra alors s'engager sur une durée maximale pour la résolution des incidents (voir les parties sur le support technique et la surveillance).

Exemple de GTR

Le temps de rétablissement garanti peut être de 4 heures maximum en période ouvrée et de 6 heures maximum en période non ouvrée.

Enfin, le SLA (Service Level Agreement) comprend des accords sur la qualité de service qui doivent être définis contractuellement sur des points précis, avec des pénalités en fonction du préjudice subi en cas d'incident. Les SLA ne peuvent être définis et respectés qu'avec des outils permettant de surveiller et de mesurer efficacement la performance des réseaux. .

Exemple de SLA

L'hébergeur s'engage pendant toute la durée du contrat à un taux de disponibilité du service de 99,5 %. Si le nombre d'heures d'indisponibilité du service constatées à la fin d'un mois conduit à un taux d'indisponibilité du service supérieur à 0,5 %, l'hébergeur sera redevable au client d'un remboursement équivalent à 10 % de la facture du mois précédent

Nom de domaine : principes et démarches

Afin de permettre le dialogue entre deux ordinateurs sur Internet, il est nécessaire que ces derniers possèdent chacun un identifiant unique, représenté par une adresse dite « adresse IP ». Ce type d'adresse est une valeur numérique de 32 bits et est exprimée sous la forme de quatre nombres séparés par des points, par exemple : 134.157.105.1. Un site web est donc identifié sur Internet par une adresse composée de chiffres qui peuvent apparaître comme complètement abstraits pour un néophyte.

Pour simplifier cette identification, il était nécessaire de mettre en place un système capable de « traduire » ces adresses IP en un nom facilement compréhensible et mémorisable :

- ce système est le système DNS (*Domain Name System*) pour les noms de domaine ;
- cette « traduction » est un processus complexe dénommé résolution de nom de domaine.

À chaque site Internet correspond une adresse IP, à laquelle correspond également un nom de domaine. Par exemple, au site « Netalya » correspond l'adresse IP 212.205.18.2, à laquelle correspond le nom de domaine netalya.com.

B.A-BA Adresse d'un site

En fait chaque adresse est constituée de deux parties (l'adresse d'un réseau et l'adresse d'un hôte de ce réseau) et appartient à une classe de réseaux bien déterminée. Cependant, détailler la structure d'une adresse IP dépasserait le cadre de cet ouvrage. Retenons alors seulement qu'une adresse IP est un nombre unique sur Internet.

Système des noms de domaine (DNS)

Un nom de domaine est composé de deux éléments indissociables : un nom ou un mot qui identifie le site, et une extension propre à la catégorie d'enregistrement retenue. Cette extension est appelée TLD (Top Level Domain) et peut appartenir à deux grandes catégories :

- Les extensions génériques (gTLD pour *generic TLD*) comme les .com, .net, .org, .info... Elles sont administrées et coordonnées par l'InterNIC.
- Les extensions géographiques (ccTLD pour *country codes* TLD). Il en existe plusieurs centaines, chaque pays s'étant vu attribuer une extension particulière. Les ccTLD sont administrées par des organisations nationales, telle l'AFNIC en France pour le .fr, Nominet au Royaume-Uni pour le .uk, l'ACEI au Canada pour le .ca, etc., ou internationales, telle l'EURID pour le .eu (http://www.eurid.eu).

Les noms de domaines sont gérés sur Internet grâce à des serveurs spécifiques, appelés serveurs de noms, qui peuvent être regroupés en cinq types :

1. Les serveurs racines (DNS root), au nombre de treize, sont administrés et coordonnés par l'ICANN (Internet Corporation for Assigned Names and Numbers) et contiennent les adresses IP des TLDs Registry.
2. Les DNR (Domain Names Resolvers) sont des copies des serveurs racines, ils sont utilisés pour éviter une saturation des DNS root. Actuellement, plusieurs centaines de DNR sont sur Internet.
3. Les TLDs Registry (Top Level Domains Registry) gèrent les noms de domaines « de niveau supérieur », c'est-à-dire les gTLDs ou les ccTLDs.

POUR EN SAVOIR PLUS

Noms de domaines génériques (generic Top Level Domains, gTLDs) :

- http://www.iana.org/gtld/gtld.htm
- http://www.gouvernance-internet.com.fr
- http://www.gtldregistries.org/

Noms de domaines géographiques (country code Top Level Domains, ccTLDs) :

- http://www.icann.org/cctlds/
- http://www.wwtld.org/
- http://www.gouvernance-internet.com.fr

4 Les serveurs « de second niveau » disposent de tables de correspondance entre le nom de domaine dit « complet » ou pleinement qualifié (il s'agit du FQDN, Fully Qualified Domain Name) et son adresse IP.

5 Les serveurs DNS locaux disposent des correspondances entre adresses IP et noms de domaine pour un réseau local, voire celles qui sont le plus demandées par les utilisateurs.

Résolution de nom de domaine

Afin de mieux vous faire comprendre le DNS, examinons la résolution de nom de domaine. Cette dernière s'effectue en plusieurs étapes. La figure 3-12 présente l'exemple où un internaute souhaite accéder au site www.netalya.com.

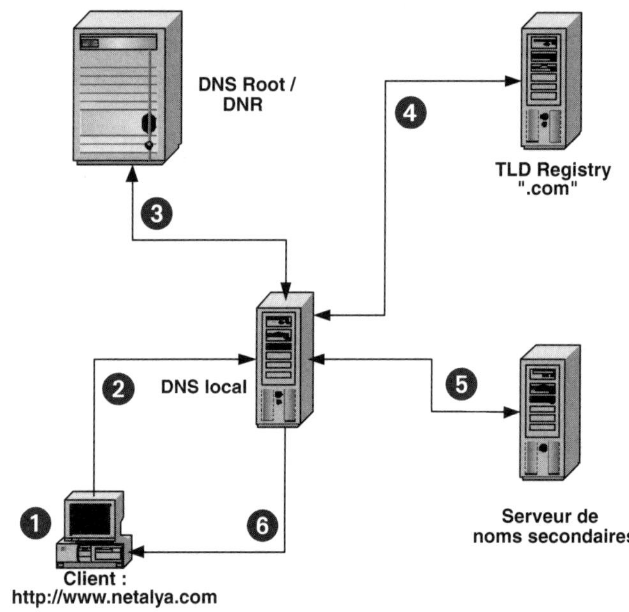

Figure 3–12 Représentation des étapes d'une résolution de nom de domaine

1. L'internaute tape le nom de domaine dans son navigateur.
2. Le navigateur envoie une requête au DNS local du FAI (serveur de type 5) de l'internaute pour lui demander de trouver la bonne adresse IP.
3. Si ce dernier ne trouve pas l'adresse IP en son sein, il va adresser lui-même une requête à l'un des serveurs DNR (serveur de type 2), copie du DNS root. Une fois contacté, ce dernier renvoie au serveur DNS local l'adresse IP du TLD registry qui dessert le suffixe correspondant (donc dans notre exemple, .com).
4. Le serveur DNS local envoie alors une nouvelle requête au TLD registry .com, qui va lui répondre avec l'adresse IP du serveur de nom desservant le

domaine « de niveau secondaire » demandé (dans notre exemple, netalya.com).

5. Le DNS Local envoie alors une nouvelle requête à ce dernier serveur de noms, qui lui communique en retour l'adresse IP de la machine hébergeant le nom de domaine complet (dans notre exemple, www.netalya.com/212.205.18.2).
6. La résolution de nom est effectuée.

Déposer son nom de domaine

Le dépôt d'un nom de domaine s'effectue auprès d'un organisme intermédiaire entre les demandeurs de noms de domaine et l'ICANN : le registrar. Actuellement, il existe une centaine de registrars agréés par l'ICANN, par exemple, Namebay, 7 ways, Gandi, BookMyName. Cet organisme vous permet de louer votre nom de domaine pour une période allant de un à dix ans. Nous décrivons ici les différentes étapes ainsi que les informations à fournir pour effectuer cette réservation.

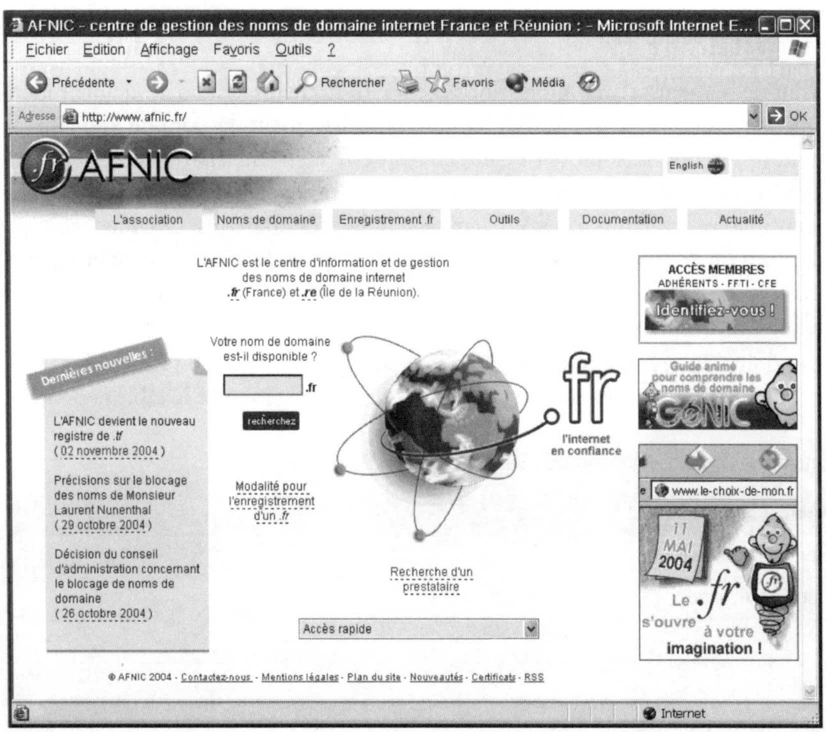

Figure 3–13
Toute réservation d'un nom de domaine en .fr devra passer par un organisme membre de l'AFNIC (http://www.afnic.fr).

Les démarches ne sont pas identiques si vous souhaitez déposer un nom de domaine générique ou obtenir un .fr. Pour ce dernier, il vous faudra choisir un prestataire de services habilité, c'est-à-dire adhérent à l'AFNIC (Association française pour le nommage Internet en coopération), et être un organisme ou une personne identifiable à partir des bases de données publiques en ligne.

Conditions d'obtentions d'un .fr

Peuvent être titulaires d'un nom de domaine au sein de la zone .fr :

les personnes morales :	les personnes physiques :
• dont le siège social est situé en France ;	• de nationalité française ;
• qui disposent d'une adresse en France figurant expressément au sein des bases de données électroniques publiques des greffes des tribunaux de commerce ou de l'Institut national de la statistique et des études économiques (*INSEE*) ;	• de nationalité étrangère dont le domicile habituel est situé en France ;
• les institutions et services de l'État, les collectivités territoriales ainsi que leurs établissements ;	• titulaires d'une marque déposée auprès de l'Institut national de la propriété industrielle ;
• qui sont titulaires d'une marque déposée auprès de l'Institut national de la propriété industrielle ou titulaire d'une marque communautaire ou internationale enregistrée visant expressément le territoire français.	• titulaires d'une marque communautaire ou internationale enregistrée visant expressément le territoire français.

Tout demandeur d'un nom de domaine en .fr ou .re est systématiquement identifié par les services de l'AFNIC après l'enregistrement du nom de domaine. Si pour différentes raisons, le titulaire ne peut être identifié à partir des Greffes, de l'INPI, de l'INSEE ou de documents papiers officiels (pour les personnes non identifiables en ligne), l'AFNIC contactera le prestataire responsable technique du nom de domaine par lequel le nom a été déposé pour lui demander de normaliser la situation. Si dans les deux mois, le titulaire ne peut toujours pas être identifié, le nom de domaine sera alors supprimé.

Les domaines génériques (gTLD) sont soit ouverts à tous, soit disponibles uniquement pour certains secteurs d'activités (comme le montre le tableau 3–3).

Tableau 3–3 Liste des noms de domaines génériques (Generic Top Level Domains)

gTLD	Signification	Enregistrement ouvert
.aero	Aéronautique	à l'industrie du transport aérien
.biz	Business	à tous (sauf aux particuliers)
.com	Commercial	à tous
.coop	Coopérative	aux coopératives
.edu	Éducation	aux écoles supérieures et universités
.gov	Gouvernement	aux organismes gouvernementaux des États-Unis
.info	Information(s)	à tous
.int	International	aux organismes internationaux établis par traités internationaux
.name	Nom de famille	aux personnes physiques/individuels + possibilité aux personnes morales de protéger leur(s) marque(s)

Tableau 3–3 Liste des noms de domaines génériques (Generic Top Level Domains) (suite)

gTLD	Signification	Enregistrement ouvert
.net	Réseau	à tous
.mil	Militaire	aux organismes militaires des États-Unis
.museum	Musée	aux musées répondant à la définition de l'International Council of Museums (ICOM)
.org	Organisation/ association	à tous
.pro	Professionnel libéral	aux avocats, médecins, et autres professionnels libéraux

Pour les extensions .com, .net, .org et .info, dès que le nom de domaine que vous avez retenu est disponible, vous pouvez le louer. Voici les étapes à suivre :

1 Vérifier que le nom de domaine souhaité est disponible. Pour ce faire il suffit de consulter le registre WHOIS. Ce dernier contient tous les noms de domaines génériques déjà réservés et est consultable sur le site de l'Internic.

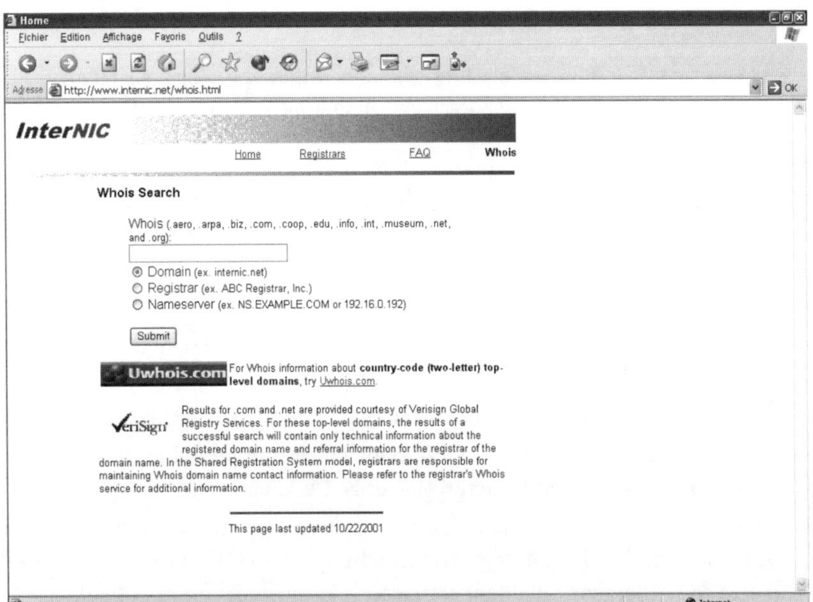

Figure 3–14
Le registre WHOIS
(http://www.internic.net/whois.html)

2 Comparer les prix. Il est nécessaire d'effectuer quelques recherches : les prix varient considérablement pour une même prestation (achat d'un nom de domaine, redirection, e-mail). Compter actuellement un peu moins de 15 euros pour une redevance annuelle d'un gTLD et entre 35 et 50 euros pour un nom de domaine géographique (ccTLD).

3 S'enregistrer auprès du registrar : les noms, adresses e-mail et coordonnées des contacts vous seront demandés. Attention à l'adresse e-mail que vous

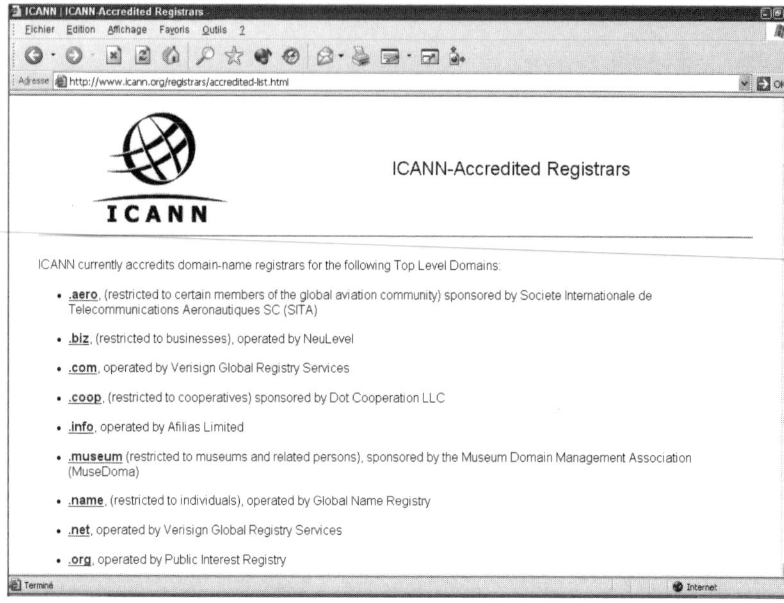

Figure 3–15 Vous trouverez une liste de tous les registrars accrédités par l'ICANN à l'adresse : http://www.icann.org/registrars/accredited-list.html.

indiquerez, c'est en effet par cette dernière que le registrar essaiera de vous joindre pour toute question relative à votre nom de domaine : renouvellement de location, transfert de propriétaire, etc.

Les contacts sont au nombre de trois :

- Le contact administratif, ou registrant, c'est le propriétaire du site, vous !
- Le contact technique, c'est celui qui assure le lien en cas de problèmes techniques du domaine et des services.
- Le contact « facturation », c'est celui qui est responsable de toutes les questions concernant la facturation et la TVA.

4 Réserver le nom de domaine. Une fois ce dernier indiqué ainsi que la durée de la location, le registrar demande les adresses des DNS (primaire et secondaire) de l'hébergeur (qu'il faut contacter pour qu'il les communique).

5 Si le nom de domaine est simplement réservé, sans être lié à un hébergement, les adresses des DNS du registrar devront être communiquées plus tard lors des démarches concernant l'hébergement.

6 Le règlement s'effectue en général par carte bancaire sur un site sécurisé, ou par envoi de chèque.

7 Le nom de domaine est visible par tous sous deux ou trois jours, temps nécessaire à la mise à jour des serveurs DNS sur Internet.

DNS primaire et DNS secondaire

Par « DNS », on entend ici par abus de langage Domain Name Server au lieu de Domain Name System. Ce sont les serveurs de noms de domaine de votre hébergeur. Ce sont eux qui contiennent les informations faisant état de l'adresse IP et du nom de domaine complet associé (FQDN). Le DNS secondaire tient lieu de « roue de secours » si, par exemple, le serveur primaire tombe en panne.

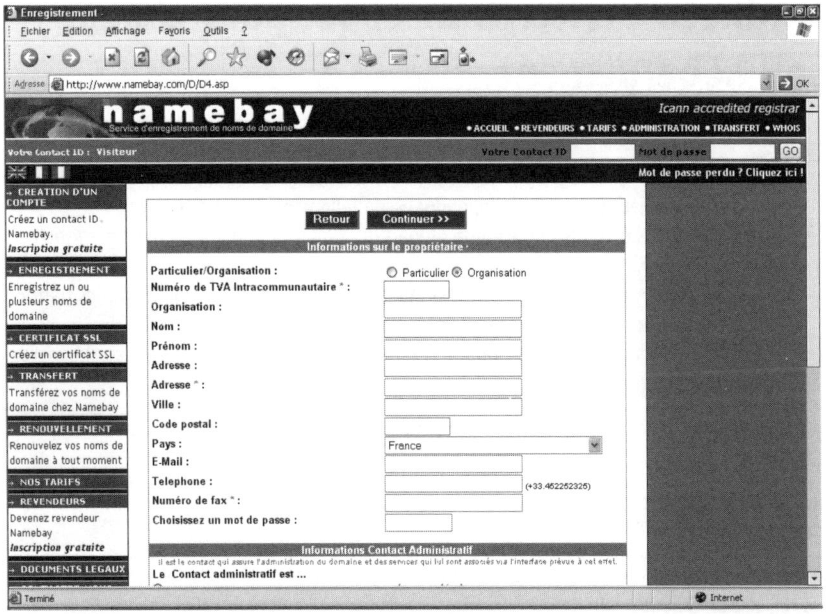

Figure 3–16 Pour louer un nom de domaine, les registrars vous demanderont les noms, adresses e-mails et coordonnées des contacts administratif, technique et facturation (http://www.namebay.com).

Testez vos connaissances

- Quelles questions doit-on se poser pour connaître ses besoins en matière d'hébergement ?
- Quels sont les 10 aspects à étudier pour bien choisir son hébergement ?
- Qu'est-ce qu'une attaque de type « déni de service » ?
- Que signifient les sigles GTR, QoS et SLA ?
- Quels sont les différents types de serveurs de noms présents sur Internet ?
- Quelles sont les étapes d'une résolution de noms de domaines ?
- Quelle est la différence entre les gTLDs et les ccTLDs ?
- Qu'est-ce qu'un registrar ?
- Quelles sont les étapes pour louer un nom de domaine ?

Synthèse : critères de choix pour choisir son hébergement

Aspect	Élément à prendre en compte
Type d'hébergement	Le choix du type d'hébergement va dépendre essentiellement de votre budget : • Les hébergements gratuits imposent la plupart du temps de la publicité sans garantie de qualité de service. • Les hébergements « discount » sont de prime abord peu onéreux. Cependant, les performances proposées sont généralement assez basses. • Les hébergements professionnels apportent un niveau de service élevé mais sont généralement très onéreux.
Espace disque	L'espace disque devra être suffisant pour héberger le site et ses évolutions futures (ajouts de fichiers...).
Bande passante	La bande passante proposée devra permettre un trafic fluide. N'hésitez pas à demander des garanties en la matière.
Technologies supportées	L'hébergeur doit être susceptible de supporter les technologies que vous avez utilisées pour la réalisation de votre site.
Fonctionnalités de messagerie	Les fonctionnalités de messagerie mises à votre disposition pourront s'avérer intéressantes pour votre activité : consultation à distance, espace disque conséquent pour recevoir des fichiers volumineux...
Politique de sécurité	Connaître la politique de sécurité de votre hébergeur vous évitera d'avoir des mauvaises surprises au cours de l'exploitation du site : • Quels sont les systèmes de cloisonnement des données mis à votre disposition ? • Quelles sont les mesures prises pour garantir : l'intégrité des données ? la disponibilité de votre site web ?
Système de sauvegarde et de restauration	Le système de sauvegarde devra vous permettre de pouvoir restaurer votre site à tout moment.
Systèmes de surveillance	Est-ce que votre hébergeur vous propose des solutions vous permettant de surveiller la qualité de service de votre site web ?
Support technique	Le support technique devra être à la hauteur si un problème intervient. Avez-vous besoin d'une assistance en dehors des heures et jours ouvrés ? Si oui, regardez le type de service d'astreinte proposé.
Équipement et infrastructure	L'équipement et l'infrastructure devront être à la mesure du service proposé : système anti-incendie, sécurité d'accès, climatisation des salles...
Qualité de service	Des garanties de disponibilité et de temps d'accès à votre site web pourront vous être proposées au travers d'une qualité de service : fonctionnalités QoS, GTR, SLA.

En résumé...

Bien plus qu'un prestataire, votre hébergeur sera votre partenaire de productivité. Souplesse, compétences, suivi et réactivité seront ses atouts les plus précieux. Aussi est-il nécessaire de bien définir en amont vos besoins en la matière. Essayez d'être le plus réaliste possible : sous-estimer les besoins peut avoir des répercussions fâcheuses sur l'image ou le chiffre d'affaires de l'entreprise, et les surestimer peut coûter une véritable fortune !

En étudiant les différentes formules que proposent les hébergeurs, vous pourrez sélectionner celle qui correspond le plus à vos besoins. Ensuite, vous pourrez effectuer les démarches nécessaires pour l'enregistrement de votre nom de domaine auprès d'un registrar, intermédiaire obligatoire entre le demandeur et l'ICANN.

chapitre 4

Positionnement Recherche Référencement

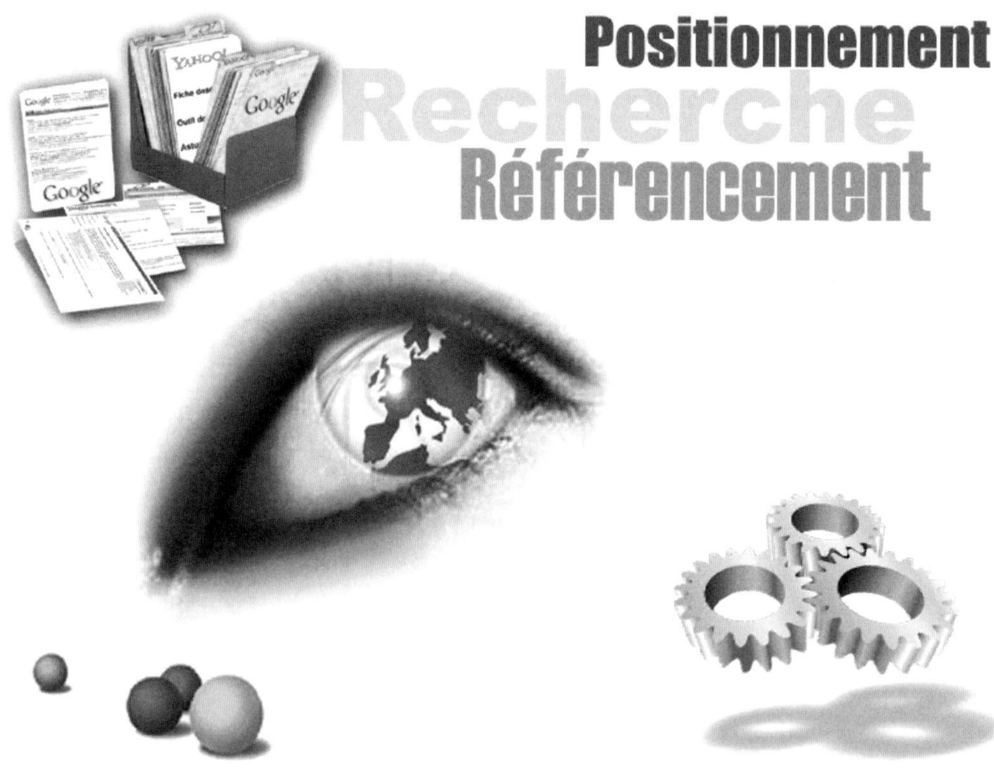

Réussir le référencement de son site web

Pour générer du trafic ciblé depuis les outils de recherche, il ne suffit pas d'être référencé auprès des principaux outils, il faut obtenir un bon positionnement sur des mots-clés caractérisant le site web. Or, tout moteur ou annuaire dispose de sa propre méthode de classement des résultats proposés à l'internaute, et si votre site n'apparaît pas dans les catégories adéquates d'un annuaire ou dans les premières places d'un moteur de recherche, il risque fort de ne pas être visible.

SOMMAIRE

MOTS-CLÉS

- SEO
- SEM
- Moteur
- Annuaire
- Optimisation
- Soumission
- Robot
- Spider
- Crawler
- Robots.txt
- Hallway Page
- Spamdexing
- Trusted Feeds
- Cloaking
- Trusted Feed
- Page rank
- Lien commercial

Étape 1 : l'analyse

Être présent sur quels outils de recherche ?

Depuis la création du Web, l'importance des outils de recherche n'a fait que croître au fil des années. Désormais, pour accéder à un site web donné, les internautes les utilisent majoritairement au point que 43 % des visites sur un site proviennent d'un outil de recherche (Source : Médiamétrie-eStat/@position – novembre 2005).

Outils de recherche

Vous trouverez en annexe des fiches descriptives des principaux outils de recherche francophones : présentation, modalités de référencement, critères d'optimisation pris en compte…

Être présent dans les index de ces outils devient alors une condition *sine qua none* pour être visible sur la toile. Nous pouvons les regrouper en deux catégories, les moteurs et les annuaires :

- Un moteur de recherche est un outil automatisé constitué de pages indexées par des applications (robots) qui parcourent le Web de lien en lien. Ces pages sont classées en fonction du texte qu'elles contiennent.
- Un annuaire est un ensemble de fiches descriptives concernant des sites web. Son index est réalisé par des personnes qui visitent chaque site, l'évaluent, rédigent son descriptif et le classent dans une rubrique appropriée.

Tableau 4–1 Les principaux outils de recherches francophones (moteurs et annuaires)

Nom	URL
Google	http://www.google.fr
Wanadoo/Voila	http://www.voila.fr
Yahoo! : annuaire	http://www.yahoo.fr
Yahoo! : Search	http://fr.search.yahoo.com/
MSN Search	http://search.msn.fr/
AltaVista	http://www.altavista.fr
Excite	http://www.excite.fr
HotBot	http://www.hotbot.lycos.fr
Lycos	http://www.lycos.fr

En étant référencé sur la liste des outils de recherche ci-dessus, votre site sera automatiquement présent dans des dizaines d'autres outils, dont les portails du type Free.fr, Club-Internet.fr…

Bien choisir ses mots-clés

Le choix des mots-clés ainsi que leurs combinaisons est une étape capitale dans le processus de référencement de votre site. Ces derniers devront définir au mieux son contenu en étant le plus précis possible, afin de correspondre à un public bien déterminé.

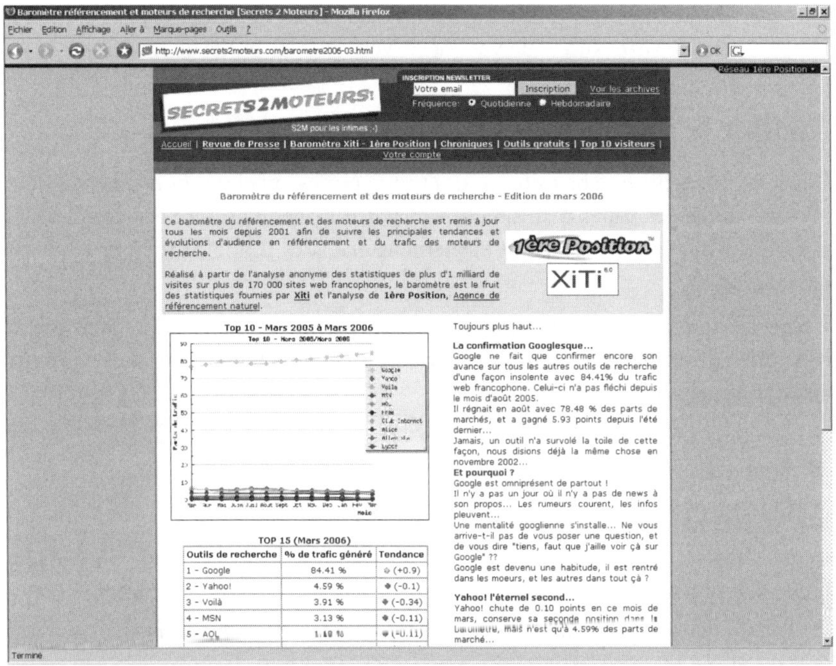

Figure 4–1
Vous trouverez sur le Web des études qui permettent de suivre les principales tendances et évolutions d'audience et de trafic (http://www.secrets2moteurs.com).

Plus votre cible est réduite, plus le vocabulaire utilisé sera précis. Il vous sera donc facile de bien délimiter une liste de mots-clés. Exemple : un internaute recherchant des articles sur la convection en milieux poreux a de fortes chances de taper dans un moteur « convection en milieux poreux ».

Inversement, si votre site s'adresse à un large public, le vocabulaire utilisé sera très probablement imprécis. N'hésitez pas alors à vous aider des listes publiant sur Internet les mots que les internautes utilisent intuitivement sur les outils de recherche.

Tableau 4–2 Liste et outils pour définir vos mots-clés

Nom	URL
Lycos	http://www.recherche.lycos.fr/lycos100/
MetaSpy, l'espion de Metacrawler	http://www.metaspy.com/
Yahoo!	http://buzz.yahoo.com/
SearchWords	http://www.searchwords.com/
Google	http://www.google.com/press/zeitgeist.html
Overture / Yahoo! SM	http://inventory.overture.com/d/searchinventory/suggestion/?mkt=fr
Keyword Map	http://www.kwmap.com/
SEOBook	http://tools.seobook.com/general/keyword/
Keyword Search Engine	http://www.keyword-search-engine.com/
Google	https://adwords.google.fr/select/KeywordToolExternal

Chaque combinaison ou mot aura une incidence sur l'optimisation et donc sur le placement de votre site et de vos pages web dans les outils de recherche.

Auditer le site

Robot, spider (araignée), crawler (chenille)

Il s'agit d'un programme qui effectue des recherches automatisées sur Internet. Il parcourt l'ensemble des fichiers constituant un site, emmagasine les informations dans l'index et classe les mots-clés et le texte de chaque page qu'il trouve.

Les moteurs de recherche utilisent des programmes appelés robots qui analysent le code source des pages d'un site web. À partir de cette analyse et selon des critères qui leurs sont propres, un classement des sites sera effectué par ordre de pertinence.

L'objectif de cette étape est donc de vérifier que le site et ses pages web soient bien pris en compte par les moteurs de recherche. L'audit du site doit répondre aux questions suivantes :

- Les pages du site sont-elles optimisées ?
- Sont-elles adaptées aux critères des outils de recherche ?
- Quelles sont leurs positions sur les moteurs majeurs ?
- Sur quels mots-clés ? Comment les optimiser au mieux ?

Une analyse poussée devra alors être réalisée sur les éléments suivants :

- le titre des pages (nombre de caractères, nombre de mots...) ;
- les balises Meta (nombre de caractères, nombre de mots...) ;
- l'URL (structure, utilisation des mots-clés, niveaux d'arborescence...) ;
- le texte visible (nombre de caractères total sur la page, densité des mots-clés...) ;

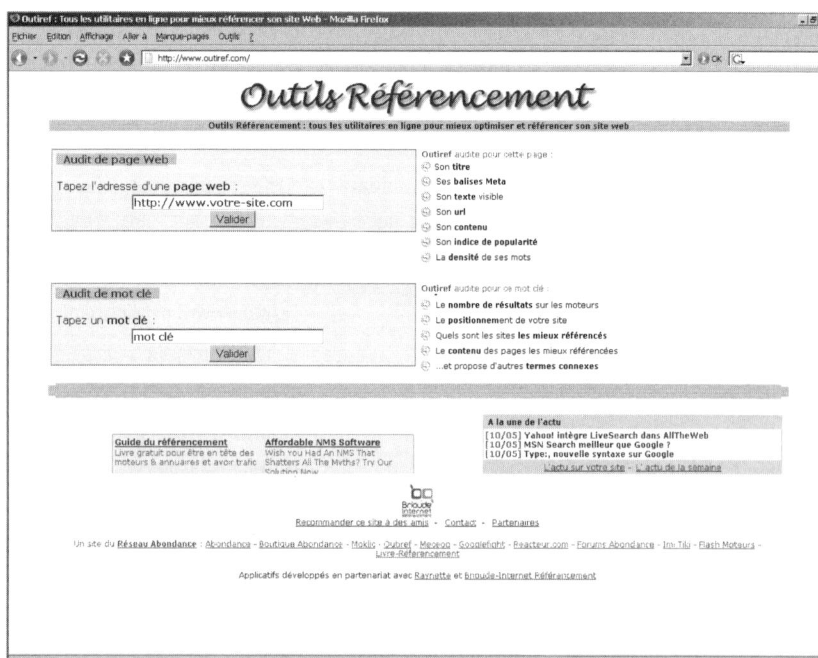

Figure 4–2
Plusieurs outils peuvent vous aider à effectuer l'audit d'une page en vue de son optimisation pour le référencement (Source : http://www.outiref.com).

- le contenu (utilisation de frames, de Flash, de commentaires, d'attributs ALT, nombre d'images et de liens…) ;
- la popularité du site (le nombre de pages, sur le Web, qui ont mis en place un lien vers lui).

Étape 2 : optimiser son site pour le référencement (SEO)

Dès la phase d'analyse terminée, il vous faut commencer l'optimisation du site. Quand on sait que près de 80 % des internautes abandonnent leur recherche après les trente premiers résultats, cette étape devient indispensable pour qu'un site apparaisse dans les premières réponses des moteurs.

Search Engine Optimization (SEO)

Le SEO regroupe l'ensemble des techniques visant à optimiser un site web donné pour une meilleure indexation par les moteurs de recherche.

Optimiser ses pages web

Le contenu visible

L'un des éléments les plus importants de l'optimisation d'une page web est le contenu de la balise titre `<TITLE>` qui renseigne le navigateur et s'affiche dans sa barre de titre. En principe, ce dernier doit contenir au maximum cent caractères, être descriptif, et comporter entre quatre et six mots-clés liés au contenu de la page et/ou du site. Le titre des pages web est systématiquement indexé par tous les outils de recherche, vous avez ainsi la garantie que son contenu (et donc les mots-clés qui y figurent) sera pris en compte.

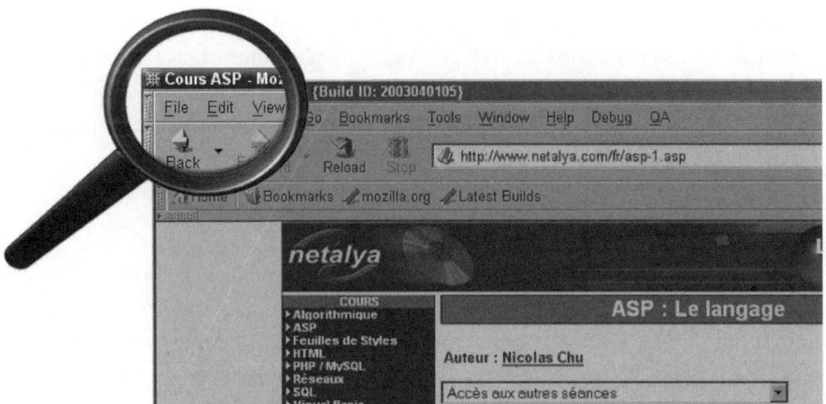

Figure 4–3
Le titre de votre page doit être clair et sous une forme rédigée tout en contenant des mots-clés liés au contenu de la page.

Au-delà du titre, les moteurs prennent en compte le texte visible des pages pour calculer l'indice de densité des mots-clés. Plus le texte visible comporte de mots-clés, plus cet indice est élevé et plus vous avez de chances que votre site soit bien classé. Par exemple, si le texte visible est composé de 120 mots (texte, titre, etc.) et que les mots-clés caractérisant la page sont au nombre de trois, chacun d'entre eux se trouvant quatre fois dans la page, nous avons un indice de densité égale à $100 \times (4 \times 3) / 120 = 10$ %.

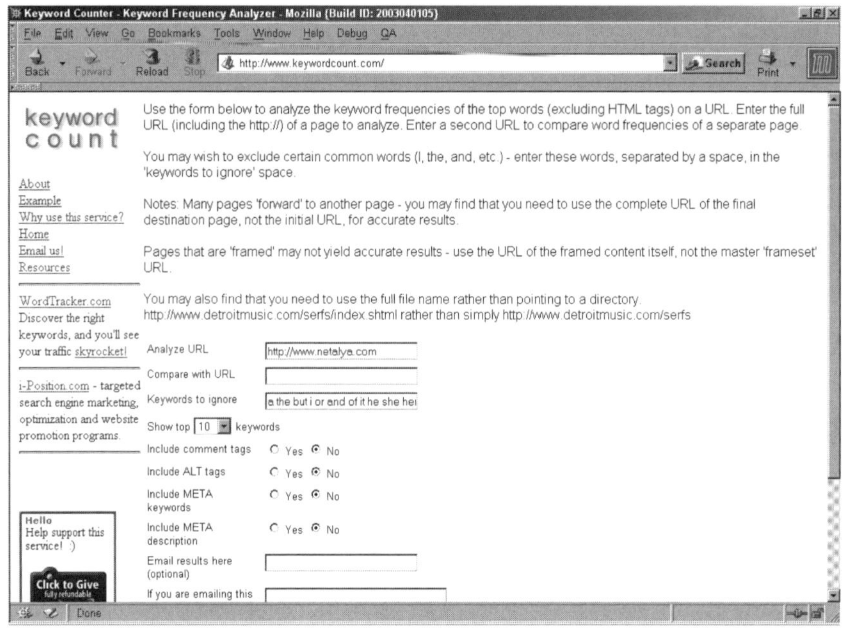

Figure 4–4
Vous trouverez sur le Web de nombreux outils pour vérifier la densité des mots-clés dans vos pages (http://www.keywordcount.com).

Certains moteurs accordent aussi une plus grande importance aux mots ayant une mise en forme qui les distingue du reste de la page : texte en gras (`<B></B>`), souligné (`<U></U>`), italique (`<I></I>`), titres (`<H1>`, `<H2>`)...

Enfin, il faut savoir que le texte situé en haut de votre page (à peu près les 200 premiers caractères) obtient une pondération plus importante dans les algorithmes de classement des moteurs de recherche que le reste du document. Il est donc impératif que ce texte existe (évitez les pages uniquement graphiques) et qu'il décrive au mieux le contenu de la page.

La partie invisible

L'attribut `ALT` de la balise `IMG` présente un certain intérêt pour le référencement. En effet, les spiders des moteurs fonctionnent exactement comme les premières générations de navigateurs : uniquement en mode texte, ils n'interprètent pas les éléments images d'une page web. Cet attribut permet alors de présenter, à la place des images, une description textuelle qui sera prise en compte par les robots.

OUTIL Aperçu de votre page

Le site Spider Simulator vous permet de consulter une page de votre site telle qu'elle sera interprétée par un robot.

▸ http://www.spider-simulator.com

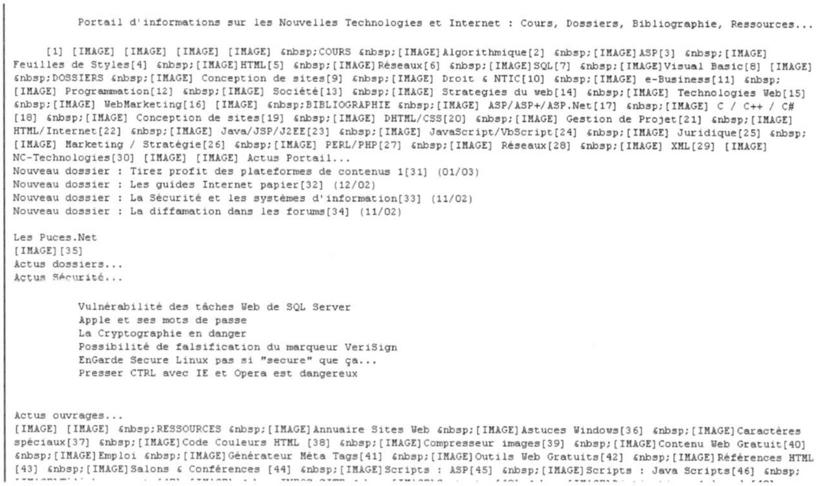

Figure 4–5
La Home Page de Netalya.com telle que la « voit » un robot.

Exemple :

```
<IMG SRC="IMG/Toto.jpg" ALT="La Photo de Toto Robinson">
```

Pensez aussi aux balises `meta`. Ces dernières permettent d'inclure des éléments d'information sur une page web donnée tout en contrôlant les moteurs de recherche. Bien que leur impact soit aujourd'hui très limité (nombreux sont les moteurs qui leur accordent une importance minime, voire aucune, pour l'indexation des pages web), leur utilisation ne peut être que positive.

Attention, sous prétexte que les metas sont invisibles à l'œil nu, ne pensez pas qu'elles échappent à la loi. Utilisez-les à bon escient et pensez aux conséquences juridiques potentielles : aucun nom de marque déposée ne doit être utilisé, sauf si vous en êtes le propriétaire. Il en va de même pour tout nom protégé par la législation.

Exemple de code source d'un en-tête <HEAD> avec utilisation de balises <META> :

```
<HEAD>
<TITLE>Le portail des Nouvelles Technologies</TITLE>
<META NAME="Description" CONTENT="Portail d'informations sur les
Nouvelles Technologies et Internet : Dossiers Thematiques, supports de
formations, ressources gratuites, offres d'emploi, annuaire de sites
web">
<META NAME="Keywords" CONTENT="internet, web, site, specialiste,
nouvelles, expert, experts, technologies, emploi, html, javascript,
java, xml, design, web, projets, projet, cours, formation, tutorial,
tutorials, webmarketing, webdesign, veille">
<META NAME="Author" CONTENT="Netalya">
<META NAME="Language" CONTENT="Fr"
<META HTTP-EQUIV="Content-Type" CONTENT=" text/html; charset=iso-
8859-1 ">
</HEAD>
```

Les balises `meta description` et `meta keywords`

La balise `meta description` doit contenir un descriptif d'environ 200 caractères. La présence de mots-clés dans le contenu de cette balise n'est pas indispensable. En effet, il vaut mieux privilégier ici l'aspect rédactionnel.

La balise `meta keywords` doit contenir au maximum 25 mots (ou 1 000 caractères), séparés ou non par une virgule, et de préférence en minuscules.

> **OUTIL Le générateur de meta de Netalya**
>
> Vous trouverez, sur le site Netalya, un générateur de balises meta :
>
> - http://www.netalya.com/fr/ToolBoxMeta.asp
>
> Par exemple, pour se positionner sur les mots-clés « inscriptions, formations, HTML » sur le site d'un diplôme universitaire, l'URL de la page inscription pourra être : http://www.nomdu-diplome.com/inscriptions/formations-HTML.html.

Les caractéristiques importantes

Lors de l'indexation d'un document par un robot, ce dernier prend en compte le contenu de son URL complète. Nous devrons alors retrouver les principaux mots-clés :

- soit dans le nom de domaine (http://www.motcle.com) ;
- soit dans le nom du répertoire (http://www.exemplesite.com/motcle1/motcle2/motcle3) ;
- soit dans le nom du fichier (http://www.exemplesite.com/motcle.html).

Vous pouvez très bien séparer vos mots-clés par des tirets ou des underscores. En revanche, sont à bannir absolument les caractères suivants : « ? », « ~ », « # », « & », « $ » ou « % ».

L'emplacement de la page dans l'arborescence d'un site a également un effet sur son référencement : une page située dans un sous-répertoire de sixième niveau sera plus difficilement accessible par un robot qu'une page située à la racine d'un site. En règle générale, ne dépassez jamais plus de trois niveaux d'arborescence : http://www.votresite.com/niveau1/niveau2/niveau3.

Troisième caractéristique à prendre en compte : le poids des pages. Évitez que ces dernières ne soient trop lourdes (poids supérieur à 100 Ko, texte), car vos chances d'indexation par un moteur risquent alors d'être réduites. En effet, le robot dispose d'un temps limité pour parcourir la page. Si cette dernière met trop de temps à s'afficher, il passe automatiquement à un autre site.

Enfin, sachez que les robots parcourent régulièrement les sites indexés afin de maintenir leurs bases de données à jour. Ainsi, entre deux pages identiques, la dernière mise à jour, sera toujours mieux positionnée que l'autre.

La popularité d'un site

Mon site est-il populaire ?

Certains moteurs (Google, HotBot, AltaVista, Lycos) prennent en compte le nombre et le type de pages qui ont mis un lien vers votre site. On parle alors de popularité d'un site web. Attention, n'essayez pas de créer une popularité artificielle pour votre site en multipliant les pages « bidons » qui pointeraient vers lui.

Depuis plusieurs années, les outils de recherche ne calculent plus l'indice de popularité d'une page uniquement sur un mode quantitatif, c'est-à-dire qu'il ne suffit plus d'avoir un grand nombre de liens qui pointent vers un site, il faut également que ces derniers soient pertinents.

Par exemple, les cas suivants seront mieux pris en considération par les outils de recherche pour le calcul de la popularité d'une page :

- un lien avec une bonne description contenant des mots-clés spécifiques ;
- un lien provenant d'un site ayant un fort trafic ;
- un lien provenant d'un autre outil de recherche ;
- un lien mis en valeur sur la page référente (en haut de page, par exemple).

Si vous avez à votre disposition plusieurs sites web, un bon moyen pour améliorer leur popularité respective est de réaliser des liens entre eux.

Figure 4–6
Euromaster a placé sur tous ses sites européens une barre de liens en bas de page avec sur chaque lien un mot-clé dans la langue correspondante : « Pneu » (Source : http://www.euromaster.fr).

Le PageRank

Le PageRank (PR) est l'équivalent de l'indice de popularité pour le moteur Google. Plus ce dernier est élevé, plus votre site sera considéré comme « pertinent » par l'algorithme du moteur et plus son spider passera souvent pour mettre à jour son indexation.

Cet indice permet de mesurer objectivement l'importance des pages web. Ce classement est effectué grâce à la résolution d'une équation de plus de 500 millions de variables et de plus de 2 milliards de termes.

Le PR d'une page « A » dépend de 3 facteurs :

- le nombre de pages « B » faisant un lien vers cette page « A » ;
- le PR de chaque page « B » ;
- le nombre de liens sortants de chaque page « B ».

Pour connaître le PR d'une page donnée, on peut utiliser la barre d'outils Google (téléchargeable à l'adresse : http://toolbar.google.com/intl/fr/) qui schématise ce dernier par une barre verte horizontale.

En pointant la souris sur la barre, on obtient un nombre compris entre 0 et 10, qui représente une approximation de la valeur réelle du PR. Ce moyen vous permet de connaître le PR de votre page mais également celui des pages d'éventuels sites partenaires, ou concurrents.

POUR ALLER PLUS LOIN Le PR expliqué par les fondateurs de Google

Pour en savoir plus sur le PR, il est recommandé de consulter un article rédigé par les deux fondateurs de Google, Sergey Brin et Lawrence Page, à l'adresse :

- http://www-db.stanford.edu/~backrub/google.html

Figure 4–7 Le PageRank du site Netalya indiqué par la barre Google est de 5/10.

Attention toutefois, avoir un bon PageRank ne vous assure nullement l'une des premières positions parmi les résultats de recherche. Par exemple, une page disposant d'un PR de 6 ou 7 peut tout à fait être distancée, dans les résultats de Google, par une page affichant un PR de 2 ou 3, si le mot-clé demandé se retrouve dans le titre ou dans le texte de la page.

La gestion des frames

Les frames posent une difficulté du point de vue du référencement : de nombreux moteurs ne reconnaissent pas la balise <FRAMESET> et sont donc dans l'incapacité de retrouver les pages filles et de les indexer. Ce problème peut être résolu par l'utilisation de la balise <NOFRAMES>.

La balise <NOFRAMES>

Cette dernière permet de définir un contenu pour les navigateurs incapables de lire les cadres. Le <BODY> doit être placé dans cette section.

Vous pouvez ainsi fournir aux robots les informations suivantes :

- une description du site ;
- une description de la page ;
- des liens vers les pages filles...

```
<HTML>
<HEAD>
<TITLE>Exemple</TITLE>
</HEAD>
<FRAMESET COLS="20%,*" FRAMEBORDER="No">
   <FRAME NAME="Menu" SRC="menu.html">
   <FRAMESET ROWS="20%,*">
     <FRAME NAME="Top" SRC="haut.html">
     <FRAME NAME="Bas" SRC="bas.html">
   </FRAMESET>
<NOFRAMES>
<BODY>
Les formations en lignes propos&eacute;es par le dipl&ocirc;me
« Conduite de projet web » :<BR>
<a href="Cours1.html">Cours 1</a><BR>
<a href="Cours2.html">Cours 2</a><BR>
<a href="Cours3.html">Cours 3</a><BR>
<a href="Cours4.html">Cours 4</a><BR>
</BODY>
</NOFRAMES>
</FRAMESET>
</HTML>
```

Utilisation de Flash et du JavaScript

L'emploi de ces formats dans un site peut nuire à l'indexation. En effet, le texte présent dans une animation Flash n'est pas toujours pris en compte et les liens en Javascript (pop-up, rollover...) ne sont pas toujours suivis par les robots et les empêchent ainsi de parcourir l'arborescence de votre site.

Il faut donc limiter leur utilisation et respecter les consignes suivantes :

- Réalisez une version « non Flash » de votre site avec un contenu textuel détaillé.
- Utilisez les balises `<NOEMBED>` et `<NOSCRIPT>` (voir exemple ci-dessous).
- Doublez les rollovers par des liens textuels.
- Réalisez des pages Hallway qui pointeront directement vers les pages cibles (voir plus loin).
- Recourir à des formules payantes pour le référencement de ces pages (voir plus loin).

POUR ALLER PLUS LOIN

- http://www.flash-moteurs.com

```
<HTML>
<HEAD><TITLE>Exemple</TITLE></HEAD>
<BODY>
<!-Exemple <SCRIPT> <NOSCRIPT> -->
<SCRIPT>
  <!--
    /*Code du Javascript*/
  //-->
< NOSCRIPT>
  Placer ici l'équivalent du Script…
</NOSCRIPT>
</SCRIPT>
<!-Exemple <EMBED> <NOEMBED> -->
<EMBED SRC="animation.swf" WIDTH="400" HEIGHT="100"
PLUGINSPAGE="http://www.macromedia.com/shockwave/download/index.cgi?
➥ P1_Prod_Version=ShockwaveFlash4" PLAY="TRUE" LOOP="TRUE"
QUALITY="AUTOHIGH" BGCOLOR="#FFFFFF" SCALE="SHOWALL" SALIGN="TL"
BASE="." MENU="TRUE">
<NOEMBED>
   Placez ici une version non Flash (statique) de votre site
</NOEMBED>
</EMBED>

</BODY>
</HTML>
```

Les pages « Hallway » ou « Annuaires »

Une page Hallway est une page web disposant d'une liste de liens pointant vers un ensemble de pages que vous souhaiteriez voir indexer. La soumission de cette page spécifique aux moteurs de recherche permettra de contourner deux types de contraintes :

- celles liées à l'usage de certaines techniques de développement (Flash, frames, pages uniquement graphiques, rollover…) qui empêche l'indexation d'un site par les robots (ces derniers n'utilisant que les liens textuels simples pour parcourir l'arborescence d'un site) ;
- celles liées au fait que certains moteurs n'acceptent qu'un nombre réduit de soumissions pour un même site.

Les pages Hallway

De nombreux articles sur le Web traitent des pages Hallway. En voici quelques-uns (en anglais) :

- http://www.stepbystepwebmarketing.com/hallwaypages.php
- http://www.affiliatefirst.com/news/Articles/41.htm

Cette méthode indirecte de soumission peut apporter à vos pages un avantage en termes de classement sur certains moteurs tel que Google. Ces derniers accordent en effet une importance plus grande aux pages trouvées par leurs robots qu'à celles soumises par leur formulaire d'inscription.

Attention : ne pas dépasser 100 liens sur sa page.

Une page Hallway idéale présente une liste de liens vers les pages principales du site avec leur titre, une brève description pour chacune ainsi que leur URL complète.

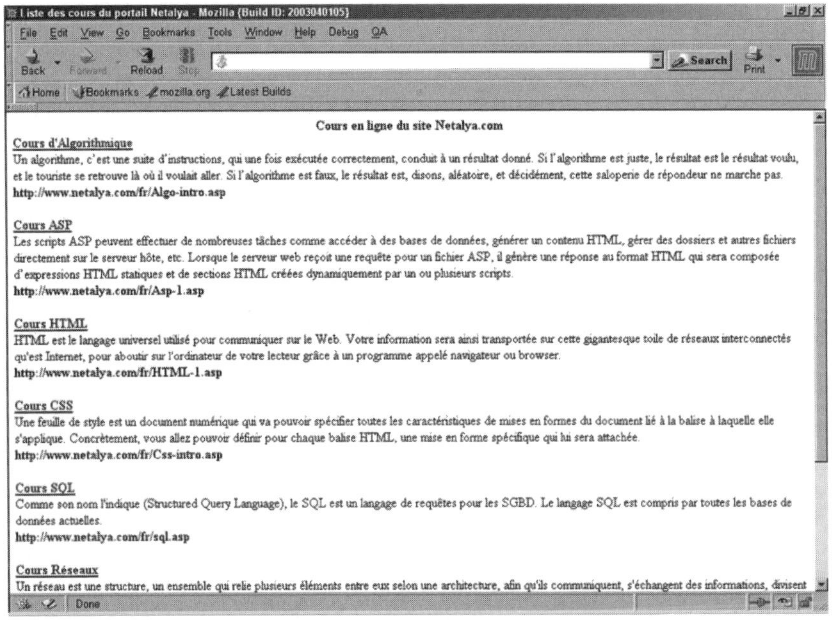

Figure 4–8
Une page Hallway possible pour la rubrique Cours de Netalya.

Le référencement des pages dynamiques

Deux facteurs empêchent généralement le référencement auprès des moteurs des pages dynamiques (c'est-à-dire des pages dont le contenu est généré dynamiquement) :

- L'affichage de la page nécessite l'envoi d'information par le biais d'un formulaire en méthode POST. En effet, un spider ne peut « simuler » les informations saisies par un internaute.
- L'URL de ces pages comporte des caractères particuliers tel le « ? ». Bien que certains moteurs (Google et Fast) indexent ce type de page, la majorité des spiders rejette les URL dites « exotiques ». Ceci afin de lutter contre des tentatives de spamdexing ou d'éviter les doublons d'entrées dans leurs bases de données.

Il existe plusieurs méthodes pour contourner ce type de difficultés. Pour le premier cas, nous utiliserons des pages Hallway disposant d'une liste de liens avec des paramètres prédéfinis. Cela permettra, par exemple, de faire référencer des pages de résultats d'un moteur de recherche. Pour le second cas, nous utiliserons des techniques de réécriture d'URL (*URL rewriting*). Ces dernières permettent de retranscrire les URL de pages dynamiques en URL apparemment statiques de façon à faciliter leur indexation par les moteurs.

Ces procédés nécessitent cependant, pour bien fonctionner, un paramétrage spécifique de votre serveur web.

1 Vérifier que votre hébergeur permet l'utilisation de la réécriture d'URL (généralement, ce n'est pas le cas des hébergements gratuits).

POUR ALLER PLUS LOIN

Vous trouverez sur le site du journal du Net deux méthodes de réécriture d'URL :

- http://developpeur.journaldunet.com/tutoriel/php/020407php_urlrewriting.shtml
- http://developpeur.journaldunet.com/tutoriel/php/020413php_urlrewriting2.shtml

Le site SPIP-Contrib explique également comment utiliser SPIP pour présenter des URL à l'apparence statique :

- http://www.spip-contrib.net/article.php3?id_article=106

2 Identifier les pages dynamiques dont l'URL comporte des paramètres, et choisir un nouveau schéma d'URL « propre » qui élimine les caractères « ? » et « & ». Par exemple, les URL du type http://www.netalya.com/fr/Article2.asp?CLE=158 deviendraient après modification http://www.netalya.com/fr/Article2_CLE=158/
3 Écrire les règles de réécriture dans le fichier `.htaccess`.
4 Mettre à jour toutes les pages en changeant les liens vers chaque fichier dont l'URL a changé et effectuer les tests nécessaires.

Spamdexing et techniques à éviter

On appelle spamdexing toutes les tentatives destinées à tromper illégalement les algorithmes des robots pour faire apparaître un site web en bonne position dans un moteur de recherche, par exemple :

- la répétition abusive des mêmes mots-clés dans une même page sans aucun autre contenu ;
- la création de texte invisible (*Font & Background Spoofs*) comme par exemple, en blanc sur fond blanc, ou en noir sur fond noir ;
- l'usurpation d'un nom ou d'une marque connue pour l'enregistrement d'un nom de domaine ou comme mot-clé ;
- la mise en place de faux liens (*Fake links*) vers un site pour en augmenter la popularité de façon artificielle ;
- l'utilisation du *cloaking* (ou *bait-and-switch*) qui permet de personnaliser les pages web d'un site donné selon que le visiteur soit un internaute ou un robot afin de délivrer à ces derniers un contenu optimisé pour eux.

De plus en plus de moteurs détectent les techniques de spamdexing et placent automatiquement le site sur liste noire. Dès lors, ce dernier ne pourra plus être référencé par le moteur en question.

POUR ALLER PLUS LOIN Les conseils de Google

Le moteur de recherche indique sur son site un ensemble de pratiques à éviter au risque de se voir considéré comme faisant du spamdexing.

- http://www.google.fr/webmasters/guidelines.html
- http://www.google.fr/webmasters/seo.html

Le cas des pages satellites et des pages alias

Chaque moteur de recherche dispose de sa propre méthode de calcul de pertinence, basée sur des critères parfois complètement différents. Pendant longtemps, les techniques des pages satellites (ou *Doorway pages*) et pages alias ont été une alternative à cette contrainte du référencement.

RETOUR D'EXPÉRIENCE Le site BMW.de

En février 2006, le site allemand de BMW s'est vu mettre sur la liste noire de Google pendant quelques jours pour cause de « fraude aux moteurs de recherche portant sur des pages satellites trop optimisées ». Il s'agit là d'un véritable coup de semonce médiatique, qui présage d'un mauvais œil l'avenir des pages satellites.
Voir à ce sujet le blog du porte parole technique de Google, Matt Cutts :

- http://www.mattcutts.com/blog/ramping-up-on-international-webspam/

Dans le premier cas, il s'agissait de pages web spécifiques dont la structure était optimisée pour correspondre aux critères de classement d'un moteur de recherche donné avec un module de redirection automatique vers les pages correspondantes du véritable site.

Dans le second, il s'agissait de copies conformes d'une page d'un site (le plus souvent de la page d'accueil), dont le code source était optimisé pour un mot-clé ou une expression donnée. Ces pages clones se distinguaient de l'original uniquement par le contenu de l'URL, le contenu du titre, le contenu des balises `meta` et celui des attributs `ALT` des images.

Considérées comme des standards du référencement il y a quelques années, ces techniques sont maintenant en fin de vie. Pire, certains moteurs reconnaissent ces pages comme un manque de contenu, tel Google qui, filtrant les pages disposant d'un contenu caché et d'une redirection, les fait disparaître de sa base de données.

Étape 3 : soumission du site auprès des outils de recherche

La soumission auprès des annuaires

Définir les catégories

Avant de proposer un site à un annuaire, il est nécessaire de trouver la catégorie qui sera la plus appropriée pour ce dernier, démarche d'autant plus importante que la plupart des annuaires limitent l'inscription d'un même site à deux catégories seulement. En outre, des documentalistes explorent chaque site qui leur est suggéré, et un bon classement les aidera à traiter votre demande plus rapidement.

Prenons l'exemple du référencement du site web d'une Licence en informatique spécialisée dans les nouvelles technologies. Sous Yahoo! France, la catégorie « Accueil/Informatique et Internet/Internet/Enseignement et formation » sera préférable à la catégorie « Accueil/Sciences et technologies/Informatique/Enseignement et Formation/Enseignement supérieur/Universités et facultés ».

Voici quelques indications pour faciliter votre choix :

1. Le nombre de niveaux d'arborescence détermine si la catégorie (et donc votre site) est facilement accessible par l'internaute. À pertinence égale, une catégorie de niveau quatre sera préférable à une catégorie de niveau six.
2. La visibilité du site au sein de la catégorie : plus le nombre de sites présents sous une catégorie sera important, moins votre site sera visible. À pertinence égale, préférez alors des rubriques avec peu de sites référencés.
3. L'adéquation du thème de votre site avec la catégorie est primordiale : si les internautes sont obligés de s'interroger sur le rapport entre votre site et la catégorie dans laquelle il se trouve, il sera certainement moins visité que les autres.

Aidez-vous de vos concurrents !

Un regard sur les sites concurrents présents dans un annuaire vous aidera à trouver les catégories les plus appropriées pour le classement de votre site.

Renseigner l'annuaire

Une fois que vous l'avez choisie, placez-vous dans la catégorie où vous souhaitez ajouter votre site puis cliquez sur un lien (souvent intitulé « Proposez votre site », « Ajoutez votre site » ou bien « Soumission », voir figure 4-9).

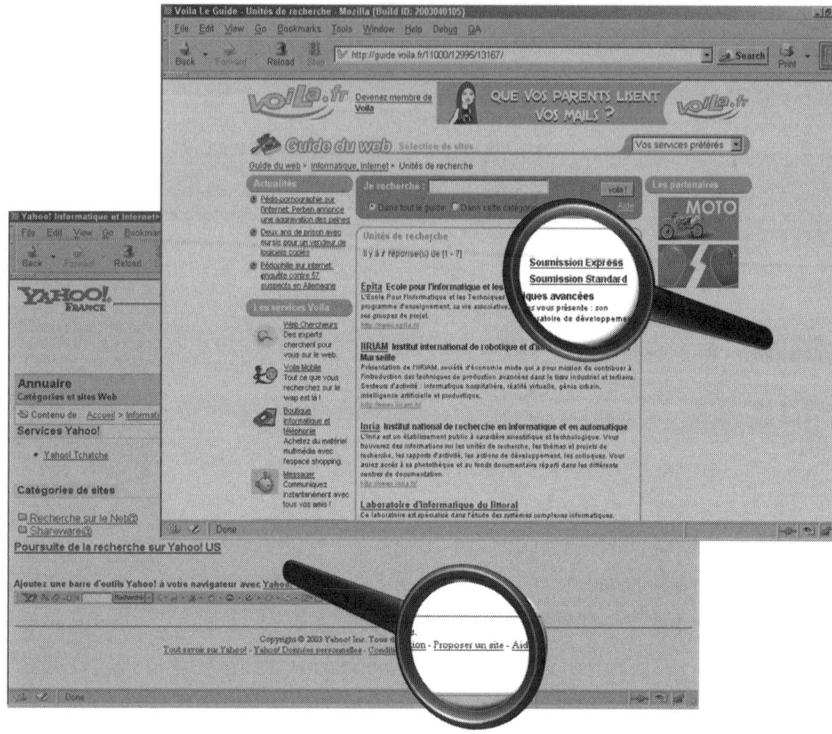

Figure 4–9
Une fois votre catégorie choisie, cliquez sur les liens « Proposez votre site », « Ajoutez votre site » ou bien « Soumission » (sources http://www.voila.fr, http://www.yahoo.fr).

> **À ÉVITER**
>
> - Proposer la même URL sous deux formes : http://www.netalya.com/ et http://www.netalya.com/index.html.
> - Superlatifs et slogans publicitaires « le meilleur site de commerce électronique » ou « l'entreprise numéro un... »).
> - Énumération de mots-clés (ex : « commerce, e-commerce, vente en ligne, numéro un... »)...

L'annuaire vous demandera alors de remplir une fiche d'information, composée de deux parties :

- La première traite du site en lui-même : titre, URL, description, situation géographique...
- La seconde traite du contact : la personne à contacter, son e-mail...

À cette étape, il est très important de respecter certains critères de rédaction :

- Ne proposez pas un site dont l'adresse redirige vers une autre.
- Ne proposez pas un site « en construction ». Attendez que ce dernier soit terminé !
- Ne faites pas de propositions déguisées pour proposer la même URL plus d'une fois.
- Évitez de répéter le titre du site ou celui de la catégorie.
- Rédigez toujours à la troisième personne.
- Limitez l'utilisation des majuscules.
- Évitez les superlatifs et les slogans publicitaires ou les énumérations de mots-clés.
- Faites des phrases brèves et objectives (25 mots, 200 caractères maximum).

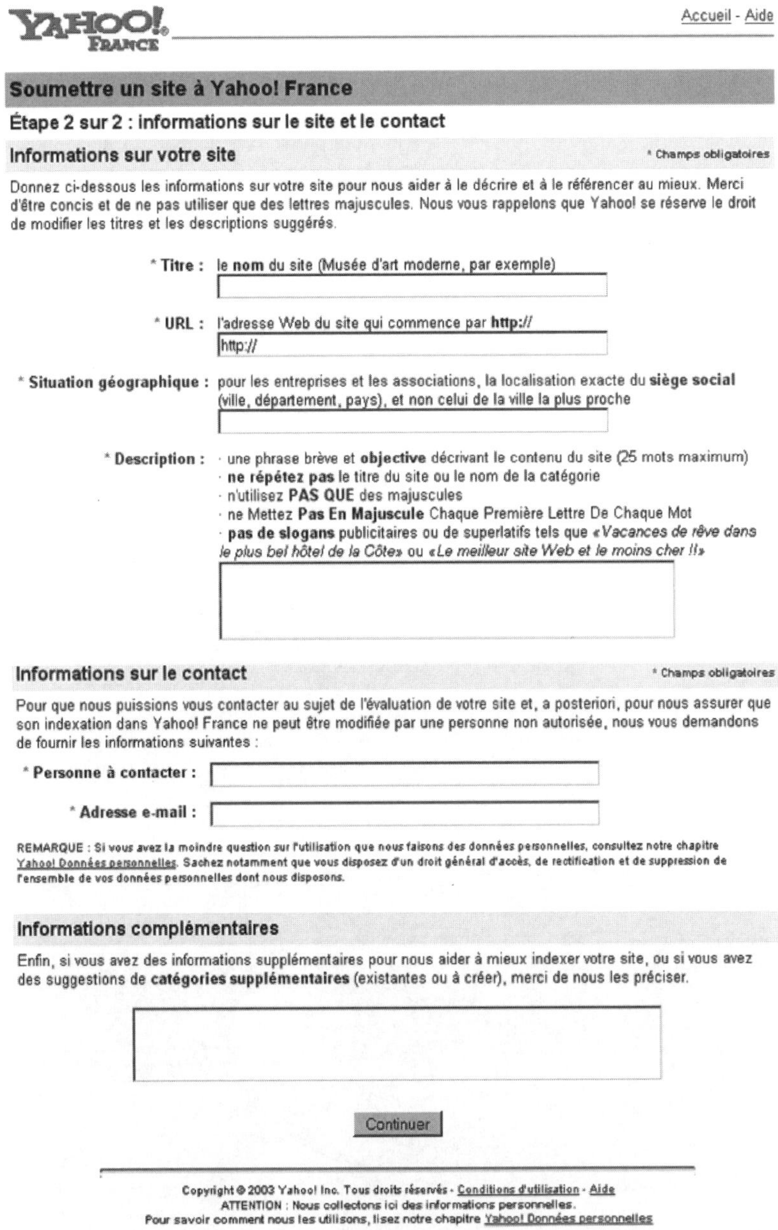

Figure 4–10
Exemple : les informations demandées par l'annuaire Yahoo!(http://www.yahoo.fr)

Une fois la soumission effectuée auprès de l'annuaire, sa prise en compte par l'équipe éditoriale peut parfois être très longue (un à deux mois). Au cours de cette période, il est possible que votre site ne figure pas dans l'annuaire concerné. En revanche, passé ce délai, si votre site n'est toujours pas présent, n'hésitez pas à le soumettre de nouveau.

> **L'annuaire DMOZ**
>
> L'Open Directory Project (DMOZ) est un répertoire web de ressources Internet utilisé par de nombreux annuaires ou moteurs de recherche, parmi lesquels nous retrouvons : AltaVista, HotBot, Google, AOL Search, Lycos.
>
> L'une de ses particularités est qu'il est mis à jour par plusieurs éditeurs à travers le monde qui évaluent des sites en vue de les inclure dans le répertoire. Ceux-ci sont soit des particuliers, soit des professionnels de l'Internet.
>
> Pour soumettre votre site à DMOZ, allez à l'adresse : http://www.dmoz.fr/

ASTUCE Comment connaître la visibilité de son site web ?

La société VUmetrix propose un indice indépendant permettant à un site de connaître son positionnement global sur les moteurs de recherche : le « VU ». Ce dernier est calculé à partir des principales recherches réelles des internautes sur les moteurs de recherche, de la popularité des moteurs et de l'emplacement des résultats dans les pages pour ces recherches.
Pour connaître la visibilité de votre site web :
- http://www.vumetrix.com

La soumission auprès des moteurs

La démarche est encore plus simple que pour les annuaires. En effet, la soumission se résume juste à spécifier l'URL de votre site et parfois une adresse e-mail associée (voir figure 4-11).

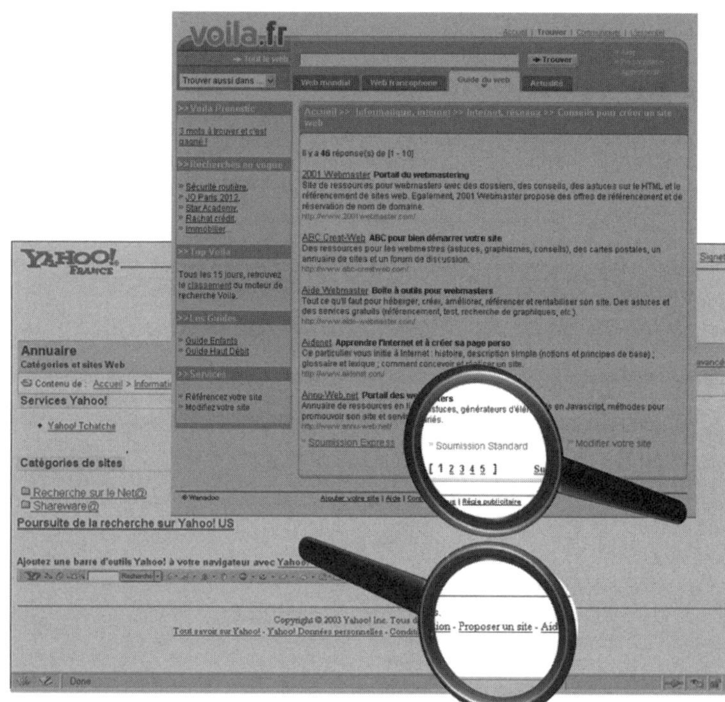

Figure 4–11
Pour soumettre votre site auprès des moteurs cliquez sur les liens « Ajouter une URL» ou « Enregistrer un site » (http://fr.altavista.com et http://www.google.fr).

Les URL sont généralement évaluées entre quatre et six semaines après le référencement. Comme dans le cas des annuaires, si passé ce délai votre site n'est toujours pas présent, n'hésitez pas à soumettre de nouveau votre site.

Le fichier Robots.txt

Il s'agit d'un fichier texte utilisé par la plupart des moteurs de recherche. Ce dernier vous permet de spécifier comment vous autorisez l'indexation de votre page. Ce fichier peut donc s'avérer utile :

- pour restreindre les points d'entrée vers votre site ;
- pour empêcher l'indexation de certaines pages.

Le fichier `Robots.txt` est toujours placé à la racine du site, par exemple, www.netalya.com.com/robots.txt, et il est constitué d'une liste d'instructions destinées aux spiders. Il n'existe que deux commandes qui soient reconnues par tous les moteurs :

- La commande `User-agent` permet de s'adresser à un ou plusieurs spiders. Chaque robot sera désigné par son nom (User-agent) : Slurp pour Inktomi, Architextspider pour Excite et Webcrawler, Scooter pour AltaVista, Googlebot pour Google… Pour s'adresser en même temps à tous les moteurs de recherche, il suffira d'utiliser un « * ».
- La commande `Disallow` permet d'interdire à un ou plusieurs moteurs un fichier ou un répertoire désigné par son URL.

Voici des exemples d'utilisation :

```
User-agent: *
Disallow: /fichier.html
```

Interdit à tous les moteurs la page fichier.html, située à la racine.

```
User-agent: Scooter
Disallow: /Toto/
```

Interdit à Altavista le répertoire « Toto ».

```
User-agent: *
Disallow: /
```

Interdit tout le site à tous les moteurs.

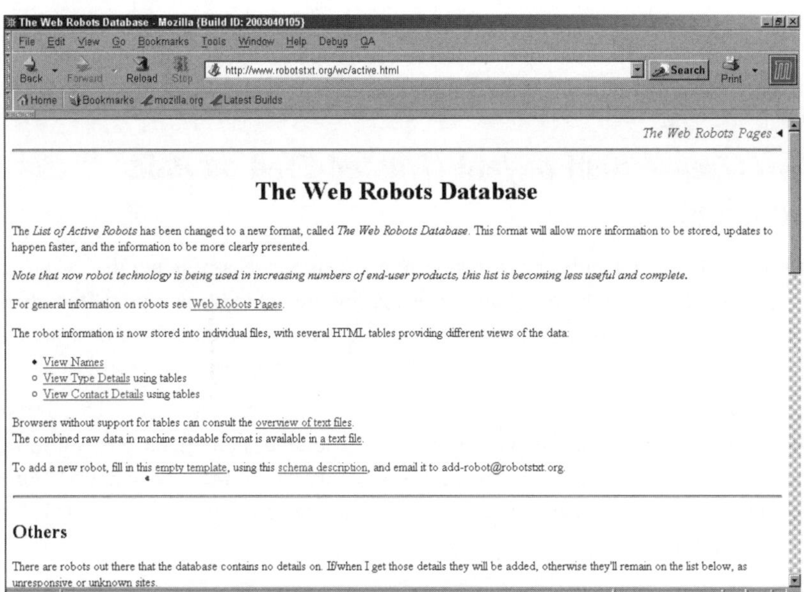

Figure 4–12
Vous trouverez à l'adresse http://www.robotstxt.org une liste des « User-Agents » des robots.

Les SiteMaps

Si votre site comporte des pages ou un contenu dynamiques auxquels il est difficile d'accéder en suivant simplement les liens, vous pouvez utiliser un fichier *Sitemap* pour fournir les informations relatives à ces pages. Cela permet aux robots d'exploration de connaître les URL disponibles sur votre site et la fréquence à laquelle celles-ci sont modifiées. Actuellement, Yahoo! Search et Google acceptent l'utilisation de ce type de fichiers pour informer et piloter leurs robots d'exploration.

Dans un premier temps, il vous faut créer un plan *Sitemap* dans l'un des formats suivants :

- protocole Sitemap (XML) ;
- OAI-PMH (Open Archives Initiative Protocol for Metadata Harvesting) ;
- flux de syndication ;
- fichier texte.

Le format le plus complet est le XML, même si Yahoo! ne le lit pas encore. Il permet de spécifier pour chaque URL d'un site donné des informations comme la date de dernière modification, la priorité d'indexation ou la fréquence de mise à jour.

OUTILS

Vous trouverez sur Internet plusieurs générateurs de fichiers Sitemaps

- http://www.xml-sitemaps.com/
- http://www.sitemapspal.com/
- http://www.resourceseo.com/sitemaps.php

Une fois le fichier *Sitemap* édité et ajouté à la racine du site (exemple http://www.netalya.com/map.txt), il suffit d'avertir le moteur en entrant l'adresse du fichier à partir d'un compte.

Les avantages d'utiliser ce type de fichier sont multiples :

- meilleure prise en compte des pages jugées importantes ;
- simplification de réindexation des modifications d'un site.

À noter cependant que cet outil ne remplace pas les méthodes classiques d'indexation des spiders. Son objectif est simplement de communiquer aux moteurs des informations complémentaires.

Le référencement payant (Trusted Feed ou Paid Inclusion)

À NOTER

Les offres de référencement payant garantissent l'indexation des pages mais pas leur positionnement.

Depuis 2001, les formules payantes de référencement se sont généralisées parmi les moteurs de recherche et les annuaires. À l'heure actuelle, ce type de formules n'est pas encore une obligation. En effet, les outils de recherche continuent à proposer des formules de soumission dites « basiques », c'est-à-dire gratuites.

Les offres payantes proposent de « référencer » le site dans un délai garanti (moins d'une semaine). Ce type de solution inclut également la possibilité de réactualiser fréquemment les informations relatives au site soit par une réindexation régulière des pages (moteur) soit par une possibilité de renouveler la soumission (annuaire).

Outre une garantie d'indexation rapide, le référencement payant est également utilisé pour faire prendre en compte, par l'outil de recherche, du contenu difficile à indexer de manière naturelle, tel le contenu des bases de données, les pages conçues en Flash....

Les liens promotionnels (SEM)

Apparus en 2001 avec le programme *AdWords* de Google et généralisés depuis par les autres outils de recherche, les liens promotionnels représentent de nos jours près d'un tiers des visites issues d'un moteur (source : Xitimonitor, novembre 2005. http://www.xitimonitor.com/etudes/interet4.asp) et ont fait naître une spécialité, le SEM (Search Engine Marketing).

Le Search Engine Marketing (SEM)

À la différence du SEO qui désigne les pratiques d'optimisation d'un site en vue d'améliorer son référencement naturel, le SEM désigne la gestion des liens sponsorisés, achetés auprès des réseaux comme ceux de Google, Yahoo! search ou MSN.

Les outils de recherche permettent donc à un éditeur de site donné de faire apparaître son site sous forme de « liens sponsorisés » sur une page de résultats pour des mots-clés spécifiques. Les montants de telles prestations se basent sur deux modes de facturation différents : le coût pour mille affichages (CPM) ou le coût par clic (CPC). Ainsi, par exemple, si on effectue une recherche sur le mot « voyages », on verra apparaître, sur un fond bleu, en haut de la liste de résultats fournie par Google « trois liens commerciaux » de sites de voyages en ligne ainsi que toute une liste sur la colonne de droite. Ces annonceurs ont tout simplement acheté, sur un principe d'enchères, le mot « voyages » pour que leur marque soit visible aux internautes ayant effectué une recherche avec ce mot-clé.

Figure 4–13
Les liens sponsorisés, la principale source de revenus du moteur Google.

Attention, ce principe de liens sponsorisés achetés aux enchères n'assure pas les premières places pour autant. En effet, au lieu de simplement afficher une publicité émanant d'un annonceur qui est prêt à payer le prix le plus élevé, le moteur établit un classement de ses publicités en se basant sur une formule qui prend en compte également le nombre de clics sur la publicité (voir à ce sujet la parole d'expert de Marc Pfohl).

Tableau 4–3 Les principaux réseaux français de liens sponsorisés

Réseau	Description	URL
Google Adwords	Le réseau de recherche Adwords propose non seulement de faire apparaître vos liens promotionnels sur le moteur de recherche mais également sur le service groupe de Google, le moteur de club-internet.fr ainsi que celui de cegetel.net.	https://adwords.google.com
MSN AdCenter & MSN Keywords	Représente respectivement la nouvelle plateforme publicitaire et l'offre de liens sponsorisés pour le moteur de recherche MSN Search.	http://adcenter.msn.fr/
Yahoo! Search Marketing	Anciennement nommé Overture, le réseau de liens sponsorisés de Yahoo! propose d'intégrer l'adresse de votre site dans les résultats de recherche de plusieurs moteurs (Yahoo!, Wanadoo, Voila, Lycos, Altavista…)	http://searchmarketing.yahoo.fr/fr_FR/
MIVA	Miva (société issue de la fusion entre l'anglais Espotting et l'américain Findwhat) propose de diffuser des liens sponsorisés vers votre site sur la liste de résultats de moteurs de recherche présents sur plusieurs sites tels que lemonde.fr, e-sante.fr, weborama.fr…	http://www.miva.com/fr/

CONSEIL La rédaction de votre annonce

Partant de votre sélection de mots-clés, vous allez devoir rédiger votre annonce qui s'affichera en tant que lien sponsorisé. Cette dernière sera constituée d'un titre et de deux lignes de texte, comportant une centaine de caractères au total. Les réseaux mettent généralement à votre disposition des commandes vous permettant d'insérer dynamiquement les mots-clés recherchés soit dans le titre, soit dans la description de l'annonce : `{mot-clé}` pour MSN Search et `{KeyWord:mot par défaut}` pour Google.

Par exemple, si vous mettez `{KeyWord:en chocolat}` dans le titre de votre annonce et que vous achetez des affichages pour le mot-clé « Confiserie ». À chaque recherche employant ce terme, le titre de votre annonce sponsorisée sera « **Confiserie** en chocolat ».

Parole d'expert : comment gérer sa campagne de liens ?

Par Marc Pfohl

Définir sa campagne

Les liens sponsorisés sont un moyen de communication qui se doit de respecter les règles de communication comme tous les autres médias. Il faut donc commencer par bien identifier la cible de ce que vous offrez. On ne s'adresse pas à des 15-25 ans comme à des catégories socio-professionnelles élevées. Il faut aussi déterminer quel est « le plus produit » ou l'avantage de votre offre qui va vous permettre de vous différencier de vos concurrents. Ainsi avant même de commencer à communiquer sur un réseau, posez-vous les questions suivantes :

- Qui sont mes clients et mes prospects ?
- Qui sont mes concurrents (leurs offres, leurs grilles tarifaires...) ?
- Comment mes concurrents annoncent-ils sur les réseaux ?
- En quoi puis-je me différencier (produit moins chers, disponibilité immédiates, qualité...) ?
- Où sont mes clients (national, international...) ?
- Vais-je communiquer différemment par cibles ou par produits ?
- Quels sont les offres ou produits que je vais promouvoir (produits d'appel, produits qui convertissent le mieux, offre la plus compétitive...) ?
- Quel est le retour sur investissement que j'attends, compte tenu des mes taux de transformation actuels ? (Cet élément est important pour définir le budget dans un second temps.)

Déterminer les bons mots-clés pour sa campagne

Pour que vos annonces soient vues, elles doivent correspondre à ce que les internautes recherchent dans les moteurs.

À noter : ce n'est pas forcément la marque ou le nom d'un produit qui sont recherchés.

Cette étape est cruciale dans les campagnes de mots sponsorisés car il faut sortir de la peau du vendeur pour se mettre dans celle de l'acheteur.

Il est tout d'abord nécessaire d'analyser le contenu de votre site afin de déterminer les principales catégories de votre activité. Ensuite, il faut développer tous les mots qui tournent autour de ce que les internautes pourraient rechercher sans oublier :

- les pluriels ;
- les synonymes ;
- les mots avec les fautes d'orthographe.

Les majuscules et les minuscules ne sont pas lues, ne perdez pas de temps à faire des combinaisons qui prennent en compte les deux.

Prenons un exemple : pour Expedia, nous annonçons sur les mots de la catégorie « voyage ». Si on prend une sous-catégorie « les billets d'avion », nous obtenons les combinaisons suivantes :

- billet avion, billet avion Marseille, billet avion New York, billet avion [*destinations*] ;
- vol, vol Paris...,vol [*destinations*],
- avion, avion Londres..., avion [*destination*] ;
- compagnies aériennes ;
- voyage avion ;
- avion pas cher ;
- horaire avion ;
- etc.

Figure 4–14

Comme vous le voyez, si on décline toutes les destinations de cette sous-catégorie, on obtient très rapidement des listes de plusieurs milliers de mots-clés. L'exercice peut alors rapidement devenir compliqué ; Il faut donc veiller à regrouper les mots-clés à l'intérieur de familles. Vous pouvez ainsi les regrouper par gammes de produits ou par thèmes.

Cette catégorisation vous permettra de gagner du temps quand vous allez rédiger les annonces, vous pourrez prendre la même accroche pour une même catégorie. Pour ce faire, veillez à :

- identifier les principaux thèmes et produits au sein de la liste ;
- placer les synonymes au sein du même groupe ;
- regrouper les orthographes incorrectes dans les groupes.

Par exemple, nous pouvons regrouper certains mots-clés Expedia en deux familles : les « génériques destination» (voyage Madrid, Paris Madrid, séjour Madrid, etc.) et les « produits hôtel » (hôtel Madrid, hôtel Barcelone, hôtel Paris, chambre d'hôtel New York, etc.).
Chaque famille aura la même accroche et la même annonce.

Pour les « génériques destination » :

- Titre : [*Mot-clé*] en promo.
- Ligne 1 : courts et longs séjours dégriffés.
- Ligne 2 : bénéficiez des tarifs très négociés.
- URL : www.expedia.fr.

Pour les « produits hôtel » :

- Titre : [*Mot-clé*] jusqu'à – 40 %.
- Ligne 1 : tarifs spéciaux - dernières minutes.
- Ligne 2 : coups de coeur - promotions hôtels.
- URL : www.expedia.fr.

Afin de bien déterminer le champ sémantique et les mots à utiliser, les différents moteurs mettent à disposition plusieurs outils :

- Google :
  https://adwords.google.com/select/KeywordToolExternal
- Yahoo Search :
  http://inventory.fr.overture.com/d/searchinventory/suggestion/
- Recherche sur le Web en général :
  http://www.keyword-search-engine.com/

Une fois que vous avez identifié la volumétrie des mots que vous avez sélectionnés, vous pouvez commencer à budgétiser le montant que vous voulez octroyer à chaque mot.

Rédaction des annonces

Le but de votre annonce est d'être cliquée ! Il faut donc qu'elle soit attractive. Ceci est d'autant plus important que votre positionnement sur la page de résultats dépendra de votre taux de clics. En effet, plusieurs réseaux tels Google et MSN utilisent la règle « *Taux de clics x Coût du clic* » pour déterminer votre position sur la page ; meilleur ce ratio sera et meilleure sera votre position sur la page.

Votre taux de clics a un impact direct sur le prix que vous allez payer pour prendre des positions.

Pour cela, veillez à :

- mettre l'accent sur les points forts de votre offre ou produit (une différentiation par rapport à vos concurrents, un prix, un pourcentage de réduction...) ;
- rédiger vos annonces à partir de vos mots-clés. Google met à disposition un outil d'insertion automatique de mots-clés dans vos annonces. Elles correspondront ainsi exactement à ce que l'internaute aura tapé et apparaîtront en plus en gras pour plus de lisibilité ;
- inciter l'action en utilisant des mots fort comme gratuit, -30 %, spécial promo...

Exemple pour les requêtes comprenant les mots-clés « hôtel Paris » : *tarif négocié, hôtel jusqu'à -40% ! Offre coup de cœur 57 €/nuit en 2**

Afin de voir ce qui se fait dans votre univers de concurrence, vous pouvez utiliser l'outil gratuit Moklic :

- http://www.moklic.com/

Des URL de destination pour transformer

C'est un moment très important, car votre annonce a plu, vous avez suscité un clic, l'internaute, le prospect va donc entrer sur votre site. Il est très important de bien choisir l'URL qui va définir la page sur laquelle il va arriver. Trop de liens sponsorisés redirigent encore sur une page d'accueil, obligeant l'internaute à chercher lui-même sur le site l'offre qu'il a vue dans l'annonce.

Un internaute est très volatile, il faut alors lui faciliter la tâche en lui rendant l'accès à l'information qu'il recherche le plus facile possible.

N'oubliez pas : votre concurrent n'est qu'à un clic de votre site !

Les outils cités en chapitre 6 par Nicolas Chu vous permettent d'avoir ces indicateurs. Vous pouvez vous y référer afin d'optimiser vos campagnes.

Pour cela, veillez à :

- ce que la page de destination reprenne ce que vous avez mis sur votre annonce. Il faut retrouver le même produit, la même offre et la même promesse. Si vous mettez un prix sur l'annonce, il faut que l'internaute retrouve le même sur le site.
- faciliter autant que possible la navigation sur la page de destination ;
- aider l'internaute à trouver les compléments d'information en moins de trois clics.

Analyse de résultats et optimisation

Cette partie est fondamentale et vous prendra le plus de temps. Pour mesurer les ventes faites par vos annonces, il faut les suivre. Vous devez utiliser un outil de tracking qui vous permet de savoir quel mot a généré quelle transaction. Pour ce faire, analysez chaque mot séparément pour connaître son efficacité et ainsi déterminer le coût au clic que vous êtes prêt à payer.

Assurez-vous que l'outil de tracking utilisé vous remonte les informations suivantes :

- Quel mot a généré quelle transaction.
- Quel produit a été vendu.
- Le montant du panier.

Ces 3 indicateurs sont nécessaires pour optimiser vos campagnes, ils vous permettent de calculer la marge dégagée par le mot-clé et donc de calculer son ROI (Retour sur investissement).

Prenons un exemple :

- vous vendez un produit X au prix de 100 € dont la marge est de 15 % ;
- votre taux de transformation (ventes/clic) est de 2 % ;
- votre taux de clics sur Google est de 5 % ;
- le coût au clic est de 0,2 €.

Nous avons donc 15 € de marge nette par vente.

Il vous faut 1/0,02 clic pour faire une vente soit 50 clics.

Au regard du coût au clic de 0,2 €, il vous en coûtera 10 € pour faire une vente.

Vous gagnez donc 5 €.

À partir de là, vous avez plusieurs possibilités.

1. Augmenter votre volume de transactions soit en augmentant votre taux de clics avec des annonces plus efficaces, soit en augmentant votre coût du clic sachant que votre seuil de rentabilité se trouve à 0,3 € par clic dans cet exemple.
2. Augmenter votre ROI en essayant de perdre le moins de volume possible en diminuant par exemple progressivement et lentement votre coût au clic.

Votre position dépend aussi fortement de la stratégie de vos concurrents sur ces mêmes mots. Surveillez donc de près leurs optimisations pour affiner la vôtre.

Marc Pfohl a débuté sa carrière en 1999 dans l'Internet au sein de Spray où il a expérimenté les premiers pas du marketing viral sur Internet. Il a ensuite rejoint Voyage-SNCF.com pour y mettre en place les techniques de marketing online. Depuis 2004, il s'occupe des stratégies de communication de la marque Expedia.fr en tant que directeur média et études.

▸ Contact : pmarco@gmail.com

Étape 4 : le suivi

Deux mois après la soumission, il est nécessaire de contrôler votre référencement auprès des principaux outils à partir d'une sélection de mots-clés. En fonction des résultats, une adaptation des principaux éléments peut être nécessaire : titre des pages, balises Méta, structure des URL, contenu rédactionnel,…suivi d'une nouvelle soumission auprès des moteurs.

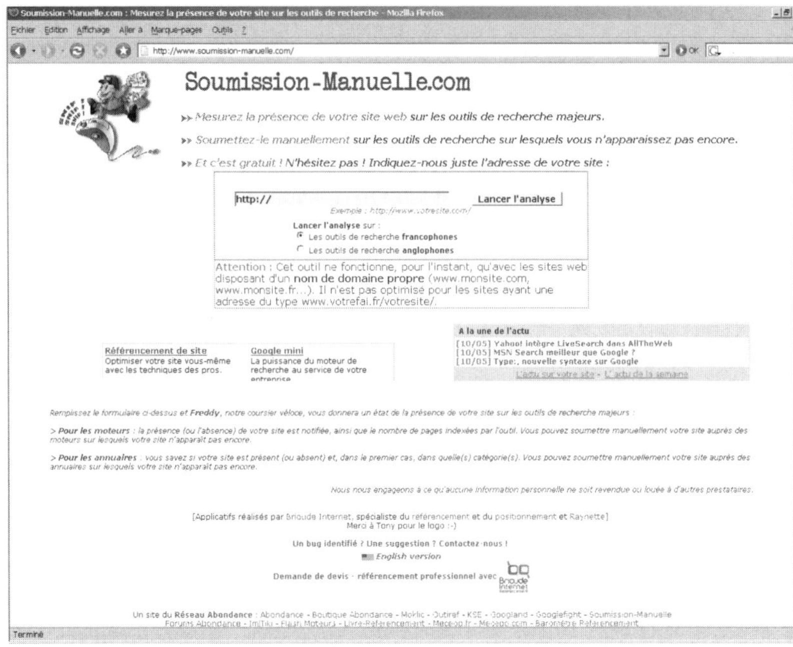

Figure 4–15
L'outil Soumission Manuelle vous permet de mesurez gratuitement et facilement la présence de votre site web sur les principaux outils de recherche (http://www.soumission-manuelle.com).

Audit de positionnement

Une fois votre site référencé, un audit rigoureux devra être entrepris afin de connaître l'évolution de son emplacement dans les listes de résultats des moteurs de recherche. Cette étape est indispensable pour maintenir et améliorer sa position car cette dernière pour un mot-clé donné peut être complètement différente à quelques mois d'intervalle.

Plusieurs raisons peuvent expliquer de tels changements :

- La modification régulière des algorithmes de classement afin de déjouer les tentatives de spamdexing.
- L'indexation de nouveaux sites.
- L'inaccessibilité d'une page web lors d'un passage d'un spider (si une page donnée n'est pas accessible lors du passage d'un moteur, elle est présumée comme inexistante et supprimée de l'index).

Un grand nombre d'outils peuvent vous aider dans votre démarche d'audit de positionnement. En voici une liste non exhaustive :

- Agent Web Ranking : http://www.agentwebranking.fr/fr/
- Indexweb : http://www.indexweb.fr/
- Search Engine Commando : http://www.searchenginecommando.com/
- SeeYouRank : http://www.yooda.com/produits/soft/index.php
- SeoWebRanking : http://www.seowebranking.com/

Analyse de statistiques

Par le biais d'outil d'analyse d'audience (voir le chapitre 6), une étude détaillée des expressions générant le plus de connexions permettra une optimisation du référencement dans le temps. Il est en effet important de connaître les requêtes et outils pour lesquels le site est bien ou mal référencé et agir en conséquence. L'objectif est légèrement différent selon si le site web est un site de vente en ligne ou pas :

- Dans le premier cas, on regardera le taux de transformation (nombre de ventes/nombre de connexions) généré par les visites issues du moteur.
- Dans le second, on regardera surtout la durée de connexion des visites issues du moteur.

Cette analyse permettra d'adapter votre site en fonction de ce que recherche les internautes. Par exemple, si l'administrateur d'un site de formation en ligne voit que plusieurs visites sont issues de requêtes sur les mots-clés « Cours Français », il pourra entreprendre un travail d'optimisation afin d'améliorer le positionnement sur ces mots-clés (en augmentant par exemple l'indice de densité de ces mots à l'intérieur des pages).

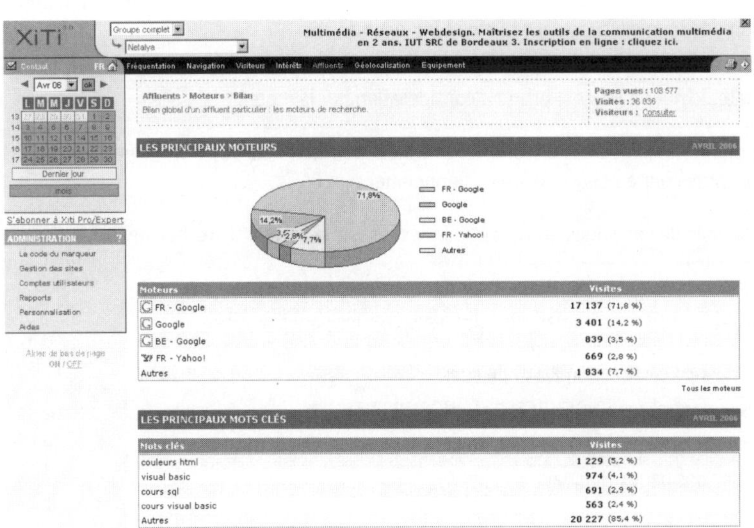

Figure 4–16
Les outils d'analyse d'audience proposent des fonctionnalités vous permettant de connaître les requêtes et outils pour lesquels le site est bien ou mal référencé (http://www.xiti.com).

Il se peut également que votre site soit consulté et optimisé pour des requêtes inattendues. Profitez-en alors pour développer une partie spécifique correspondant aux intérêts des internautes. En reprenant notre exemple de site de formation, si un nombre non négligeable d'internautes recherchant des « cours en France » arrivent sur le site, nous pouvons mettre en place une partie spécifique sur le site dédiée au référencement d'établissements de formation en France. Cela permettra de répondre à une demande et surtout de faire connaître le site à une cible légèrement différente de celle identifiée au début du projet.

Synthèse : critères d'optimisation pour les moteurs de recherche

Aspect	Critères d'optimisation
Le contenu visible de la page	• La balise `<TITLE>` : descriptif avec mots-clés. • Le nombre de mots-clés présents dans le texte de la page doit être élevé. • Le texte mis en forme (`<B>`, `<I>`, `<H1>`,...) est considéré comme plus important par les moteurs de recherche. • Le texte situé en haut de page (200 premiers caractères) est pris davantage en considération par les moteurs.
La partie invisible de la page	• L'attribut `ALT` du tag IMG doit être systématiquement présent. • Les balises meta `Description` et `Keywords` peuvent donner des indications complémentaires aux moteurs.
Les caractéristiques de la page	• L'URL complète doit contenir des mots-clés. • L'emplacement de la page dans l'arborescence du site est important ; évitez la multiplication des sous-dossiers dans la structure de votre site. • Le poids de la page ne doit pas dépasser 70 ko. • La date de mise à jour est prise en considération par le moteur.
La popularité du site	• Le nombre de pages et l'importance des sites pointant vers votre site sont des critères importants pour améliorer votre positionnement.
Le nombre de pages référencées	• L'ensemble de vos pages doivent être indexées par le moteur de recherche.
La gestion des frames	• Utilisez la balise `<NOFRAMES>` pour donner des indications au moteur. • Réalisez un site sans frames avec des liens vers les pages du site.
L'utilisation de Flash et du JavaScript	• Réalisez une version non Flash du site. • Utilisez des balises `<NOEMBED>` et `<NOSCRIPT>`. • Doublez les rollovers par des liens textes. • Réalisez des pages Hallway.

Testez vos connaissances

- Qu'appelle-t-on un site optimisé pour le référencement ?
- Comment s'effectue la soumission d'un site web auprès des annuaires et des moteurs de recherche ?
- Quels sont les avantages et inconvénients d'une soumission automatique ?
- Qu'est-ce que la technique du cloacking ?
- Qu'est-ce qu'une page Hallway, une page satellite, une page alias ?
- Qu'est-ce que le spamdexing ?

En résumé...

Élément clé de la promotion réussie d'un site web, un bon référencement augmentera la visibilité de ce dernier. Cependant, il est préférable de disposer d'un trafic ciblé de peu d'envergure plutôt que d'un trafic non ciblé important. Dans le premier cas, les nouveaux internautes acquis par le référencement vous seront beaucoup plus fidèles (si bien sûr la qualité du contenu est réelle) alors que, dans le deuxième cas, il n'y aura pas de fidélisation. En effet, si l'internaute arrive sur un site qui ne l'intéresse pas a priori, il n'y restera pas plus de quelques secondes.

Au cours de ce chapitre, nous avons essayé de vous présenter une méthodologie pour bien référencer votre site. Même si celle-ci ne prétend pas vous assurer une position dans les tous premiers résultats d'un outil de recherche, elle a été expérimentée sur notre site « Netalya » - et vous pouvez constater, sur un moteur tel que Google.fr, notre positionnement pour des requêtes de types « Cours Visual Basic », « Cours ASP », « Cours SQL »...

Référencement

Vous trouverez plus d'informations sur les différents aspects du référencement sur le site d'Olivier Andrieu.

- http://www.abondance.com

Vous trouverez aussi sur l'annuaire du référencement plus de 500 sites traitant du référencement et de problématiques connexes :

- http://www.annuaire-referencement.com

chapitre 5

Stratégies de promotion et d'animation

Un site réussi au niveau de sa conception et de son ergonomie ne se distinguera pas des autres sans une véritable stratégie de communication. Ce chapitre présente les différentes formes de promotion et d'animation destinées à faire connaître un site web et à informer de ses évolutions.

SOMMAIRE

MOTS-CLÉS

- Publicité
- Netlinking
- Marketing
- Cybermarketing
- Affiliation
- Syndication
- Communiqués de presse
- Sponsoring

La publicité en ligne

Tout usage de la publicité en ligne pour la promotion de votre site devra passer par une phase de définition devant permettre d'identifier le public cible ainsi que le message à faire passer.

Définir la publicité

Le public cible

La publicité en ligne présente au moins deux avantages pour les annonceurs par rapport à ses homologues des médias traditionnels :

- Elle dispose du même support de diffusion que votre site : le Web. Vous avez ainsi l'assurance qu'elle ne sera diffusée qu'à des internautes, donc à des personnes beaucoup plus susceptibles de visiter votre site que celles qui ne disposent pas d'ordinateur.
- Elle vous permet de toucher une cible avec plus de précision par un positionnement sur des sites spécifiques touchant un public déterminé. Il est indispensable de connaître par avance la typologie des internautes qui vous intéressent selon que vous souhaiterez faire de la publicité pour générer du trafic sur votre site d'information ou que vous inciterez un achat sur votre boutique en ligne.

Annonceur

L'Académie des Sciences commerciales définit un annonceur comme une « entreprise ou un organisme, public ou privé, s'adressant au public par la publicité ».

▸ http://www.dictionnaire-commercial.com

En prenant le temps, en début de campagne, de définir la cible, on évitera les erreurs de positionnement. Un nombre important d'affichages ne constitue aucune garantie de retour sur investissement. Par exemple, si votre site traite des animaux de compagnie, vous n'avez aucun intérêt à être présent sur un site d'information sportive (même si ce dernier dispose d'un trafic important).

Les moyens : message d'appel et présentation visuelle

La publicité en ligne ne doit pas être passive tel un simple raccourci vers votre site. Elle doit attirer l'attention des internautes et le message d'appel doit être suffisamment « accrocheur » pour les inviter à cliquer dessus.

Le comportement humain résultant de la communication publicitaire se développe par phases. Divers modèles théoriques ont été énoncés pour expliquer ces étapes, notamment le modèle Hovland-McGuire développé par l'Université de Yale et le modèle A.I.D.A : pour qu'une annonce publicitaire soit efficace, elle doit attirer l'attention (A) puis soulever son intérêt (I) afin de susciter le désir (D) pour finalement provoquer l'action (A) d'achat (ou du clic dans notre cas).

Nous pouvons facilement appliquer ces modèles pour décrire les différents effets de chaque stade du comportement humain qu'une publicité en ligne réussie doit susciter :

1. L'internaute prend conscience de la publicité sur le site qu'il visite par un bruit, une animation, des couleurs chaudes…
2. Il développe une émotion par rapport au message produit par cette publicité.
3. Il clique sur la publicité, action résultant des deux stades précédents.

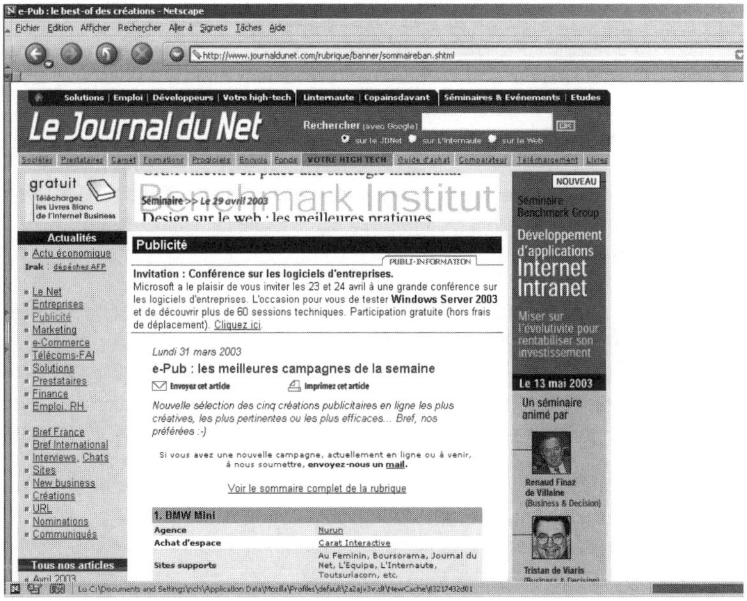

Figure 5–1
Le journal du net présente chaque semaine les cinq créations publicitaires en ligne les plus créatives, les plus pertinentes ou les plus efficaces (www.journaldunet.com).

Voici quelques suggestions pour élaborer des annonces publicitaires visant les effets susmentionnés :

- **L'aspect visuel** : l'attention des internautes se fixe en premier lieu sur le design. Votre publicité n'aura que quelques secondes pour convaincre un internaute de cliquer dessus et de poursuivre son surf sur votre site.

  Sa présentation, son temps de chargement, le choix des couleurs sont autant d'éléments à prendre en considération pour sa réalisation
- **Les techniques de marketing direct** : par exemple, le principe de « l'offre limitée », pour inciter les internautes à venir sur votre site rapidement, ou l'usage de l'impératif (« Cliquez ici pour nous connaître ! », « Venez visiter notre site ! »…)
- **Les mots percutants** : il existe une centaine de mots utilisés pour capter l'attention des consommateurs. Selon les auteurs, ils sont appelés « mots chocs », « mots vendeurs » ou « mots arguments ».
- **Le teasing**, technique publicitaire couramment utilisée sur le Web pour aiguiser la curiosité et attirer l'attention sur le lancement des films. Il s'agit de faire passer le message en deux temps : d'abord on aguiche (tease) le consommateur en ne communiquant qu'une information incomplète, voire une interrogation. Ensuite, on enrichit cette information en révélant le produit ou la réponse.
- **L'humour** : la publicité qui utilise la dérision aura de fortes chances d'être diffusée par vos internautes si ces derniers la trouvent vraiment amusante (voir à ce sujet la section sur le marketing viral).

Mots percutants

Charles Mallory, dans son ouvrage intitulé *Marketing direct, c'est magique*, liste les principaux mots percutants parmi lesquels nous trouvons : nouveau, économiser, sécurité, preuve, amour, découverte, garantie, santé, résultats, vous, confortable, doux, gagner, meilleur, offrir, parfait, qualité, satisfaction, etc.

📖 C. Mallory, *Marketing direct, c'est magique*, Les Presses du Management, 1994

Exemples de teasing : « Comment faire des économies ? », « Comment gagner de l'argent tout en en dépensant ? »…

POUR ALLER PLUS LOIN **Publicité en ligne**

Neuf suggestions pour réussir ses formules publicitaires en ligne :

- *Create a lyrical rhythm*. Adoptez un ton lyrique en trois temps : initier, convaincre, conclure.
- *Keep it single and simple*. Ne traitez que d'une seule idée par publicité et résumez-la par quelques mots seulement.
- *Show, don't tell*. Pour faire passer vos messages, utilisez des images. Ces dernières permettent une assimilation de l'information plus rapidement que ne le fait le texte.
- *Write visually*. Appliquez des effets visuels à vos textes (zoom, rétrécissement, étirement, passage...).
- *Offer an offer*. Votre offre doit paraître vraiment intéressante en proposant par exemple une réduction de prix, un téléchargement gratuit...
- *Justify the click*. Donnez des indications à l'internaute : « cliquez ici pour plus d'information », « cliquez ici pour une démonstration »
- *Brand with benefits*. Mettez en valeur les bénéfices de la marque : « accroître votre productivité », « perdez du poids »...
- *Nix the tricks*. Évitez la tromperie et le mensonge qui ne peuvent fonctionner qu'une seule fois et qui vous donne une mauvaise réputation.
- *Test as the user*. Testez l'annonce en interne : est-elle crédible ? Simple ? Assez irrésistible pour que l'internaute quitte le site sur lequel il se trouve ?

Source :

- http://www.clickz.com

Les formes de publicité

Une fois le public ciblé et le message défini, on peut procéder au choix de la forme que prendra la publicité.

Les objets publicitaires

Les objets publicitaires (connus sous le diminutif de « Ads » dans le jargon de la publicité en ligne) représentent l'ensemble des créations visuelles utilisées comme format publicitaire sur les sites Internet. Ils peuvent être statiques (images GIF, code HTML) ou animées (images GIF animées, applet Java, code DHTML ou fichier Flash) et leurs dimensions, variées (voir tableau 5-1).

Exemple de ciblage d'un objet publicitaire

Sur un annuaire de recherche, un internaute effectue une requête portant sur un séjour à Londres. Sur la page de résultats, l'information « Destination » peut être envoyée au serveur de publicité. Dès réception de l'information, ce dernier peut afficher une bannière proposant un lien direct vers des sites spécialisés dans les voyages à Londres.

Les objets publicitaires sont généralement servis par une plate-forme logicielle externe aux sites supports et spécialisée dans la gestion des campagnes (de la programmation des objets publicitaires jusqu'au suivi statistique en ligne). Cette plate-forme se nomme un serveur de publicité (*Ad Server*) et permet une gestion de la publicité indépendamment de celle des pages éditoriales.

Le principe est le suivant :

1. Un code est placé sur les pages du site support, ce dernier contient un appel vers le serveur de publicité en lui transmettant des informations spécifiques : emplacement et format de la publicité, nom de la page, informations sur l'utilisateurs et son comportement sur le site...
2. Dès réception des données, le serveur de publicité va renvoyer une réponse contenant à la fois l'adresse de l'objet publicitaire et un identifiant unique.

Ce mécanisme de requête-réponse permet également d'effectuer un ciblage de l'objet publicitaire.

3 Si l'internaute clique sur la publicité, une nouvelle requête est envoyée à l'*Ad server*. Cette fois-ci, ce dernier comptabilise certains indicateurs (voir plus loin) et redirige vers la page de destination.

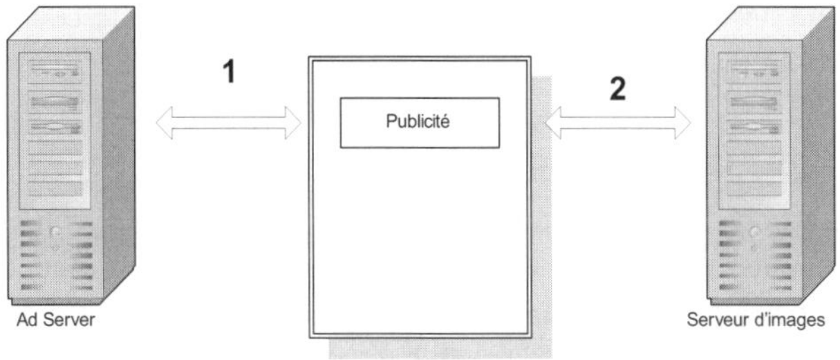

Figure 5–2
Représentation de la diffusion d'une publicité sur un site support par l'intermédiaire d'un serveur de publicité.

Afin d'éviter aux annonceurs d'être continuellement obligés de redimensionner leurs formats publicitaires, l'IAB (Interactive Advertising Bureau, http://www.iab.net) a défini plusieurs dimensions standards (voir tableau 5-1).

Tableau 5–1 Les différents formats définis par l'IAB

Appelation	Dimensions	Descriptifs
Bannière	468 x 60 pixels 234 x 60 pixels	Les bannières sont généralement placées en haut de page, en dehors de la zone de contenu. Il s'agit des formats les plus utilisés à l'heure actuelle. Ils sont généralement reconnus et bien acceptés par les internautes.
Boutons	88 x 31 pixels 120 x 90 pixels 120 x 60 pixels 120 x 240 pixels 125 x 125 pixels	Les boutons sont présents généralement sur les côtés (dans le menu par exemple). Pratiques et ne prenant presque pas de place, ces formats risquent cependant de passer complètement inaperçus dans une page très chargée.
Leaderboard	728 x 90 pixels	Le Leaderboard est un format très imposant prenant toute la largeur de la zone de contenu. On le retrouve habituellement tout en haut de la page. Il permet plus de liberté de création aux annonceurs mais diminue fortement l'espace de contenu.
Skyscrapers	120 x 600 pixels 160 x 600 pixels 300 x 600 pixels	Les skyscrapers s'inscrivent dans une colonne étroite sur toute la hauteur d'un écran d'ordinateur, le plus souvent sur la droite des sites. La visibilité est maximale mais leur utilisation intensive peut nuire à la bonne lisibilité du contenu de la page.
Pop-ups	250 x 250 pixels	La pop-up est un format publicitaire s'affichant dans une fenêtre de navigateur au-dessus d'une page web active et dont la fermeture nécessite une intervention de l'internaute. Aussi intrusif soit-il, ce format a longtemps possédé les plus forts taux de clics. Cependant, avec l'arrivée des barres d'outils capables de bloquer l'ouverture automatique de nouvelles fenêtres dans son navigateur et surtout la mise à jour SP2 de Windows XP (proposant ce même type de fonction), ce format est condamné à disparaître.
Rectangles	300 x 250 pixels 240 x 400 pixels 336 x 280 pixels 180 x 150 pixels	Afin de remplacer le support de type pop-up, l'IAB propose ce format qui se fond dans la partie éditoriale du site tout en offrant une visibilité maximale à l'annonceur. Le rectangle est de plus en plus utilisé par les portails et les sites de contenus.

> ATTENTION **Impact négatif de certains formats de publicité.**
>
> Un article de Jakob Nielsen du 6 décembre 2004 présente les techniques de publicité les plus rejetées par les internautes. Nous y retrouvons les pop-ups, les fausses accroches, l'omission d'un bouton de fermeture et la page interstitielle.
>
> ▸ http://www.useit.com/alertbox/20041206.html

Page interstitielle

Il s'agit de la diffusion d'une page publicitaire dans l'interstice avant l'affichage d'une page web. Cette dernière n'apparaîtra que si l'internaute ferme la page interstitielle. Elle peut prendre la forme d'une fenêtre en plein écran ou d'une pop-up. Même si ce type de publicité présente certains avantages (fort impact grâce à l'effet de surprise), il ne doit être utilisé que dans des cas exceptionnels. En effet, la majorité des internautes rejettent le caractère intrusif de ce format qu'elle considère comme une coupure dans sa navigation.

Parrainage en ligne (sponsoring)

Ce mode de promotion, beaucoup moins utilisé que les bannières, consiste à parrainer un site ou une rubrique particulière en y associant son nom, sa marque ou son image. Le parrainage est avantageux lorsqu'il y a adéquation entre le profil de la cible du site « parrain » et le thème du site « filleul ». Il est difficile d'évaluer exactement la part du sponsoring car sa définition est large et peut aller jusqu'à la création de sites entiers par une ou plusieurs entreprises (tel le site cyberbricoleur.com par le BHV) en passant par l'affichage de bandeaux publicitaires à des emplacements spécifiques.

> EXEMPLE
>
> Le site d'une Société de service d'ingénierie informatique (SSII) peut parrainer la rubrique « carnet des entreprises » d'un webzine (magazine en ligne) spécialisé dans les technologies de l'information. En y associant son image, la SSII peut profiter de cette audience ciblée pour proposer ses services.

L'intérêt du sponsor est donc de lier une relation à long terme avec un partenaire (six mois à un an) et de bénéficier ainsi d'une reconnaissance plus forte que lors d'une campagne traditionnelle. Le sponsoring est en effet mieux toléré par les internautes que les bandeaux et autres pop-ups, et dispose à l'heure actuelle d'un meilleur ratio affichage/clic.

Figure 5–3
Un exemple de sponsoring en ligne : l'huile Lesieur sponsorise la « boîte à recettes » du site auféminin.com (www.aufeminin.com).

Les acteurs

Pour la diffusion de votre publicité en ligne, il existe plusieurs acteurs.

Agents de communication interactive

Un agent de communication est un prestataire de services (personne physique ou morale) qui peut assurer pour le compte et au nom des annonceurs :

- la définition d'une stratégie de communication en ligne,
- la conception et la réalisation des différents formats de publicité en ligne,
- l'achat d'espaces publicitaires auprès des sites support, des régies ou des centrales d'achats,
- la mise en place de parrainage avec des sites ciblés.

L'agent de communication doit être indépendant du client pour lequel il travaille ainsi que des supports auxquels il transmet ses consignes. Il peut être à son compte, ou bien appartenir à une agence traditionnelle, une agence interactive ou une *Web agency*.

REFERENCE

Vous trouverez sur le site de l'AACC (Association des agences conseil en communication) un ensemble d'articles, de liens ainsi qu'une liste des agences conseil en communication :

▸ http://www.aacc.fr

Régies publicitaires

De nombreux organismes se sont spécialisés dans le commerce et la gestion d'espaces publicitaires sur Internet. Nous retrouvons sous cette catégorie aussi bien les grandes régies pour les médias traditionnels (presse, télévision, cinéma, affichage, radio) ayant développé depuis quelques années un service sur Internet, que des régies exclusivement consacrées au Web (voir tableau 5–2).

Tableau 5–2 Les principales régies publicitaires du Web francophone

Nom	Description	Site Web
Ad Majorem	Régie indépendante qui compte dans son portefeuille plusieurs sites communautaires.	http://www.admajorem.com/
Ad pepper	Société de vente et de marketing pour la publicité en ligne.	http://www.adpepper.com/
Adlink	Régie publicitaire pour sites Internet.	http://www.adlink.fr/
Advertising	Régie publicitaire pour sites Internet.	http://www.advertising.com
AWE Régie	Régie spécialisée dans le marché de l'adulte on line.	http://www.awe.fr/
Click-Fr	Régie publicitaire pour sites Internet.	http://www.click-fr.com/
ComClick	Régie publicitaire pour les petits et moyens sites Internet.	http://www.comclick.com/
DoubleClick France	L'une des principales régies publicitaires mondiales sur Internet.	http://www.doubleclick.com/
Miva	Régie publicitaire spécialisée dans les pages de réponse des outils de recherche.	http://www.miva.com/fr/
Google Adwords	Régie publicitaire spécialisée dans les pages de réponse du moteur Google (liens sponsorisés).	https://adwords.google.com
Hi Media	Régie publicitaire pour sites Internet.	http://www.hi-media.com/
Interdeco Multimedia	Régie apartenant au groupe Hachette Filippachi.	http://www.interdeco.fr
Lagardere Active Publicité Internet	Régie du groupe Lagardère Média, elle cohabite avec Interdeco Multimedia et est spécialisée autour de trois pôles d'activités : la radio, la télévision et les services interactifs.	http://www.lagardere-active-pub.com/

Tableau 5–2 Les principales régies publicitaires du Web francophone (suite)

Nom	Description	Site Web
Média Régie Europe	Régie du groupe Publicis ayant dans son portefeuille les sites lemonde.fr et liberation.fr	http://www.mediasetregieseurope.fr
Net and Pub	Régie publicitaire exclusivement liée au monde du nautisme.	http://www.netandpub.com/
Yahoo! Search Marketing	Régie publicitaire spécialisée dans les pages de réponse de plusieurs outils de recherche (Yahoo!, Wanadoo, Voila, Lycos, Altavista, etc.).	http://searchmarketing.yahoo.fr/fr FR
24/7 Real Media France	Filiale de l'une des principales régies publicitaires mondiales sur Internet.	http://www.fr.realmedia.com/
TF1 publicité Internet	Régie du groupe TF1.	http://www.tf1pub.fr/
Value Click France	Filiale de l'une des principales régies publicitaires mondiales sur Internet.	http://www.valueclick.fr/

Coût par mille (CPM) et coût par clic

La majorité des offres payantes des régies publicitaires fonctionne sur deux principes différents de facturation.
Le premier consiste à facturer l'annonceur sur la base de forfaits pour mille affichages (on parle alors de coût par mille ou CPM). Les tarifs généralement pratiqués varient entre dix et cent euros pour mille affichages.
Le second fonctionne au principe du coût par clic, c'est-à-dire que l'annonceur ne sera facturé que si l'internaute a effectivement cliqué sur la publicité. Le coût de ce type de campagne avoisine un à deux euros par visite générée.

Bien que la majorité des offres soit payante (coût par mille ou coût par clic), il existe également sur Internet des régies gratuites spécialisées dans l'échange de bannières (tel promobenef.com). Ce type d'offre oblige cependant à diffuser sur son site les bandeaux d'autres sites et ne concerne généralement que les petites structures. De plus, selon ce système, deux, voire trois publicités affichées sur votre site équivalent à une diffusion de la vôtre sur un autre site. L'autre partie des affichages étant réservée aux clients « payeurs » ou bien à l'autopromotion de la régie. En somme, ce type de promotion est assez adapté pour les pages personnelles ou les sites hébergés gratuitement, nullement pour les sites professionnels.

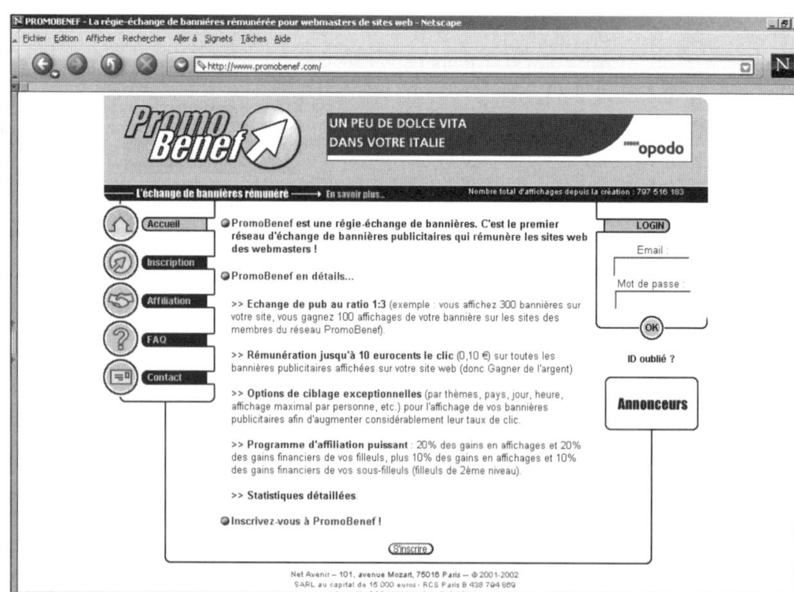

Figure 5–4
Les régies d'échanges de bannières sont assez adaptées pour la promotion des sites personnels (www.promobenef.com).

Sites supports

Les sites supports ou sites éditeurs sont ceux qui hébergent de la publicité en ligne. Bien que la majorité d'entre eux passent par des régies publicitaires, un certain nombre, pouvant revendiquer un trafic important, commercialisent directement des emplacements sur leurs pages. Le mode de facturation retenue est généralement celui du CPM et les tarifs dépendent de plusieurs critères :

- le trafic du site support,
- la durée de la campagne,
- le positionnement de la publicité dans la page,
- le positionnement de la page accueillant la publicité dans l'arborescence du site,
- et le thème de la page (permettant ainsi de présenter un bandeau ciblé).

La diffusion directe auprès des sites supports est très utilisée pour le sponsoring en ligne. Dans ce cas, la rémunération de ce dernier se base habituellement sur un forfait pour une durée déterminée : six mois, un an…

Agences médias interactives

Auparavant intégrées dans les agences en communication, les agences médias sont apparues en tant que telles dans les années 1980 avec la multiplication des médias (journaux, chaînes de télévision, radios, etc.). L'explosion d'Internet à la fin des années 1990 a vu naître au début des années 2000 un nouveau type d'agence médias : les agences médias interactives (ou Internet). Mandatées par un annonceur ou une agence en communication, elles offrent généralement toute une palette de solutions complémentaires (création de publicité, affiliation, achat d'espaces, achat de liens promotionnels, Analyse d'audience) pour recruter des clients et des prospects en ligne..

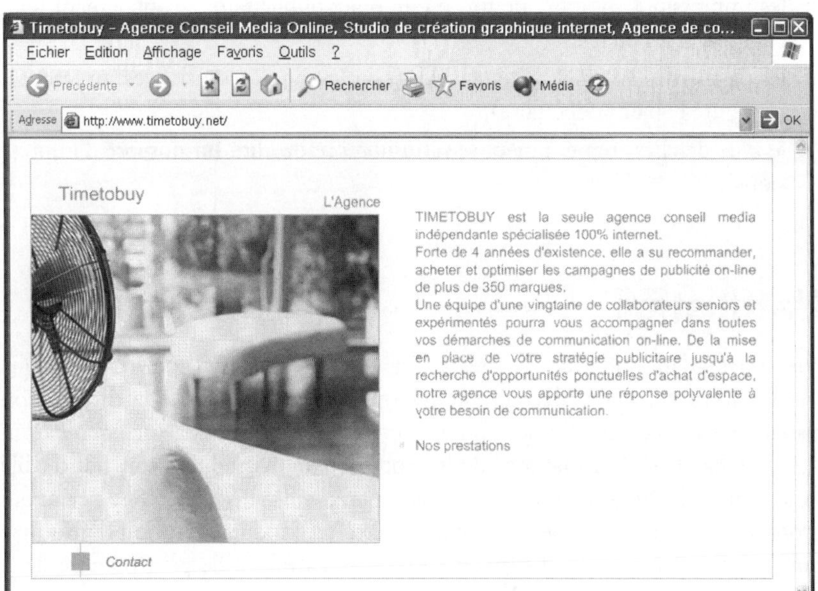

Figure 5–5
Les agences médias on line se veulent une alternative aux groupes traditionnels (www.timetobuy.net).

Analyse des résultats

En tant qu'annonceur ayant payé un certain montant pour placer de la publicité sur un site, vous avez un droit d'accès aux résultats. Ceux-ci peuvent être obtenus par un outil de mesure d'audience (voir chapitre 6) ; en outre, la plupart des régies publicitaires et/ou des sites supports proposent un accès aux statistiques relatives à votre publicité. Ces informations peuvent être extrêmement complètes ; il faut donc savoir distinguer ce qui est essentiel et ce qui l'est moins.

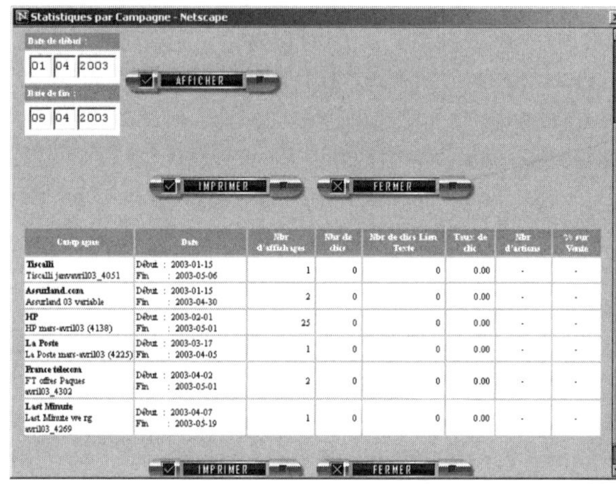

Figure 5–6 Exemple de l'outil statistique de la régie ComClick (www.comclick.com)

Enfin, les *serveurs de publicité* proposent plusieurs indicateurs de suivi tels :

- les clics (nombre de fois où un objet publicitaire a été cliqué),
- les impressions (nombre de fois où un objet publicitaire est totalement téléchargé sur le client),
- les pages vues avec publicité ou PAP (nombre de pages affichées sur lesquelles figure l'objet publicitaire),
- le taux de clics (représentant le ratio nombre de clics sur nombre d'impressions).

POUR ALLER PLUS LOIN **Publicité en ligne**

Le site du groupe Stratégie présente toute l'actualité de la publicité et de la communication en ligne :

- http://www.strategies.fr/

Le portail de la communication :

- http://www.toutsurlacom.com/

À noter :

Quel que soit son type, la publicité pourra être considérée comme réussie à partir du moment où le taux de clics atteindra 1 à 2 %, c'est-à-dire à partir du moment où elle générera dix visites pour mille affichages.

L'affiliation

Née outre-atlantique avec les sites CDnow.com et amazon.com, la technique d'affiliation sur le Web découle du système des revendeurs de la distribution classique. Ce mécanisme a pour but de constituer un réseau de sites web par un site marchand ou éditorial afin de lui apporter une visibilité et un trafic ciblé vers celui-ci. L'affiliation est donc un partenariat entre deux sites web : celui qui propose un service en ligne, l'affilieur (vente d'un produit, diffusion d'information, etc.) et celui qui va distribuer ce service, l'affilié. Elle peut prendre deux formes : l'affiliation marchande et la syndication de contenu.

Affilieur, affilié et programme d'affiliation

Un **site affilieur** est celui qui est initiateur d'un programme d'affiliation. Il peut être un site marchand tel amazon.com ou éditorial tel 01net.com et propose selon les cas un produit, un service ou un contenu (texte, images…).

Un **site affilié** est un site personnel ou professionnel qui adhère à un programme d'affiliation lancé par un affilieur. L'affilié joue alors le rôle de « distributeur » d'un produit, d'un service ou d'un contenu.

Un **programme d'affiliation** est un contrat entre l'affilieur et l'affilié. Il doit indiquer, si besoin, les montants de commission attribués selon les transactions effectuées (clic, prospect, vente) et préciser les modalités de l'affiliation : type de lien ou de contenu fourni, tag à insérer sur ces pages, comptabilisation…

Affiliation marchande

Présentation

Ce type de promotion est largement utilisé par les sites de commerce électronique. L'affiliation marchande est rémunérée au résultat qui se base soit sur la vente réalisée, soit sur le nombre de clics ou de prospects ainsi générés.

Selon les cas, le lien d'affiliation entre les deux sites partenaires est visible sous plusieurs formes :

- une bannière ou un bouton pointant vers la page d'accueil ou vers des pages déterminées ;
- un moteur de recherche donnant accès au catalogue du site marchand ;
- un simple lien textuel pointant vers un produit, une famille de produits, ou un formulaire pour saisir un profil.

Généralement, le site marchand attribue à chacun de ses affiliés un code unique qui, placé au niveau du lien, permettra d'identifier le site partenaire, de suivre la progression du visiteur et de calculer le chiffre d'affaires généré.

Figure 5–7 Le système d'affiliation d'Amazon est un des premiers à avoir été mis en place.

Les différentes formes de rémunération de l'affiliation marchande

En fonction des programmes d'affiliation, il existe en tout six formes différentes pour rémunérer les sites affiliés :

- Le pourcentage sur la vente réalisée : un site affilié dirige ses internautes vers le site marchand et ce dernier lui reverse un pourcentage (généralement 10 %) du chiffre d'affaires réalisé par son intermédiaire.
- Le fixe sur vente : un montant fixe par type de produits vendus est redistribué aux sites affiliés qui ont aidé à la vente.
- La rémunération aux clics : l'affilié touche une commission pour chaque visite générée à partir de son site vers le site marchand.
- Le paiement aux double-clics : le double-clic est l'action de cliquer sur un bandeau ou lien dirigeant vers un annonceur, puis de cliquer sur un lien du site de l'annonceur dans le but d'afficher une seconde page. Ce type de rémunération assure à l'annonceur d'être sûr de ne payer que pour des visiteurs intéressés.

B.A-BA Les programmes d'affiliation « clé en main »

La mise en place d'un programme d'affiliation marchand nécessite généralement le développement d'une application spécialisée et un suivi administratif rigoureux des affiliés et des ventes réalisées. Si vous ne souhaitez pas investir trop d'argent ou de temps, sachez qu'il existe sur Internet de nombreux services vous permettant de créer votre programme d'affiliation. Moyennant le prélèvement d'un pourcentage sur la somme reversée par l'affiliant, le service prendra en charge les aspects administratif et technique.

Voici une liste non exhaustive de services en ligne proposant des plates-formes d'affiliation « clé en main » :

CibleClick :
- http://www.cibleclick.com/

First Coffee :
- http://network.first-coffee.com/

TradeDoubler :
- http://www.tradedoubler.com/

Affiliate Vista :
- http://affiliation.fotovista.com

Effiliation :
- http://www.effiliation.com/

NetAffiliation :
- http://www.netaffiliation.com/

Public-idées :
- http://www.publicidees.com

- La rémunération au contact qualifié (*Lead*) : l'affilié reçoit une certaine somme si l'internaute laisse sur le site marchand ses coordonnées ou s'il remplit un formulaire pour s'inscrire à un des services.
- La rémunération pour mille affichages (CPM). Comme vu précédemment, le « coût par mille pages vues » définit la somme que l'affilié gagne à chaque fois qu'il affiche mille fois l'un des objets publicitaires du site affilieur. Très avantageux pour l'affilié, ce mode de rémunération tend à disparaître.

Syndication de contenu

La syndication de contenu est une forme particulière d'affiliation. Ce type de partenariat permet à un site de contenu (site syndicateur) de développer son trafic et sa notoriété tout en proposant à un site affilié (site syndiqué) de lui apporter un contenu à valeur ajoutée. La principale forme de syndication fonctionne avec un fichier spécifique, dit fichier de syndication. Le principe est le suivant (voir figure 5-8) :

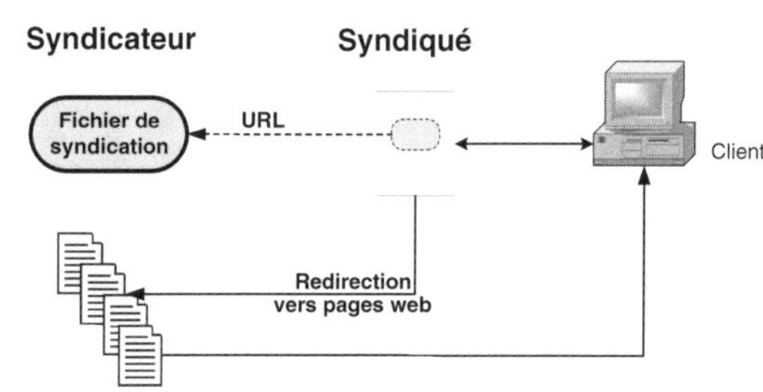

Figure 5–8 Principe de la syndication de contenu avec fichier de syndication

1. Le site syndicateur propose un fichier de syndication, qui peut être soit un fichier XML faisant appel au format RSS, soit un fichier JavaScript et permet d'afficher un contenu divers (texte, images...) avec un lien vers le site syndicateur.
2. Le site syndiqué intègre dans une de ses pages ce fichier qui reste physiquement chez le site syndicateur (appel via une URL par exemple).
3. Lorsqu'un internaute clique sur le lien ainsi proposé, il est automatiquement redirigé vers les pages du site syndicateur.

Prenons un exemple. Un site spécialisé dans l'information sportive, « Sportgenial.com », décide de syndiquer une partie de son contenu : « le fil d'actualité du football » en mettant à disposition sur son serveur un fichier de syndication en javascript nommé `filfoot.js`. Ce dernier, contient les éléments suivants : le titre de l'actualité, un chapeau décrivant l'actualité, un lien vers l'article complet présent sur le site Sportgenial.com.

Chaque site souhaitant bénéficier de cette information n'aura plus qu'à intégrer dans ses pages un code faisant appel au fichier `filfoot.js` (voir figure 5-9).

Le format RSS

Le format RSS (Rich Site Summary) est une manière de décrire le contenu d'une page web mise à jour de façon chronologique : événements, articles, informations...

Basé sur XML, RSS permet une description du site et est formalisée dans une structure balisée. Du fait de sa simplicité, ce format est largement utilisé pour la création des fichiers de syndication de contenu. Cette méthode permet donc aux sites syndiqués d'afficher automatiquement les derniers titres parus sur le site de contenu, et de leur faire un lien. Il nécessite cependant du côté du syndiqué de disposer d'un outil susceptible de pouvoir le parcourir (« parser ») et de l'interpréter en HTML pour être affiché.

Exemple de code source pour le fichier `filfoot.js` :

```
document.write("<A target=blank HREF=http://www.sportgenial.com/
article1.html>Victoire de l'OM !</A> par Nicolas Herzog<BR>")

document.write("<FONT SIZE=1>Incroyable vicoire de l'OM grâce à
un but 11 minutes avant la fin du temps réglementaire !</
FONT>")
```

Titre de l'actualité avec un lien pointant vers la page article1.html présente sur le site sportgenial.com

Chapeau décrivant l'actualité

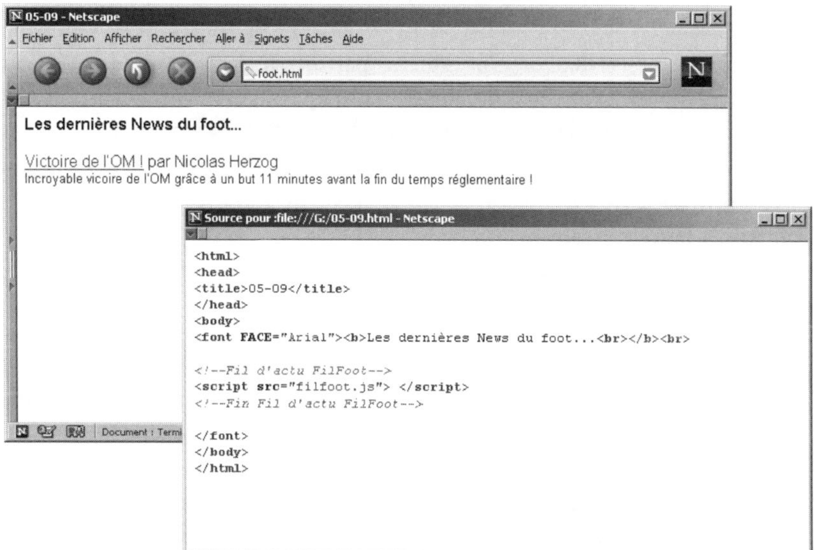

Figure 5–9 Exemple d'une page ayant intégrée le script `filfoot.js` avec son code source

Dès que le site « Sportgenial.com » remplace le contenu du fichier `filfoot.js`, cela met automatiquement à jour toutes les pages qui font appel à ce fichier. L'avantage est donc double : Sportgenial.com apporte un contenu mis à jour par ses soins régulièrement aux sites affiliés et ces derniers apportent au site syndicateur du trafic grâce aux liens situés sur le fil d'information.

Il existe également une autre forme de syndication : la diffusion directe de contenu. Le principe est le même, à ceci près que le site syndicateur ne propose pas de fichier de syndication mais fait parvenir d'une manière ou d'une autre au site syndiqué un contenu spécifique. Libre à ce dernier ensuite de l'intégrer ou non dans ses pages, en faisant bien sûr référence à la source et en plaçant un lien vers le site syndicateur.

Si cette forme s'avère très intéressante pour la diffusion d'articles de presse, voire de dossiers apportant ainsi à l'auteur une certaine notoriété, elle n'est cependant pas recommandée pour un contenu dont la mise à jour est régulière. En effet, le processus d'intégration étant manuel, la charge de travail pour le site syndiqué risque de devenir très vite rédhibitoire.

Le netlinking

L'une des stratégies de promotion les plus simples et les moins onéreuses consiste en l'échange de liens (netlinking) avec d'autres sites. Il s'agit d'un partenariat qui, après accord des deux parties concernées, repose sur un échange croisé de liens entre deux sites web. Ces derniers peuvent prendre l'apparence de simples liens hypertextes ou d'images cliquables (logos, Gif animés...).

Cette démarche permet évidemment d'augmenter mutuellement la fréquentation des sites. En multipliant les échanges de liens avec des sites partenaires, un détenteur de site a de fortes chances d'attirer ainsi de nouveaux visiteurs.

Bien entendu, ces échanges doivent être pertinents et chaque partie doit y trouver son compte. Par exemple, un portail d'information sur la chasse n'aura aucun intérêt à être présent sur le site de la SPA, et inversement.

L'échange de liens constitue souvent la première étape vers un partenariat plus poussé entre deux sites : échange de contenu, syndication, affiliation, voire une fusion des arborescences.

> ATTENTION **Le netlinking ne remplace pas un véritable contenu**
>
> N'abusez pas des liens croisés. Si un site riche en contenu n'a rien à craindre du netlinking, un site ayant peu de contenu ou à faible valeur ajoutée, même s'il pointe vers d'autres sites, ne verra jamais son audience augmenter.

Choix des sites partenaires

En premier lieu, il est nécessaire de définir une liste de sites qui pourront potentiellement devenir vos partenaires. Ces derniers devront bien entendu répondre à certains critères de sélections.

- Leur contenu devra être en accord avec votre thème et votre public. Cependant, il vous faut rechercher des sites qui apportent un complément au vôtre et non des sites qui seraient directement en concurrence.
- Leur notoriété : un site ne traitant pas exactement du même domaine mais bénéficiant d'une notoriété importante peut influer sur le comportement des internautes. Par exemple, si le site d'une grande radio recommande votre site, les retombées promotionnelles ont de fortes chances d'être importantes.
- Le fond et la forme devront être de qualité. Il ne s'agit pas de faire un lien juste pour le principe.
- Leur emplacement dans les pages de résultats des outils de recherche. Tous les sites traitant d'un même domaine ne sont pas forcément concurrents et le fait de s'associer avec un site ayant une très bonne position augmentera la popularité du vôtre (voir chapitre 4, sur le référencement).
- Leur audience est également un critère important mais non déterminant. Cet aspect est en effet assez subjectif. La tendance naturelle vous poussera à choisir un site ayant le même nombre de pages vues que le vôtre afin qu'aucune partie ne se sente lésée. Cependant, un site de moins grande envergure mais proposant un contenu de qualité peut s'avérer très intéressant pour vos internautes. Nous vous recommandons de choisir un site sur la qualité de son audience plutôt sur la quantité de ses visites.

Prise de contact

Deuxième étape, la prise de contact. Il convient de vous mettre en relation avec les sites sélectionnés afin de conclure un accord. Pour cela, il vous suffit d'adresser un courrier électronique à l'éditeur du site et de lui proposer d'insérer un lien vers le vôtre. Généralement le netlinking ne nécessite aucune autre contribution. Mais ce n'est pas toujours le cas, certains sites vous demanderont une rémunération (voir la section sur l'affiliation), d'autres exigeront un échange de contenu, etc.

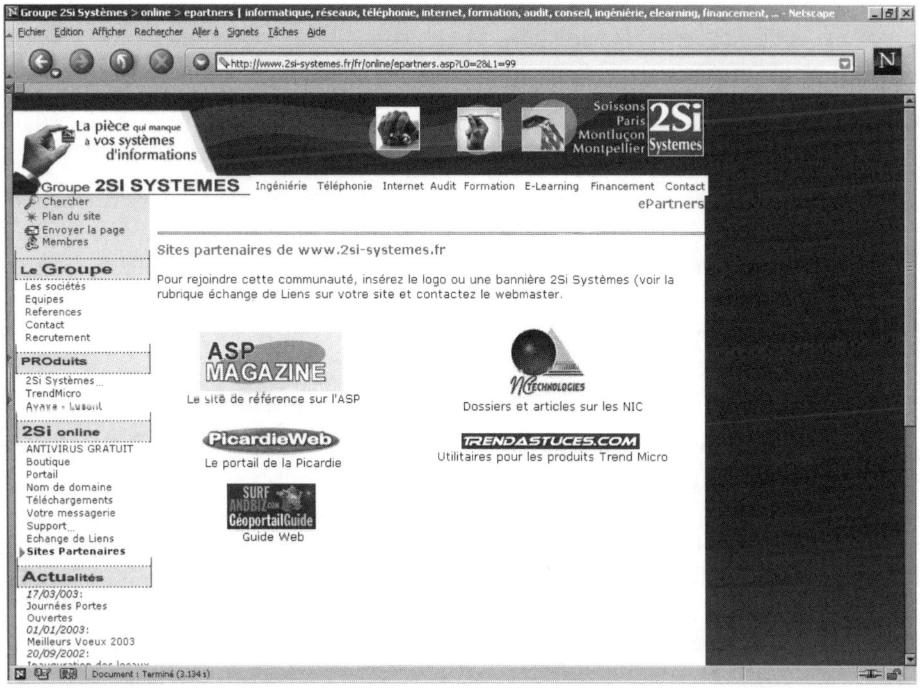

Figure 5–10 La rubrique « Nos partenaires » du site 2si-systèmes (www.2si-systemes.fr)

Après acceptation des deux parties, déterminez ensemble les futurs emplacements de vos liens respectifs, ces derniers se retrouveront généralement soit dans une rubrique du type « Nos partenaires » (voir figure 5-11) soit sur une page de liens spécialement créée à cet effet. Vous devez être vigilant sur cet aspect car un mauvais positionnement du lien risque de n'apporter que peu de visiteurs.

Afin de constater, après quelques temps, l'efficacité du partenariat ainsi établi, vous pouvez recourir à des outils de mesure d'audience pour connaître le nombre de visites générées par les liens qui pointent vers vous (voir chapitre 6).

Trois formes de cybermarketing pour la promotion et l'animation d'un site

Internet n'est pas une technologie qui révolutionne le marketing en apportant de nouvelles lois et de nouvelles techniques. Le cybermarketing est très souvent une adaptation des techniques du marketing traditionnel, la vraie révolution se situant surtout au niveau des coûts, de la gestion du temps et de la dimension géographique. Il existe plusieurs formes de marketing sur Internet, nous détaillerons celles qui permettent plus particulièrement la promotion et l'animation d'un site web : le marketing direct, le marketing viral et le marketing tribal.

B.A.-BA **Marketing et cybermarketing**

Le marketing est l'ensemble des actions, outils et techniques mis en œuvre en vue de promouvoir la croissance d'une activité.
Le cybermarketing est un marketing utilisant les nouvelles technologies de l'information et de la communication, notamment le réseau Internet, comme moyen de promotion, de vente ou d'étude de marché (sites, e-mailing, mailing list, newsgroups, liens, études en ligne...).

Bâtir une campagne de marketing direct avec Internet

Votre plan de communication peut être optimisé par un programme d'actions de marketing direct. Outre les actions classiques dans ce domaine (fax-mailing, mailing, télémarketing), vous pouvez également utiliser les possibilités offertes par le réseau des réseaux pour annoncer l'ouverture de votre site web ou le lancement d'un nouveau service, voire d'un nouveau contenu.

Le marketing direct pour un site web

Ensemble des techniques visant à établir un contact personnalisé et mesurable entre un site web et des visiteurs potentiels sélectionnés selon divers critères à partir d'un ou plusieurs fichiers.

Campagne de e-mailing et « permission marketing »

Malgré l'engouement pour l'aspect multimédia du Web, l'e-mail demeure de loin le service d'Internet le plus utilisé. Eu égard à la promotion d'un site web, ce vecteur présente toutes les caractéristiques des mailings traditionnels avec l'instantanéité en prime (un simple clic suffit pour répondre à la sollicitation d'un e-mail) et un coût bien moindre (pas d'impression, pas de mise sous plis, pas de frais d'envoi...).

Mais si l'e-mailing peut être un bon moyen de promotion, il faut l'utiliser à bon escient car la législation interdit l'envoi spontané de courriers électroniques à des fins de prospection commerciale, sans accord préalable du destinataire.

Le spam

Un spam est un message non sollicité, constitué essentiellement de publicité et diffusé massivement par courrier électronique ou sur des forums de discussion.

Halte au spam, F. Aoun, B. Rasle, Eyrolles, 2003.

Plutôt que de diffuser l'information sans une réelle segmentation des cibles et être accusé ainsi de spam, préférez le *permission marketing*, qui confère au client une place centrale dans la mise en œuvre des actions de marketing direct en lui permettant de communiquer son adresse e-mail et de gérer lui-même la demande d'information, voire d'implication.

Cette technique permet une véritable interaction avec un internaute et apporte des garanties supplémentaires sur le taux d'acceptation de vos campagnes. Obtenir au préalable des internautes la permission de leur envoyer des messages (respect de la règle de l'opt-in), augmente considérablement les chances qu'ils les lisent.

Le permission marketing (marketing consensuel)

Technique de marketing et de communication en ligne fondée sur l'utilisation d'adresses e-mails collectées avec le consentement de leurs titulaires (voir l'ouvrage de Seth Godin, *Permission marketing*).

- http://www.permission.com

L'une des formes les plus connues de marketing consensuel est le principe de la newsletter. Il s'agit d'une lettre d'information envoyée par e-mail et soumise à un abonnement gratuit ou payant. Dans le premier cas, elle consiste généralement à informer les visiteurs du site des nouveautés mises en place, des changements opérés sur les pages, voire des améliorations ou nouveaux services proposés. Dans le second, elle diffuse des informations spécifiques (articles, dossiers, etc.). Pour disposer d'une newsletter, vous pouvez soit développer votre propre outil de gestion soit utiliser les nombreux services de liste de diffusion que l'on retrouve sur Internet. Certains sont gratuits, d'autres payants. Citons entre autres : poplist.fr, splio.fr, cabestan.com...Quelle que soit la solution retenue, votre newsletter devra proposer à l'internaute la possibilité de s'y désabonner à tout moment (voir figure 5-12).

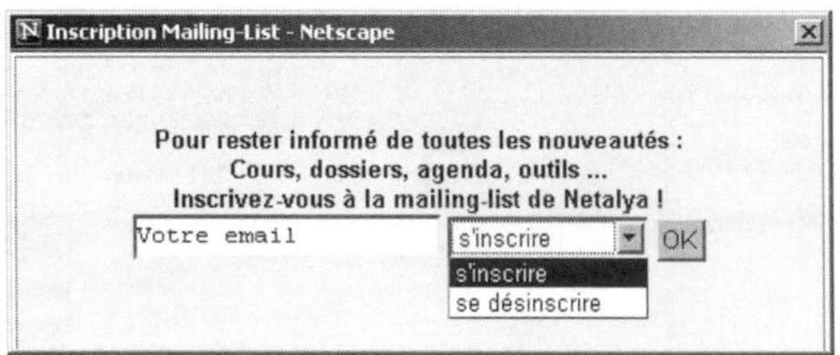

Figure 5–11 Exemple d'un module de souscription/désabonnement à une newsletter

Enfin, une fois réalisée, vous pouvez également inscrire cette dernière auprès d'annuaires spécifiques comme : www.francopholistes.com ou www.buongiorno.com afin d'augmenter le nombre d'abonnés.

Push

La technologie du push permet d'envoyer directement et à intervalles réguliers, par le biais d'applications informatiques spécifiques, des informations aux utilisateurs connectés. Cette technologie est apparue depuis quelques années avec l'émergence de logiciels permettant d'accéder à des centaines de chaînes d'information (CNN, New York Times, Washington Post, etc.). Parmi ces logiciels, citons PointCast, Marimba et BackWeb.

Appliqué à la promotion et à l'animation d'un site web, le push désigne l'ensemble des vecteurs de communication permettant à un site donné d'envoyer une information à ses internautes après que ces derniers ont défini leur besoin.

Par exemple, quand un internaute se rend sur un moteur comme Google pour y mener une recherche, on dit qu'il tire l'information de l'outil de recherche. On parle alors de technologie pull. Dans une optique de push, en revanche, l'utilisateur joue un rôle moins actif car l'information est poussée du site vers son ordinateur. Il s'agit donc d'envoyer régulièrement à un client une information ciblée et actualisée, donc d'anticiper ses attentes tout en vous permettant de prospecter et de fidéliser vos internautes.

L'un des principes de push le plus prisé est celui utilisant le vecteur mail. Prenons l'exemple des sites de recherches d'emploi (Monster, Emailjob, Keljob...) Tous proposent aux candidats la possibilité de créer des profils de recherche en spécifiant leurs critères de sélections (type de poste, type de contrat, secteur d'activité...) ainsi que la possibilité de recevoir par e-mail les offres susceptibles

À RETENIR **La règle de l'opt-in**

Cette règle consiste à demander le consentement du titulaire d'une adresse e-mail afin de pouvoir lui envoyer des messages électroniques. Cet accord n'est valable que pour des utilisations précisées lors de la récupération des données.

On parle parfois de double opt-in et d'opt-in passif. Dans le premier cas, l'accord de l'internaute est demandé deux fois (la première sur le site et la seconde par un e-mail de confirmation). Dans le second cas, le consentement de l'internaute est obtenu par une case pré-cochée dans un formulaire.

Depuis le 21 janvier 2002, le Conseil européen a adopté une position commune sur la directive « Concernant le traitement de données à caractère personnel et la protection de la vie privée dans le secteur des communications électroniques » et a pris position en faveur de « l'opt-in ». Selon son article 13, « l'utilisation de (...) courrier électronique à des fins de prospection directe ne peut être autorisée que si elle vise des abonnés ayant donné leur consentement préalable ». Tout autre type de collecte est donc dorénavant considéré comme illégal.

Figure 5–12 Les sites de recherche d'emploi sont de bons exemples d'utilisation du « push mail » (www.keljob.com et www.monster.fr).

de pouvoir les intéresser en fonction de leur profil. On parle alors de push mail (voir figure 5-13).

Autre exemple, l'utilisation des flux RSS pour « pousser » une information spécifique vers l'utilisateur. De plus en plus de personnes utilisent des agrégateurs de flux RSS, leur permettant de se tenir informés de l'actualité d'un site.

Beaucoup plus personnalisée que la simple newsletter, la technologie du push permet de sélectionner l'information à envoyer aux internautes en fonction de leurs besoins.

« Ne tournez plus votre marketing vers n'importe qui ! Transformez plutôt vos idées en épidémies et invitez vos clients à faire votre marketing à votre place ».
Seth Godin.

Stratégie de marketing viral

Le marketing viral sur Internet est l'équivalent du bouche-à-oreille dans la vie courante. Votre message passe d'un courrier électronique à l'autre, par exemple, ou se répand par un autre moyen. Toutes les stratégies peuvent être utilisées pour faire passer votre annonce au plus grand nombre d'internautes. Plus votre message sera visible et influent, plus il se transmettra. Ces stratégies jouent aussi sur la multiplication exponentielle du passage du message d'internaute en internaute. En résumé, une stratégie de marketing virale peut être considérée comme réussie à partir du moment ou vous n'avez plus le contrôle de la diffusion de l'information !

Marketing viral

La marketing viral sur le Web concerne la vente de produits, le vote en ligne, les études de satisfactions... Ce modèle économique est apparu dans les années 1950 aux États-Unis avec les fameuses réunions Tupper Ware où des femmes au foyer réunissaient chaque mois leurs voisines pour leur vanter les miracles de ces boîtes en plastique pour la conservation des aliments et, bien sûr, pour leur en vendre.

Si votre site est intéressant, il bénéficiera naturellement du bouche-à-oreille. Vous pouvez toutefois accentuer ce phénomène par des outils marketing spécifiques tels les mécanismes de recommandation ou la mise à disposition gratuite d'un service ou d'un *goodie*.

Mécanismes de recommandation

L'être humain fait plus naturellement confiance aux conseils d'un ami qu'aux annonces publicitaires. De ce fait, vous devez encourager vos visiteurs à recommander votre site ou un contenu spécifique de votre site en créant soit un lien vers un formulaire, soit directement une boîte d'envoi (par exemple « Recommander ce site » ou bien « Envoyer cet article à un ami »). Cet outil incitera le visiteur à laisser l'e-mail de la personne qu'il souhaite prévenir. Ces données seront récupérées par une petite application qui générera automatiquement un message préécrit et l'expédiera à l'adresse voulue (voir figure 5-13).

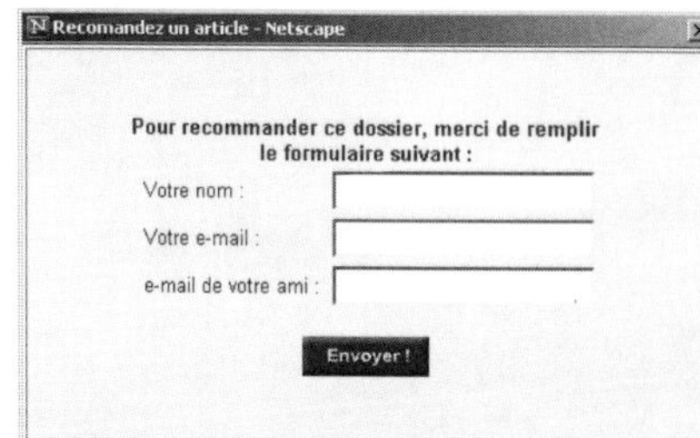

Figure 5–13
L'outil de recommandation incite le visiteur à laisser son nom et l'e-mail de la personne

Vous pouvez développer vous-même vos outils de recommandation en faisant appel à des langages de scripts serveurs du type ASP ou PHP ou utiliser les outils de certains sites spécialisés en échange de la diffusion d'une publicité ou de la mention « service proposé par… » (voir figure 5-14).

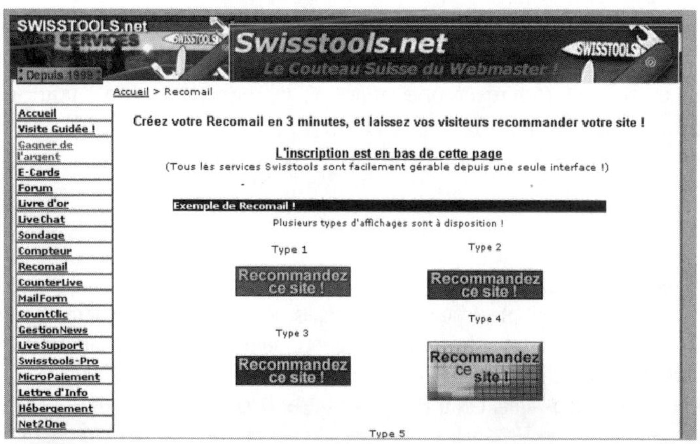

Figure 5–14 De nombreux sites vous proposent d'utiliser gratuitement leurs outils de recommandations en ligne (www.swisstools.net).

Mise à disposition d'un service ou d'un « goodie »

Une autre forme de marketing viral est de proposer gratuitement un service en ligne (e-mail gratuit, outil pour un site web, etc.) ou un *goodie*. Ce dernier peut être un petit utilitaire, un gadget, un jeu, un économiseur d'écran, une carte postale virtuelle, etc., et devra toujours faire référence à votre site (URL, logo…). Si les internautes y trouvent un intérêt, ils n'hésiteront pas à l'envoyer à leur proches ou à leurs connaissances afin de leur en faire profiter. Après réception, si le destinataire trouve le *goodie* utile ou amusant, il le fera suivre à ses proches, etc.

Vous faites ainsi connaître votre image et votre site au plus grand nombre en ayant investi un minimum au départ.

Figure 5–15 Le site du constructeur Peugeot propose le téléchargement en ligne de fonds d'écran, de photos ou de vidéos (www.peugeot.com).

Facile à mettre en œuvre et peu onéreux, le marketing viral, pour réussir, a cependant besoin d'offrir une réelle valeur ajoutée et doit être facile d'utilisation afin de permettre une communication au plus grand nombre.

EXEMPLE

En 1997, une société décide de distribuer une adresse e-mail gratuite. À chaque envoi par un utilisateur, un encart était placé au bas des e-mails : « bénéficiez d'une adresse e-mail gratuite sur, http://www.... ». Une fois le message reçu, le destinataire connaissait ainsi le service et pouvait y souscrire. Cette technique a permis à la société d'avoir plus de 50 millions de consommateurs rapidement et d'être rachetée par Microsoft : le service Hotmail !

EXEMPLE

Prenons l'exemple d'une agence de voyages. Celle-ci souhaite proposer ses offres promotionnelles de voyages sur Internet. Afin de se démarquer des autres sites institutionnels, elle décide de mettre en place une communauté virtuelle autour du voyage avec des forums de discussion, des articles en ligne, des fiches pays, des outils permettant d'obtenir des informations pratiques (météo, devises, etc.). Très rapidement, les personnes passionnées par le domaine se retrouvent sur le site afin de partager leur expérience ou de bénéficier des outils mis à leur disposition. Pour engendrer l'adhésion, le site organise même une conférence sur le thème « Les offres discount du voyage » et invite tous ses communautaires à y participer. Au bout de quelque temps, l'agence dispose d'une population qu'elle sait intéressée par les voyages et peut ainsi lui proposer des offres promotionnelles pour aller dans tel ou tel pays. Tout le monde y trouve ainsi son compte, l'agence en vendant ses produits, les communautaires en ayant à leur disposition des offres qui correspondent à leur centre d'intérêt.

Marketing tribal

Ce type de marketing repose sur l'idée de communauté. Communiquer, rechercher, échanger, acheter… fonctionnant sur le principe « Ce que l'on propose à l'un intéressera sûrement l'autre ».

Les objectifs du marketing tribal consistent à rassembler des personnes aux intérêts concordants et à former un groupe unique et identifié : une communauté virtuelle.

La démarche est la suivante :

1. Constitution d'une communauté. Vous offrez sur Internet un espace de communication pour échanger, publier, débattre, lire autour d'un centre d'intérêt particulier : une passion, une activité, un sport…
2. Organisation d'un événement. Le groupe ainsi constitué, vous pouvez organiser un événement (salon, conférence, cocktail, etc.) afin de fédérer ses membres. Il s'agit de la retranscription de votre communauté du monde virtuel au monde réel.
3. Proposition du service ou du produit. Votre communauté vous permet de disposer d'une population ciblée et qualifiée à laquelle vous pourrez proposer des services ciblés qui correspondront à ses attentes. Le commerce étant la suite logique du partage des centres d'intérêts et se présentant sous la forme d'une opération verticale (du site vers les communautaires) ou horizontale (entre les membres de la communauté).

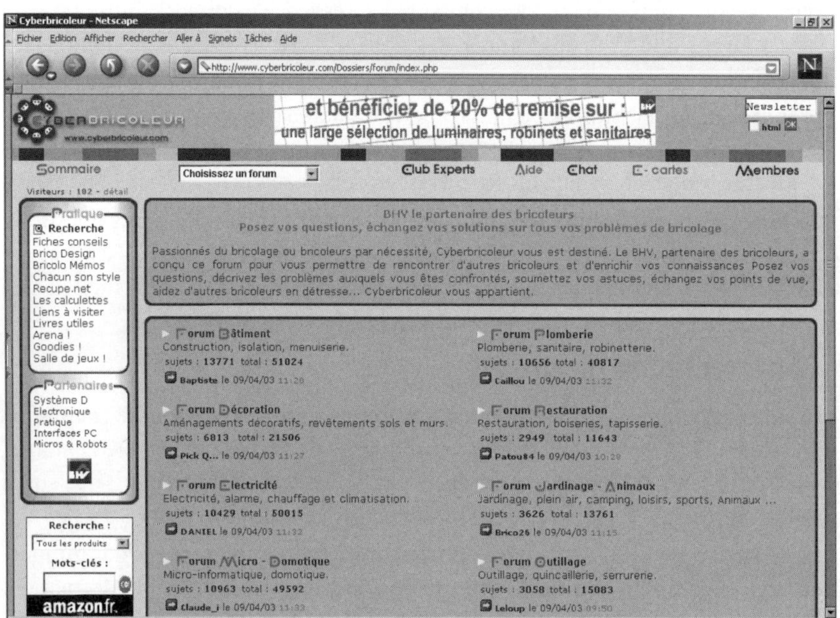

Figure 5–16
Le site Cyberbricoleur, initié par la direction marketing du BHV, est une communauté virtuelle sur le bricolage proposant forums, fiches pratiques, salles de chat…
(www.cyberbricoleur.com).

Autres moyens de communication

Participation à des groupes de discussion

Nous pouvons comparer un groupe de discussion sur Internet à un panneau d'affichage traitant d'un thème spécifique et où l'on peut placer des messages, des questions ou des réponses. Le groupe de discussion permet donc un dialogue en différé entre internautes du monde entier.

Il peut prendre selon les cas trois formes différentes :

- les listes de discussion qui ne fonctionnent que par courrier électronique ;
- les forums de discussion au sein d'un site web où les internautes postent et lisent les messages à travers leur navigateur ;
- les groupes de news, proposant l'accès à plusieurs centaines de milliers d'espaces de discussions. Pour y accéder, il est nécessaire d'avoir en premier lieu un client de news (souvent le même que celui utilisé pour le courrier électronique) et un accès à des serveurs de news. Il ne faut pas les confondre avec les forums cités ci-dessus.

Plus d'informations sur le service Usenet sur le site « Un nouveau guide d'Internet » à l'adresse :

- http://guide.ungi.net/chap10.htm

Quelle que soit leur forme, la participation à ces groupes est un bon moyen de faire connaître votre site.

ATTENTION Communication via des groupes de discussion

Attention à respecter les usages des groupes de discussion en question ! L'objectif reste d'échanger des informations et non pas de faire sa propre promotion.

Il faut d'abord trouver un, voire plusieurs groupes de discussion qui traitent du même sujet que votre site. Votre fournisseur d'accès vous donne accès généralement au service Usenet en vous attribuant un accès à un serveur de news (renseignez-vous auprès de lui pour connaître l'adresse de ce dernier). Autre possibilité, trouver sur le Web des forums ou des adresses de liste de discussion.

Pour vous aider dans votre démarche, citons l'outil très pratique Google Group, proposé par le célèbre moteur de recherche (http://groups.google.com/). Ce dernier vous permettra de repérer à la fois les groupes traitant d'un thème donné et d'effectuer une recherche dans les messages déjà postés.

Ensuite, imprégnez-vous de l'ambiance qui y règne, répondez à des questions, participez... Vous pourrez faire connaître votre site à des gens après avoir gagné une confiance méritée. Et de nombreux internautes visiteront votre site.

Communiqués de presse

Les communiqués de presse peuvent s'avérer un excellent vecteur de promotion pour votre site web. Leur rédaction doit suivre certaines règles élémentaires, tant sur le fond en datant, titrant et hiérarchisant votre information, que sur la forme : être bref, lisible, avec des phrases courtes et sans document attaché.

RAPPEL Hiérarchiser l'information

Pensez à la « pyramide inversée » décrite au chapitre 2.

La rédaction ne s'improvise pas et chaque mot a son importance. Pour un journaliste, le communiqué de presse est un outil de détection de l'information, peut-être le point de départ d'une enquête. Ses attentes sont donc forcément très différentes de votre objectif : faire passer votre message.

Voici quelques suggestions :

- Le titre doit concentrer, en moins de deux lignes, les éléments d'information les plus importants : « Qui ? » et « Quoi ? ». Ne cherchez pas à épater le journaliste mais à donner l'information brute le plus clairement possible ; évitez les superlatifs et les slogans publicitaires (exemple : « Le meilleur site de commerce électronique » ou « l'entreprise numéro un... »).
- Commencez toujours votre communiqué par un chapeau de quelques lignes. Ce dernier doit fournir au lecteur des faits complémentaires qui lui permettront de juger de l'intérêt de votre communiqué avec le « comment », le « quand » et le « pourquoi ».
- Les premières lignes du corps de texte représentent ce que les spécialistes nomment « l'attaque ». Il s'agit ici de détailler les informations contenues dans le titre et le chapeau, en insistant cette fois sur ce qui met en valeur votre information.
- Pour être lu, l'ensemble doit être relativement court, simple, lisible et efficace. Quelques paragraphes suffisent pour expliquer l'arrivée d'un nouveau site, ses objectifs, son contenu et ses cibles : un feuillet doit suffire, soit 250 à 300 mots.
- La dernière partie du communiqué (la « chute ») donne un contexte à l'annonce faite par le titre. Il peut s'agir du rappel de la stratégie commerciale d'un site web, ou encore des bons résultats de l'entreprise sur ce marché. Ces éléments fournissent un début de réponse à la question que ne manquera pas de vous poser le journaliste : « pourquoi faîtes-vous ceci plutôt que cela ? »

EXEMPLE **Communiqué de presse pour le lancement d'un site web**

NC-Sports lance le portail des passionnés du cyclisme « Cyclosuperweb.com »

Paris, France, 04 mai 2003 -- À l'occasion de la conférence « Cyclos 2003 », la société NC-Sports, spécialisée dans la diffusion d'information sportive par le Web, éditeur des sites sportifs comme foottoujours.com ou encore tennisautop.com, annonce le lancement d'un portail dédié aux passionnés du cyclisme « Cyclosuperweb.com ».

Ce portail propose de nouveaux articles chaque jour, des informations sur les nouveaux produits, des conseils en termes de préparation et d'entraînement, un agenda des manifestations de cyclisme en France et un service de newsletters envoyées chaque semaine par e-mail.

Cyclosuperweb.com se veut un site à la hauteur de ses internautes passionnés par le cyclisme : toutes les informations et les rubriques seront rédigées par des professionnels du cyclisme sous la coupe éditoriale de Philippe Leconte, journaliste et champion de cyclisme reconnu de tous.

Cette nouvelle édition d'un site web spécialisé sur un sport répond au projet d'expansion de NC-Sports : créer des sites web et des portails dédiés aux sports les plus réputés : « Nous sommes ravis de pouvoir lancer un portail à destination des passionnés du cyclisme » explique Nicolas Chu, PDG de NC-Sports. « C'est notre quatrième site sportif. Nous espérons être présents sur tous les sports clés d'ici l'an 2005 ».

À propos de NC-Sports

NC-Sports (http://www.nc-sports.com), a pour activité principale la diffusion d'informations sportives au travers du monde via le média Internet. Le groupe possède déjà quatre sites d'actualité sportive parmi lesquels nous retrouvons : foottoujours.com (450 000 pages vues/mois), tennisautop.com (375 000 pages vues/mois), squashtosquash.com (500 000 pages vues/mois) et cyclosuperweb.com.

Votre contact

Séverine F., responsable de la communication NC-Sports
e-mail : contact@nc-sports.com
Téléphone : 01 45 48 45 48

- N'oubliez pas d'indiquer à la fin du communiqué toutes vos coordonnées : adresse du site, e-mail, adresse postale... ainsi que celles de la personne que le journaliste pourra contacter pour obtenir de plus amples informations.
- Enfin, en complément, vous pouvez présenter à la fin du texte votre organisation en quelques lignes (chiffre d'affaires de l'année précédente, nombre d'employés, dernier rachat ou fusion en dates, parts de marché, un ou deux noms de clients prestigieux, etc.).

Votre communiqué rédigé, il vous faudra l'envoyer aux divers médias pouvant être concernés par votre annonce :

- la presse informatique/Internet,
- la presse en ligne (dont les sites web de la presse papier),
- les conférences de presse virtuelles (http://www.conferencevirtuelle.com, http://www.prnewswire.com/ ...),
- les sites web qui reprennent les communiqués (soit directement, soit par enregistrement sur leur site),
- les médias traditionnels (radio, télévision...) qui disposent d'une rubrique ou d'une émission « Internet et les nouvelles technologies ».

Un même communiqué peut aussi bien intéresser la presse économique que la presse spécialisée, même si les attentes des uns et des autres sont très différentes. Les uns, par exemple, souhaiteront disposer d'informations financières inédites ou récentes sur votre entreprise, tandis que les autres voudront en savoir plus sur la technologie utilisée.

Pour diffuser votre communiqué, une première possibilité consiste à récupérer les adresses des journalistes, soit sur les sites des organes de presse, radio ou télévision, soit auprès d'organismes qui vous proposent la location de leurs fichiers. L'alternative est d'utiliser un service de diffusion spécialisé qui se chargera d'envoyer vos communiqués à des journalistes adhérents. Envoyer un communiqué de presse à des journalistes peut être efficace, mais attention à ne pas en abuser. Votre démarche doit être ciblée, sous peine de se retourner contre vous.

Un journaliste peut avoir à lire plus de 500 communiqués de presse par semaine. Pour lui, vous n'êtes qu'une information potentiellement intéressante parmi d'autres. Vous devez donc viser les personnes directement concernées par le ou les thèmes de votre site et éviter de décrire un site qui ne présente aucun intérêt pour leurs publics.

Enfin, sachez qu'il existe de nombreuses agences spécialisées dans les relations presse. Ces dernières peuvent s'occuper aussi bien de la rédaction du communiqué que de sa diffusion.

Microsites et jeux en ligne

Ils s'adressent à une audience particulière et sont utilisés pour des opérations événementielles, limitées dans le temps, par exemple, le lancement d'un produit, voire d'un film. L'un des aspects originaux de ce type de promotion est le jeu en ligne. En associant un jeu (QCM, petits jeux d'action, jeux concours, loteries...) à un événement, vous associez l'aspect ludique à la promotion.

Sachez cependant que la promotion par jeu fait l'objet en France d'une réglementation très protectrice des consommateurs. La loi du 21 mai 1836, article 1er, déclare en effet les « loteries de toute espèce » prohibées sauf si ces dernières sont offertes au public sans obligation d'achat direct ou indirect ni frais de participation. Les gains sont accordés après un tirage au sort ou par moyen faisant appel au hasard. L'inscription au jeu fait généralement l'objet d'un questionnement préalable sur l'internaute et ses habitudes de consommation, ce qui permet à l'éditeur de disposer d'une base de prospects pour sa communication en ligne.

EXEMPLE

Le lancement d'un ouvrage portant sur la conduite de projets web peut être associé à la diffusion d'un petit QCM en ligne avec à la clé pour les gagnants des exemplaires du livre.

RÉFÉRENCE Droit et Internet

📖 Mémento Francis Lefebvre, Droit des affaires. Concurrence, Consommation, 2000.

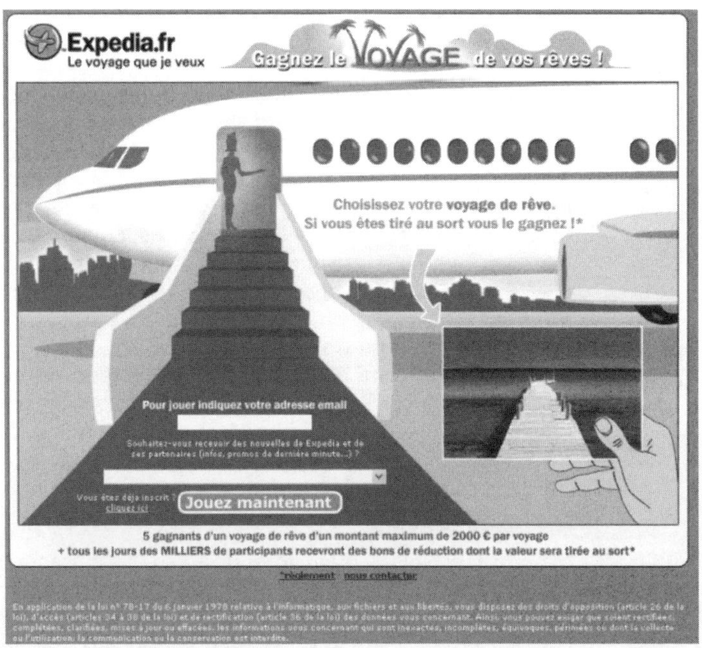

Figure 5–17 Pour assurer le lancement de son site français en 2004, le voyagiste a organisé un jeu dont la promotion était essentiellement assurée par un dispositif de marketing viral. Un million d'internautes ont participé en un mois (http://www.expedia.fr).

Parole d'expert : de l'utilité d'un espace presse sur son site web

Par Nathalie Weinryb

Quel que soit son objet, la notoriété de votre site web ne tient pas seulement à un référencement efficace, mais aussi à la promotion qui peut en être faite dans la presse. D'où l'utilité d'un espace consacré aux journalistes, qui sera, à de très rares exceptions près, la seule source d'informations sur votre activité et l'évolution de votre site. Les remarques générales, quant à la pertinence des documents auxquels vous donnez accès ou la facilité de navigation, valent évidemment pour cette zone de votre site. Mais il s'agit malgré tout d'un espace particulier, car son objectif est de séduire et de convaincre quelqu'un dont les conclusions, sous forme d'article, peuvent défaire ou faire la crédibilité de votre site ou influer sur l'image de votre entreprise.

Avoir quelque chose à dire à la presse

La création d'un espace presse n'est donc pas une démarche innocente. En le faisant, vous affichez votre volonté de « parler à la presse ». Cela signifie donc que vous avez quelque chose à dire. Si la plupart des journalistes apprécient, dans le cadre de la préparation d'un article, de trouver un espace presse sur le site qu'ils visitent, ils s'attendent à y trouver des informations pertinentes, et radicalement différentes de celles que vous mettez à la disposition de vos visiteurs habituels. Un journaliste ne se contentera pas d'un simple coup d'œil à votre espace presse. S'il est intéressé ou si votre activité est au cœur de son sujet, il explorera votre site en détail, histoire de faire surgir les questions qu'il vous posera ensuite, généralement au cours d'un entretien téléphonique.

Différents types de publics

Les attentes du journaliste sont également très différentes de celles de vos visiteurs habituels. Il ne s'agit pas de les convaincre ou de les divertir mais, très souvent, de leur fournir des informations sur la façon dont vous avez conçu le service ou le fond documentaire que vous mettez à disposition sur le Web. Et tous les journalistes n'y cherchent pas la même chose. Si votre site, par exemple, est une boutique en ligne, le journaliste économique s'intéressera logiquement à vos résultats financiers et à vos marges bénéficiaires ; informations qui n'intéresseront que dans une moindre mesure le journaliste de presse spécialisée, dont les questions seront plus centrées sur l'infrastructure logicielle mise en œuvre.

Le journaliste de presse magazine, lui, s'attachera à la richesse du catalogue, aux prix de vente, et aux conditions et délais de livraison.

Faites simple, mais efficace

N'hésitez donc pas à classer par thèmes les informations que vous mettez à disposition des journalistes. Par exemple, une section « Finances » regroupera toutes les informations relatives à la vie financière de votre entreprise, y compris les communiqués de presse. Dans tous les cas de figure, l'ensemble de ces informations doit être accessible rapidement, par exemple au moyen d'un menu thématique, puis par types de documents (communiqués de presse, dossiers, photos, etc.) ou par produits ou services. Comme toujours, le plus efficace est souvent le plus simple.

N'oubliez pas qu'un journaliste peut visiter jusqu'à une centaine de sites web dans une journée lors de la préparation de ses articles. Plus l'information recherchée sera longue à localiser, plus il hésitera à revenir sur votre site pour approfondir sa documentation. Les sites les plus faciles à consulter sont ceux qui fournissent un accès rapide aux pages relatives à un produit. Souvent, il s'agit d'une simple liste déroulante où sont énumérés tous les produits ou services pour lesquels des photos ou des communiqués de presse sont disponibles. N'oubliez pas d'y ajouter une liste des contacts téléphoniques et des adresses e-mails, c'est souvent l'information la plus importante que le journaliste vient chercher sur votre site.

Un espace privé

Même s'il est pleinement intégré au site web général, l'espace presse a ses exigences propres. Celles-ci concernent non seulement l'organisation des pages dans l'espace presse mais aussi la nature des informations mises à disposition. La plupart des entreprises choisissent par exemple de ne pas divulguer sur le Web de grilles tarifaires pour leurs produits et services, afin d'inciter les clients potentiels à se manifester. Un journaliste, en revanche, ne vous appellera pas forcément pour avoir ce type d'information, surtout si son objectif n'est que de citer en exemple vos produits ou services pour illustrer son propos sur, par exemple, une avancée technologique.

La meilleure approche consiste à faire de l'espace presse un espace privé, ce qui permet au passage de recueillir quelques-unes des coordonnées des journalistes qui viennent vous visiter. Mais, là-encore, la simplicité doit primer sur toute autre considération. Un journaliste acceptera sans rechigner d'entrer son adresse e-mail dans un mini formulaire pour avoir accès aux pages désirées, mais il ne remplira pas un questionnaire en trois étapes.

Et si, pour des raisons de confidentialité, vous souhaitez vérifier que l'adresse e-mail saisie est bien valide, rien ne vous empêche d'ajouter à votre page un script de vérification qui tentera d'envoyer un e-mail à l'adresse en question.

Référencez votre espace presse

Il y a deux raisons pour lesquelles un journaliste viendra visiter votre espace presse, parce que l'article qu'il prépare concerne votre entreprise, ou parce que votre entreprise peut avoir quelque chose à dire sur le sujet traité. Dans ce second cas, la visibilité du message de votre entreprise dépend uniquement de votre capacité à signaler au journaliste que votre entreprise constitue une source digne d'intérêt. Pour ce faire, la seule méthode viable est d'engager une campagne de référencement Web de votre espace presse, de façon à ce que les informations qu'il contient apparaissent dans les listes de réponse des moteurs de recherche généralistes. Notez qu'il s'agit là d'un référencement spécifique puisqu'il correspond à un public particulier. Le journaliste, lorsqu'il lit le résumé fournit par les moteurs de recherche, effectue un premier tri. Pour passer ce filtre, les critères de référencement doivent être bien étudiés, afin que les pages auxquelles ils correspondent tiennent leur promesse. En l'occurrence, la qualité des critères de référencement choisis l'emportera sur la quantité, et garantira que le journaliste viendra effectivement rendre visite à votre espace presse.

Utilisez les autres ressources de votre site

Pour autant, l'espace presse ne doit pas être isolé du reste de votre site web. Bien au contraire, vous avez tout intérêt, pour alléger les contraintes de mise à jour, à établir autant de liens que possible avec les présentations commerciales ou techniques, les forums aux questions ou les catalogues existant sur votre site. Pourvu que les liens soient pertinents.

Par exemple, vous pouvez choisir d'expliquer très simplement à vos internautes le fonctionnement de votre nouveau téléviseur connecté à Internet. Cette explication n'intéressera pas forcément le journaliste qui y préférera le document rédigé par votre directeur technique ou le résumé réalisé par votre cellule de marketing. En revanche, la fiche décrivant les caractéristiques fonctionnelles du produit fait partie de ces informations pratiques qu'un journaliste, surtout en presse spécialisée, appréciera d'avoir à portée de la main.

Nathalie Weinryb est Directrice de Parme Communication, agence de communication, avec une forte expertise dans le domaine des nouvelles technologies informatiques et industrielles. Sa mission est de concevoir et de gérer les programmes de relations presse et d'accompagner ses clients dans leurs autres actions de marketing et communication (marketing stratégique, marketing opérationnel, communication externe et interne, création de sites web, événementiel).

‣ http://www.parmecommunication.com

Supports « off-line »

La promotion hors ligne ne doit pas être négligée car elle complète la promotion en ligne. Selon les cas elle peut prendre la forme de trois types d'actions.

Promotion interne

Comme Ford le mentionnait, le premier client d'une entreprise est son personnel. Ce dernier représente en effet pour chaque entreprise un fabuleux vecteur de marketing viral. Soyez attentif à ce que chacun connaisse l'adresse et le contenu du site web au même titre que le numéro de téléphone du standard. Une bonne connaissance de ces informations permettra aux employés d'orienter les clients potentiels vers le site en fonction de leurs besoins. Proposez également que chaque membre de l'entreprise mentionne l'URL du site à la fin de son courrier électronique ou sur sa boîte vocale.

Promotion directe du site

Si votre budget vous le permet, la promotion directe vous permettra de disposer d'une visibilité maximale en un temps réduit. Elle peut se traduire par l'achat d'espaces publicitaires dans des revues ou journaux ou par des spots publicitaires TV ou radio. L'usage d'outils de marketing direct tels le fax-mailing, le mailing ou le télémarketing peuvent également se révéler intéressant et compléter judicieusement votre stratégie de communication sur Internet.

Coût d'un sponsoring télévisuel

Le coût d'un sponsoring d'une émission télévisuelle varie beaucoup suivant l'audience, la chaîne et l'émission en elle-même. Cela peut aller de 10 K€ à 700 K€ par mois. Par exemple, il faut compter en moyenne 150 K€ par mois pour le parrainage d'une série télévisuelle en seconde partie de soirée.

Nous vous conseillons également, lors de l'ouverture de votre site ou lors du lancement d'un nouveau service en ligne, de placer pendant quelques semaines un encadré sur tous vos documents avec une mention du type « Découvrez notre site Internet http://www.monsite.fr » ou encore « Découvrez notre nouveau service en ligne : http://... »

Promotion indirecte du site

De nombreux moyens vous permettent de communiquer indirectement sur votre site. L'un des véhicules les plus puissants du marketing est de pouvoir bénéficier de la notoriété d'un tiers. Offrir vos services ou ceux d'un de vos collaborateurs à titre de conférencier, rédiger des articles gratuitement pour des publications, participer à des salons ou forums sont autant de solutions qui vous permettent d'établir une réputation d'expert dans votre domaine. Établir une telle réputation ne coûte rien hormis un certain investissement personnel et permet à votre site de bénéficier directement de ce prestige. Si les personnes trouvent vos prestations intéressantes, elles n'hésiteront pas à visiter votre site pour obtenir plus d'informations.

Autre procédé, la mention systématique de l'adresse du site lors de campagnes publicitaires presse ou TV pour un autre de vos produits. Vous faîtes ainsi deux communications en une seule !

Enfin, n'hésitez pas à imprimer l'adresse de votre site, ainsi que l'adresse e-mail sur les cartes de visite, papiers à en-tête, documents commerciaux, catalogues, packaging des produits, cartes de vœux, etc., afin que toute personne, grâce à ces supports, sache comment contacter votre société sur Internet.

Récapitulatif des stratégies de promotion et d'animation

Tableau 5–3 Tableau récapitulatif des stratégies de promotion et d'animation d'un site web

Type	Description	Avantages	Précautions à prendre
Publicité en ligne	Peut prendre la forme de bannières, de pop-ups, de carrés, d'interstitiels ou de sponsoring en ligne.	Même support de diffusion que votre site web. Permet un ciblage précis du public.	Selon les formes, peuvent exaspérer les internautes (pop-up, interstitiel,...) et donc avoir un effet néfaste sur la promotion.
Affiliation marchande	Permet la constitution d'un réseau de sites web diffusant l'un de vos services ou de vos produits (forme de « distibuteurs » en ligne).	Diffusion du service d'une manière plus large que sur un seul site. Préconisée pour les sites de commerce éléctronique.	Les campagnes d'affiliation marchande peuvent s'avérer très onéreuses et nécessitent un suivi rigoureux de l'éditeur.
Syndication de contenu	Diffusion d'une partie du contenu d'un site sur d'autres sites web.	Principe d'échange win-win où les deux partenaires trouvent un avantage : gain de notoriété pour l'un, mise à disposition d'un contenu de qualité pour l'autre.	Vous devez être très vigilant sur le type de diffusion de votre information. Selon les cas, l'internaute peut ne pas se rendre compte que le contenu vient de votre site. Le gain en notoriété est alors nul.
Netlinking	Échange croisé de liens entre deux sites.	Permet d'attirer sur un site de nouveaux visiteurs. Permet d'accroître la popularité d'un site dans les moteurs de recherche.	Un mauvais positionnement du lien vers votre site ne vous apportera que peu de visiteurs.
Cybermarketing direct	Peut prendre la forme de campagnes d'emailing, de newsletter (lettre d'information) ou de push (technique d'envoi d'information en fonction de critères déterminés par l'internaute).	Permet un contact personnalisé et mesurable entre un site Internet et des visiteurs potentiels.	Respecter la règle de l'opt-in en demandant le consentement prélable du titulaire avant tout envoi d'information. Ne jamais faire du spam.
Cybermarketing viral	Équivalent sur Internet du bouche-à-oreille. Peut prendre la forme de recommandations, de téléchargement d'un goodie...	Facile à mettre en œuvre et peu onéreux, le cybermarketing viral permet une diffusion rapide de l'information à un grand nombre.	Nécessite d'offrir une réelle valeur ajoutée et doit être facile d'utilisation afin de permettre une communication au plus grand nombre.
Cybermarketing tribal	Consiste à rassembler des personnes aux intérêts concordants et à former un groupe unique et identifié (communauté virtuelle) en parallèle du site web.	Permet à l'éditeur du site de disposer d'une population ciblée qui a de fortes chances d'être intéressée par les services qu'il propose.	Doit, pour réussir, offrir une réelle valeur ajoutée en termes de services : chat, forum, outils pratiques, informations pertinentes...

Tableau 5–3 Tableau récapitulatif des stratégies de promotion et d'animation d'un site web (suite)

Type	Description	Avantages	Précautions à prendre
Groupe de discussion	Participation aux groupes de discussions : forums, listes de discussion, groupes de news.	Moyen peu onéreux pour générer du trafic ciblé sur un site web (en fonction du thème du groupe de discussion)	Doit, pour réussir, offrir une réelle valeur ajoutée dans les réponses apportées. Attention, l'objectif reste d'échanger des informations, pas de faire ouvertement de la publicité.
Communiqués de presse	Diffusion d'un message auprès de la presse relatant la sortie d'un site et/ou d'un nouveau service.	Moyen de communication auprès des divers médias. Permet un nouveau canal de promotion.	Ce moyen de communication doit être utilisé à bon escient. Il est important de cibler les journalistes directement concernés par votre information et de ne surtout pas les harceler.
Micro-site et jeux en ligne	Mini-sites web axés entièrement sur la promotion d'un autre site.	Très utiles pour des opérations événementielles limitées dans le temps.	Attention à respecter la législation en vigueur dans le cas d'une mise en place d'une loterie en ligne.
Supports off-line	Peut prendre la forme de trois types d'action : • promotion interne à l'entreprise (auprès des employés) • promotion directe du site (espaces publicitaires, publipostage…) • promotion indirecte (par la participation à des salons, forums, par la rédaction d'articles…)	Complète efficacement la promotion en ligne. Permet de disposer d'une visibilité maximale en un temps réduit.	Hormis la promotion indirecte, ce type de promotion peut s'avérer très onéreux. De plus, de telles campagnes doivent être réfléchies et budgetées longtemps à l'avance.

Testez vos connaissances

- Que signifie l'acronyme A.I.D.A. ?
- Quelles sont les différentes formes de publicité sur Internet ?
- Expliquez la différence entre un agent de communication interactive et une agence média interactive.
- En quoi consiste le principe de l'affiliation entre deux sites ?
- Quels sont les principes d'une stratégie de netlinking ?
- Qu'appelle-t-on « une stratégie de marketing viral » sur Internet ?
- Qu'appelle-t-on « une stratégie de marketing tribal » sur Internet ?
- Comment les groupes de discussions peuvent-ils servir à la promotion d'un site web ?
- Comment réussir un communiqué de presse ?
- Quelles sont les trois formes de promotion off-line applicables pour la promotion ou l'animation d'un site web ?

En résumé...

Pour qu'un site Internet soit visité par un maximum de personnes, il convient de respecter une certaine démarche. La diffusion d'un site doit faire l'objet d'une réflexion stratégique : vers qui souhaitez-vous communiquer ? Comment et sous quelle forme ? En ligne ? Hors ligne ?

Nous avons tenté dans ce chapitre de présenter l'ensemble de ces moyens de promotion et d'animation. Ils sont complémentaires et doivent être poursuivis pendant toute la durée de vie de votre site.

Une étude de Cognitiative (citée sur http://marketing-internet.com/articles/strategie/publicite.html) sur la façon dont les personnes découvrent de nouveaux sites a fourni les résultats suivants :

- Pour les particuliers : bouche à oreille (100 %), liens (83 %), publicité (67 %), articles de magazines (61 %), articles de journaux (50 %), conférences (17 %).
- Pour les professionnels : articles de magazine (94 %), liens (88 %), publicité (76 %), bouche à oreille (71 %), articles de journaux (53 %), conférences (47 %).

RÉFÉRENCES

Abc-netmarketing :

- http://www.abc-netmarketing.com/

Marketing-Internet :

- http://www.marketing-internet.com

ClickZ :

- http://www.clickz.com

e-marketing :

- http://www.e-marketing.fr/

chapitre 6

Audience
Statistiques
Niveau d'activité
par jour de la semaine
nfiguration
Trafic/
actéristiques
utilisateurs
Chemins
préférés
Erreurs
Visites/
Visiteurs
Popularit
des
pages

Analyse et mesures d'audience

Analyse et mesure d'audience offrent des statistiques précises sur le trafic et les performances d'un site web. Ces statistiques peuvent renseigner aussi bien sur les qualités de référencement, le nombre de visites ou visiteurs et le taux de clics, que sur la fréquence de téléchargement d'une information, le type de foyers connectés, le parcours des internautes…

SOMMAIRE

MOTS-CLÉS

- Statistiques
- Site-centric
- User-centric
- Panels
- Études
- Logs
- Visites
- Visiteurs
- Clic
- Chemins
- Nombre de pages vues
- Pays d'origine
- Popularité des pages
- Referers

Panorama des approches de mesure et d'analyse d'audience

Les outils d'analyse d'audience se distinguent selon deux approches : la première, dite *user-centric*, est centrée sur l'utilisateur ; la seconde, dite *site-centric*, est centrée sur le site. Ces deux familles d'outils ont leurs avantages et inconvénients respectifs.

Mesures côté client (user-centric)

À RETENIR Analyse centrée utilisateur

L'approche centrée utilisateur, qui repose sur l'étude d'échantillons de population, est similaire à celle utilisée par les instituts d'études de marché. Une telle approche est intéressante pour les très gros sites à fort trafic.

Cette approche repose sur l'étude d'échantillons de population. Tous les sites visités donnent lieu à une mesure, qui peut être utilisée dès lors que le site recueille un nombre important de visites.

Cette étude peut être réalisée par des enquêtes (téléphoniques, en ligne ou en face à face) qui permettent à la fois de récupérer des informations relatives aux caractéristiques des foyers, et de connaître les comportements, freins, motivations et projets de ceux qui ne sont pas encore internautes.

Elle peut aussi être réalisée en couplant un logiciel d'analyse aux PC d'un panel d'internautes, pour enregistrer leurs habitudes de navigation (type de sites visités, temps de connexion, parcours, etc.) de façon similaire au calcul de l'audimat pour la télévision,

Comme pour tout sondage, la fiabilité de la mesure d'audience par panels dépend de plusieurs facteurs, à commencer par la représentativité des échantillons considérés. Ceux-ci doivent représenter le plus fidèlement possible la population des internautes dans son ensemble : âge, catégorie socio-professionnelle, niveau d'étude, sexe, situation géographique, équipement informatique…

Les évolutions notables sont prises en compte, chaque échantillon pouvant être revu mois après mois, par exemple si une catégorie donnée augmente en proportion, ou pour tenir compte de la démocratisation de l'usage d'Internet.

EN PRATIQUE Coût des sondages de comportement

L'accès aux informations d'une analyse de comportement coûte en moyenne quelque 16 000 euros annuels… En outre, ce type d'analyse porte rarement sur le comportement des internautes sur leur lieu de travail.

Ces analyses présentent d'indéniables avantages : elles renseignent sur les tendances générales du trafic sur Internet (attitudes, modes de consommation) et offrent des informations d'ordres sociologique et démographique.

Malheureusement, l'utilisation de ces outils est coûteuse (en moyenne, plus de 16 000 euros par an pour accéder aux informations). De plus, ces études ne proposent que très rarement des données sur le comportement des internautes dans leur environnement de travail : les informations recueillies ne concernent que les connexions à partir des foyers connectés à Internet, ce qui nous empêche de disposer de deux types de mesures :

- celles relatives aux sites à vocation professionnelle (essentiellement consultés sur les lieux de travail),
- celles relatives aux sites visités pendant les pauses déjeuner des employés : webmails, bourse en ligne, achats en ligne, actualités…

Sur le marché français, citons quelques solutions d'analyse centrées sur l'utilisateur :

- pour les enquêtes, Médiamétrie avec son observatoire des usages de l'Internet (http://www.mediametrie.fr), et les études « Médias & Internet » d'Ipsos (http://www.ipsos.fr).
- Pour les panels, Nielsen//Netratings (http://www.nielsennetratings.com, commercialisée en France par Médiamétrie) et Novatris (http://www.novatris.fr).

Mesures côté serveur (site-centric)

L'analyse site-centric mesure l'audience en comptabilisant le nombre de connexions à un site web donné. Cela permet d'appréhender les volumes de trafic qu'il génère, grâce à trois types d'outils :

- ceux fonctionnant à partir de l'analyse des fichiers de connexion (analyse des logs) ;
- ceux utilisant le marquage de chaque page du site (analyse à distance) ;
- ceux reposant sur le balayage du trafic de réseau et de serveur (analyse des sniffers).

Outils d'analyse des logs

Certains logiciels sont spécialisés dans l'analyse automatique des fichiers de connexion (ou logs) d'un serveur web. Les principales données ainsi collectées sont : l'adresse IP du visiteur, le nom et la taille des fichiers appelés ainsi que les horaires.

L'analyse de fichiers de connexion présente l'avantage de ne nécessiter aucune intervention préalable sur le site à analyser.

Cependant les informations recueillies manquent parfois de fiabilité, car toutes celles qui sont stockées en cache (cache de proxies ou de navigateurs) sont difficilement exploitables, les requêtes les plus récurrentes n'étant comptabilisées qu'une seule fois dans les logs. Cette contrainte est importante, car, selon les sources, la minoration d'audience provenant du phénomène de mise en cache peut varier de 10 à 60 % (Bertrand Bathelot, sur son site abc-netmarketing.com, estime cette minoration entre 20 et 50 %).

Il existe un grand nombre d'outils d'analyse de logs, certains sont payants, d'autres gratuits :

Webtrends	http://www.netiq.com/webtrends/default.asp
Surfstats	http://www.surfstats.com (voir figure 6-1)
Analog	http://www.analog.cx
Summary	http://summary.net
Webalyzer	http://www.webalizer.com (voir figure 6-1)
Wusage	http://www.boutell.com/wusage

Signalons également que les hébergeurs proposent souvent, dans le cadre de leurs prestations, l'accès à l'un de ces logiciels.

B.A.-BA Fichiers de connexion (logs)

Un fichier de log d'un serveur web consigne à mesure toutes les données des connexions servies, notamment l'adresse IP du visiteur, le nom et la taille des fichiers demandés et la date précise de la requête.

EN PRATIQUE Mise en cache des pages web les plus consultées

La mise en cache permet d'économiser les transferts de données entre un serveur web et un client, en gardant en mémoire les pages les plus demandées. Ces pages sont alors servies plus rapidement aux internautes.

Dans le cas des caches situés du côté du navigateur, les données sont stockées sur le disque dur du client. Une page web consultée est enregistrée dans un dossier spécifique. Si cette page est redemandée, le navigateur la récupère directement dans ce dossier, et son affichage est instantané.

Dans le cas des caches situés chez les fournisseurs d'accès Internet ou administrateurs de réseaux d'entreprises, ces derniers ont mis en place des serveurs spécialisés, dits serveurs proxy, qui à la réception d'une requête, stockent le résultat sur leur disque. Si la même requête leur est à nouveau envoyée, ils vérifient que le résultat n'a pas été modifié et renvoient celui gardé en mémoire.

Dans ces deux cas, l'appel d'une page mise en cache n'est pas comptabilisé dans les fichiers logs – car elle n'est pas servie par le serveur du site.

Figure 6–1
Les analyseurs de logs Surfstats et Webalyzer

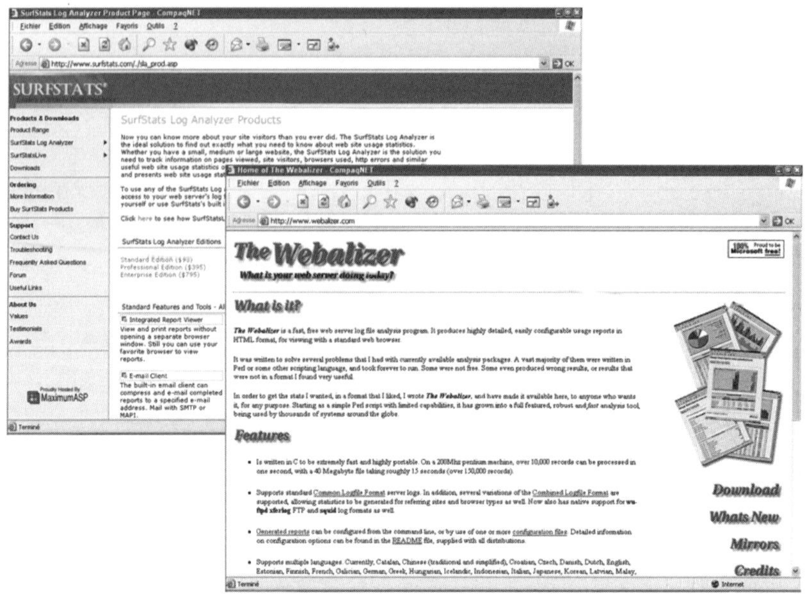

Outils d'analyse à distance

Le principe général des outils d'analyse à distance est de marquer les pages dont on veut mesurer l'audience, à l'aide d'un tag.

Lorsqu'une page ainsi marquée est chargée par un internaute, une requête est envoyée à un serveur externe d'analyse d'audience qui comptabilise les données relatives à cette visite. Cette technologie a vu le jour début 1998.

Les outils d'analyse à distance présentent plusieurs avantages :

- La page appelée est comptabilisée dans les statistiques du site, même si cette page provient d'un serveur proxy (cela permet de contrer les minorations dues à la technique de mise en cache).
- Toutes les mesures se font sur un serveur extérieur et n'utilisent donc pas les ressources du serveur sur lequel est hébergé le site web.
- La mesure étant effectuée par un prestataire neutre, l'éditeur du site peut utiliser cette dernière comme une solution de certification de son trafic.
- Lors des requêtes envoyées au serveur de statistiques, certaines informations peuvent être également passées en paramètre ce qui permet par la suite de suivre des éléments autres que purement « trafic » : prix d'un produit sélectionné, critère de la recherche effectuée, type de paiement utilisé, nom du lien cliqué, etc.

Voici une liste non exhaustive des principaux outils utilisant la technologie des tags :

Sitecatalyst	http://www.omniture.com/product_tours/sitecatalyst
Google Analytics	http://www.google.com/analytics/fr-FR/
XITI	http://www.xiti.com
Weboscope	http://www.weboscope.com

Choisir des outils d'analyse à distance certifiés par le label OJD – Bureau Internet Multimédia

L'OJD a pour vocation de certifier la diffusion, la distribution et le dénombrement de tout média, en priorité la presse. Il vérifie également les écrits spécialisés, les supports imprimés, les supports audiovisuels et les services télématiques et multimédias. Le résultat de ses contrôles sert de référence à l'élaboration des tarifs de publicité.

Plusieurs outils d'analyse site-centric ont reçu le label ODJ – Bureau Internet Multimédia exploitable en vue de jouer le rôle de tiers certificateurs pour les données de fréquentation des sites web.

▸ http://www.ojd.com/fr/bureaux/bur_bim.php

eStat	http://www.estat.com
HitBox	http://www.websidestory.com
WEBandSTATS	http://www.audientia.com
UCatchIt	http://www.ucatchit.com/
Wysistat	http://www.wysistat.com
Webabacus	http://www.webabacus.com

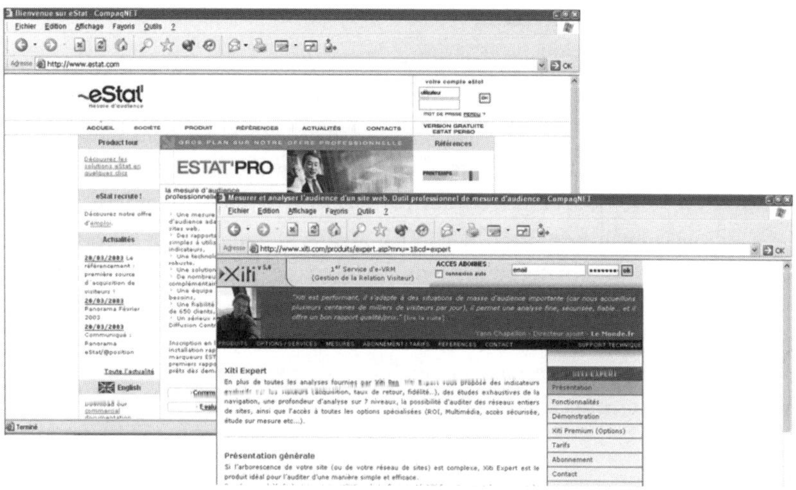

Figure 6–2
Les outils d'analyse à distance Estats et Xiti

Balayage du trafic de réseau et de serveur

Cette technique nécessite l'installation de logiciels spécifiques sur le serveur web : les sniffers, qui permettent de prélever directement les informations au niveau TCP/IP et de les analyser par paquets.

Ce type d'analyse permet de recueillir les données en temps réel. Cependant, comme dans le cas de l'analyse des logs, les pages stockées dans les caches des navigateurs ou des proxies ne sont pas prises en compte. En outre la technologie des sniffers nécessite une mise en place complexe et ne vise ainsi que les très gros systèmes.

Un sniffer

Un sniffer est un dispositif (logiciel ou matériel) qui permet de capturer toutes les informations transitant sur un réseau donné. Cet outil peut ainsi servir à déceler les failles de sécurité ou bien à récupérer les informations de connexions.

Combiner les analyses de logs et les techniques de tags

Si l'on met de côté l'approche user-centric et la technologie des sniffers, surtout intéressantes pour les très gros sites à fort trafic, il faut savoir qu'il est profitable de combiner l'analyse de logs et l'analyse à distance, car les décalages qui apparaissent lorsqu'on compare les informations recueillies montrent qu'elles se complètent.

Rappelons en effet que les pages mises en cache ne sont pas comptabilisées par les analyseurs de logs, mais le sont par l'analyse à distance ; inversement, une page interrompue dans son chargement avant son affichage complet sera prise en compte par une analyse de logs mais pas forcément par un outil utilisant la technologie des tags – ce dernier ne lance la requête au serveur distant qu'une fois chargé.

À RETENIR Analyse des logs et technique des tags

L'analyse des logs et la technique des tags sont des approches complémentaires plutôt que concurrentes. Chacune possédant ses forces et ses faiblesses, l'idéal est de disposer des deux types d'outils.

Estimations du trafic

Les outils de mesure et d'analyse d'audience permettent de recueillir un grand nombre d'indicateurs pour mieux connaître le trafic d'un site. Ces indicateurs sont essentiels pour l'évaluation du potentiel global de votre site, et ce quelle que soit la vocation de ce dernier : éditoriale, commerciale, publicitaire, extranet...

Nombre de pages vues

Page vue

Une page « vue » est une page considérée comme un tout cohérent du point de vue du navigateur, quel que soit le nombre d'éléments qu'elle inclut.

À NOTER Nombre de pages vues vs nombre de fichiers accédés

Certains outils de mesure d'audience vous proposent également comme indicateur de trafic le nombre d'accès, qui correspond au volume de fichiers demandés par un visiteur (image, page, fichier texte, etc.) et de ce fait, ne correspond pas exactement au nombre de pages vues.

C'est l'indicateur le plus souvent utilisé. Il représente le nombre de pages chargées sur le poste de l'internaute lorsqu'il consulte le site.

Souvent exprimé en volume global, il peut être influencé par la structure du site : il augmente lorsqu'un même contenu est réparti sur plusieurs pages, ou diminue dans le cas d'un regroupement d'informations au sein d'une même page.

Par exemple, une information découpée artificiellement entre plusieurs pages web engendrera automatiquement un nombre de pages vues beaucoup plus important que si cette dernière est présentée sur une seule page. Toutefois le phénomène de mise en cache (voir section précédente) peut rendre cet indicateur complètement erroné pour un analyseur de logs : les pages mises en cache n'étant dans ce cas pas comptabilisées.

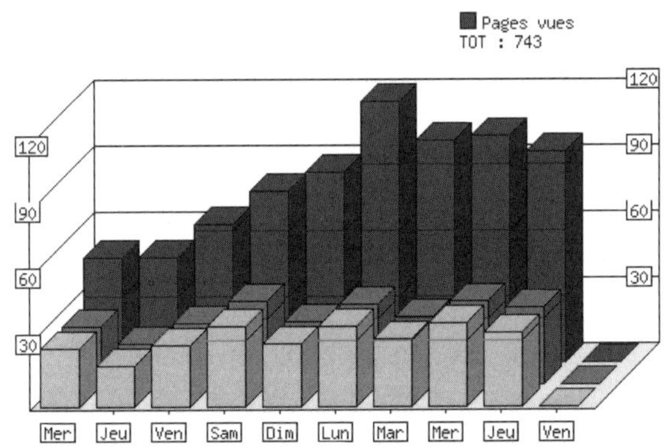

Figure 6–3 Exemple d'évolution du nombre de pages vues (source : Weboscope)

Le nombre de pages vues est un bon indicateur à connaître avant d'engager des négociations de partenariats (échange de liens, diffusion de campagnes publicitaires...) avec d'autres sites car il représente indéniablement l'un des aspects de la popularité d'un site web.

Nombre de visites ou nombre de sessions

Session web

Ici, nous l'assimilons à la période de temps qui commence lorsqu'un internaute affiche la première page d'un site web et se termine lorsque le visiteur quitte le site ou reste inactif au-delà de la durée maximale d'inactivité. Pour une limite d'inactivité de trente minutes par défaut, nous avons donc : Session web = durée de navigation sur un site + 30 minutes.

Il s'agit du nombre de fois où le site a été visité pendant un intervalle de temps spécifié. Cette information est couramment employée pour connaître l'importance d'un site en termes de trafic. Cependant, elle doit être appréhendée avec précaution, car elle ne permet pas de savoir si 40 000 visites mensuelles correspondent à 40 000 visiteurs venus une fois dans le mois, ou à 8 000 visiteurs venus 5 fois...

En outre, deux visites espacées de moins de 30 minutes (du même client) ne sont comptabilisées par l'outil d'analyse que comme une seule visite (la durée moyenne d'une session web est généralement de 30 minutes).

Nombre de visiteurs

Cet indicateur est utilisé pour savoir si un même visiteur est venu plusieurs fois sur une période donnée. Pour obtenir cette information, les outils d'analyse d'audience utilisent des cookies.

Lorsqu'un internaute refuse l'enregistrement des cookies sur son poste, le calcul du nombre de visiteurs est généralement basé sur l'adresse IP et la variable d'environnement user agent (système d'exploitation et type de navigateur).

Attention, le terme « visiteur » désigne ici le poste qui accède au site et non son utilisateur. La différence est importante, car cet indicateur ne permet pas de savoir si, pour accéder au site, sept internautes ont utilisé chacun une fois le même ordinateur ou si un internaute a utilisé sept fois sa propre machine. Seule une authentification permettra de connaître véritablement le nombre d'internautes distincts d'un site donné (ceci nécessitera que l'accès au site web soit restreint, ce qui n'est généralement pas le cas d'un site grand public).

Au delà de cet aspect, le nombre de visiteurs est un élément appréciable pour apporter à l'éditeur d'un site une visibilité plus qualitative de son trafic (voir figure 6-5).

Cookie

Variable stockée pour une durée donnée sur la machine de l'utilisateur et qui permet de conserver des informations relatives à l'identité du client et à ses actions sur le site. Lors de la première visite, le serveur enregistre ces informations dans un fichier texte qu'il conserve sur le disque dur du visiteur. Lors des visites suivantes, le serveur recherche le cookie et se configure en fonction des informations fournies.

De nos jours, les principaux navigateurs donnent la possibilité aux internautes de refuser l'enregistrement des cookies sur leur ordinateur.

B.A.-BA Authentification

Procédé qui réserve l'accès à des ressources Internet (ou intranet) aux seuls visiteurs qui s'identifient à l'aide d'un nom d'utilisateur et d'un mot de passe..

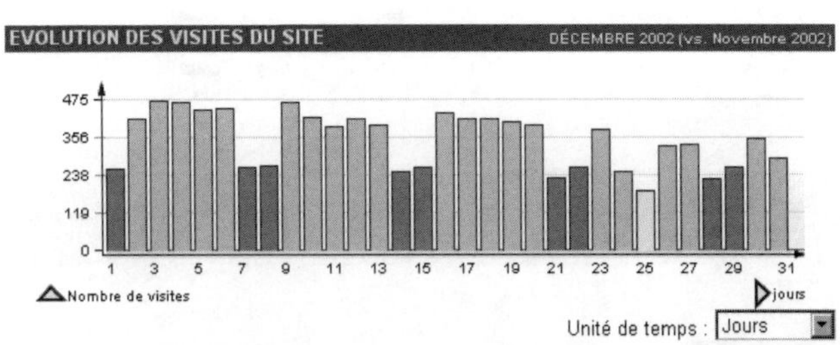

	Données
Cumul	10 956 visites
Maxi	475 (Mardi 03/12/2002)
Mini	190 (Mercredi 25/12/2002)

	Ecarts
Cumul	-
Maxi hausse	-
Maxi baisse	-

Figure 6–4
Exemple d'évolution du nombre de visites (source : Xiti)

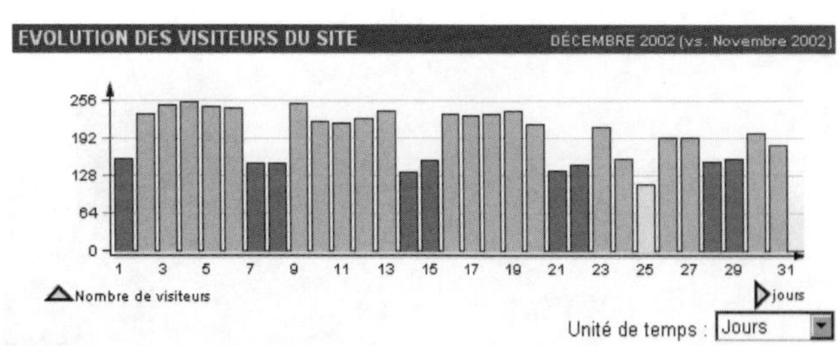

	Données
Cumul	6 218 visiteurs
Maxi	256 (Mercredi 04/12/2002)
Mini	116 (Mercredi 25/12/2002)

	Ecarts
Cumul	-
Maxi hausse	-
Maxi baisse	-

Figure 6–5
Exemple d'évolution du nombre de visiteurs (source : Xiti)

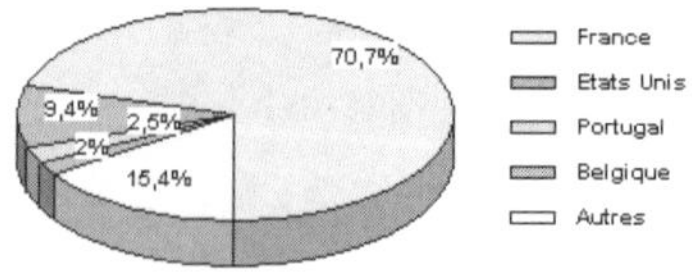

Principaux pays

Pays	Visites (décembre)
France	70,7 % (7 744 visites)
Etats Unis	9,4 % (1 028 visites)
Portugal	2,5 % (278 visites)
Belgique	2,0 % (223 visites)
Autre	15,4 % (1 683 visites)

Figure 6–6 Bilan donnant l'origine des visiteurs d'un site web (source : Xiti)

EXEMPLE

Si l'unanimité des internautes d'un site donné dispose d'une résolution d'écran au minimum de 800 × 600 px, il sera alors inutile de continuer à développer ce dernier pour une fenêtre cible de 640 × 420 px (voir chapitre 2).

Identification du profil des internautes

Pays d'origine

Cette indication peut se révéler fort utile si la stratégie d'une entreprise est d'internationaliser son média en ligne. L'éditeur pourra ainsi tester l'impact pour chaque pays et corroborer l'information ainsi obtenue avec les marchés qu'il avait au préalable ciblés.

Configurations et équipements des internautes

Ces indicateurs identifient pour les visiteurs d'un site :

- les types et versions de leur navigateur,
- les types et versions de leur système d'exploitation,
- les résolutions et les couleurs disponibles pour leur écran.

En reliant ces informations, nous obtenons une vision pertinente nous permettant de déceler automatiquement les problèmes d'inadéquation entre le site et ses visiteurs. Cela permet de mieux adapter l'ergonomie du site et peut influencer le choix de telle ou telle technologie.

Figure 6–7
Exemples de bilans des configurations et équipements des internautes (sources : Weboscope et Urchin)

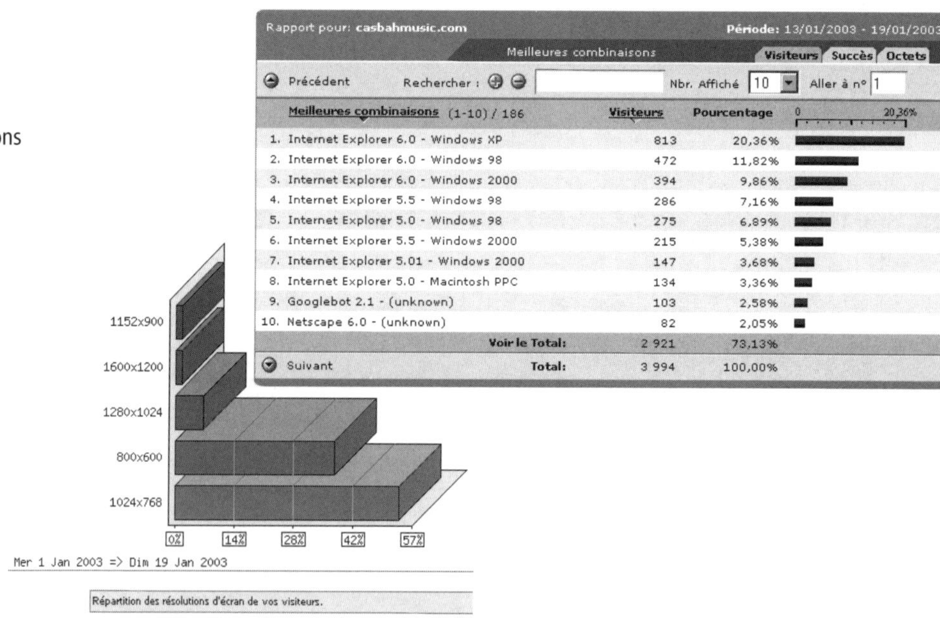
Rapport pour: casbahmusic.com — Période: 13/01/2003 - 19/01/2003

Meilleures combinaisons — Visiteurs / Succès / Octets

Précédent — Rechercher : — Nbr. Affiché 10 — Aller à n° 1

Meilleures combinaisons (1-10) / 186	Visiteurs	Pourcentage
1. Internet Explorer 6.0 - Windows XP	813	20,36%
2. Internet Explorer 6.0 - Windows 98	472	11,82%
3. Internet Explorer 6.0 - Windows 2000	394	9,86%
4. Internet Explorer 5.5 - Windows 98	286	7,16%
5. Internet Explorer 5.0 - Windows 98	275	6,89%
6. Internet Explorer 5.5 - Windows 2000	215	5,38%
7. Internet Explorer 5.01 - Windows 2000	147	3,68%
8. Internet Explorer 5.0 - Macintosh PPC	134	3,36%
9. Googlebot 2.1 - (unknown)	103	2,58%
10. Netscape 6.0 - (unknown)	82	2,05%
Voir le Total:	2 921	73,13%
Suivant — Total:	3 994	100,00%

Analyse du comportement des internautes

La mesure d'audience d'un site web permet de comprendre le comportement des internautes et d'agir en conséquence.

Les indicateurs de comportement

Pages d'entrées et de sorties

Ces indicateurs identifient les pages par lesquelles les utilisateurs accèdent au site ainsi que celles à partir desquelles les visiteurs le quittent.

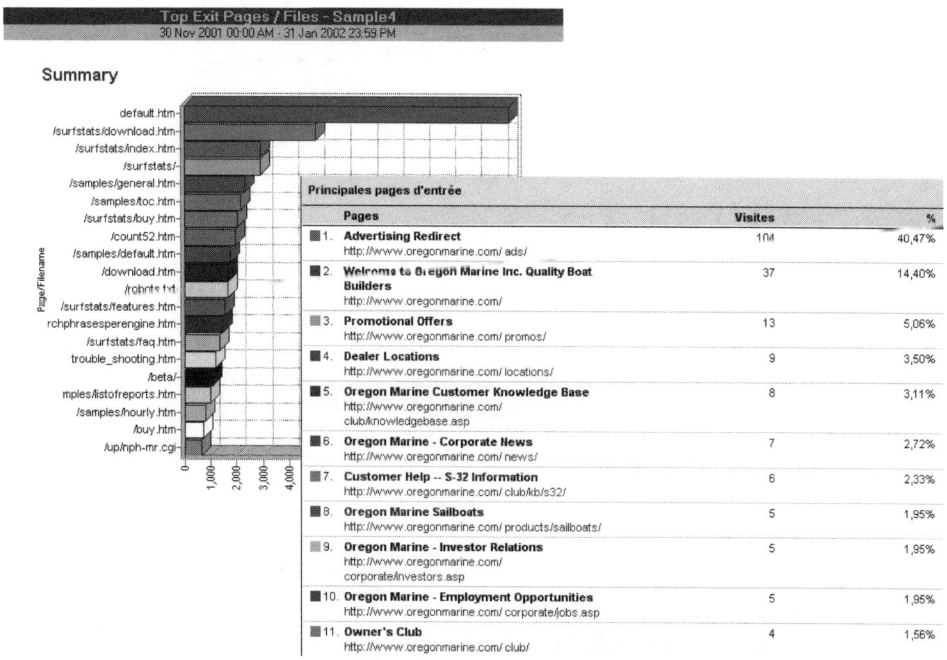

Figure 6–8
Exemples de listes des principales entrées et sorties (sources : Surfstats et Webtrends)

Les pages d'entrées peuvent s'avérer utiles pour découvrir que l'accès au site se fait autrement que par la page d'accueil, ou pour suivre concrètement l'impact d'un partenariat ou d'une publicité qui pointe directement sur une page donnée.

La liste des sorties est également significative pour connaître les pages :

- qui ne retiennent pas l'attention des visiteurs ou, au contraire, qui leur fournissent l'information recherchée ;
- qui orientent les internautes vers un autre site (succès d'un lien renvoyant à un site partenaire, par exemple).

De plus, si les pages de sorties correspondent en majorité aux pages d'entrées, c'est que le site dispose de plus d'internautes de passage que d'internautes fidélisés.

Principaux itinéraires et popularité des pages

Utiles pour les activités de marketing et de promotion, ces indicateurs présentent :

- les chemins que les visiteurs suivent le plus souvent (en commençant par la page qu'ils ouvrent en premier puis toutes les pages successives pendant leur visite) ;
- les pages les plus demandées ;
- les pages qui ne sont presque jamais visitées.

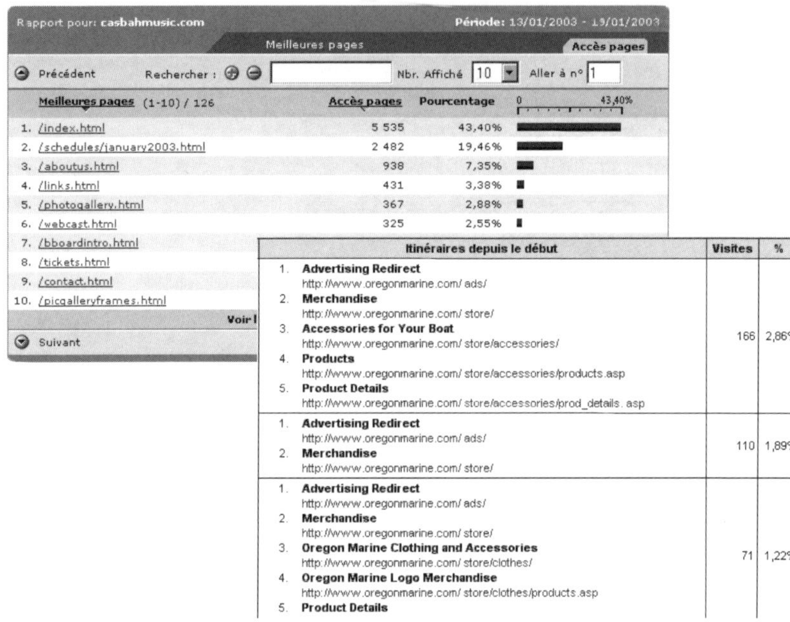

Figure 6–9
Exemples de pages les plus populaires et des chemins préférés des internautes (sources : Urchin et Webtrends)

Ces informations aident l'éditeur à mieux organiser la structure de son site en lui présentant ses « zones chaudes » et ses « zones froides ». De la même manière en grande distribution, l'aménagement d'un point de vente est en grande partie défini par le comportement du consommateur : par le biais d'outils d'analyse sophistiqués reliés aux caméras de surveillance, le distributeur peut suivre un consommateur et noter tous ses arrêts devant les rayons, les soldes, etc. Cette technique fait apparaître les zones chaudes (points de passage les plus fréquentés) et les zones froides (points de passage les moins fréquentés) du magasin et permet d'identifier les meilleures places pour les produits.

Il en va de même pour un site web. L'analyse de ces indicateurs permettra à l'éditeur :

- pour un site d'information, de définir les meilleures pages pour placer un renseignement important ou une publicité ;
- pour un site de commerce en ligne, de suivre le parcours complet des internautes dans le processus de commande et d'identifier combien parmi eux se sont arrêtés à l'action de commander sans aller jusqu'à l'acte de paiement.

Si le site web comprend un moteur de recherche interne, nous pouvons également coupler ces informations avec les mots-clés utilisés par les internautes, et ainsi identifier s'il existe une adéquation entre les informations demandées et celles effectivement consultées.

Enfin, ces indicateurs vous permettent d'évaluer la présentation, le design de votre site web et l'accessibilité d'une page.

Durée moyenne des visites et temps de consultation par page

Il s'agit du nombre de minutes pendant lequel le site web ou l'une de ses pages a été consultée par un visiteur. Même si ces informations permettent de valider la pertinence de mise en ligne de certaines informations, elles doivent être interprétées avec précaution.

En effet, ce type d'indicateur dépend en grande partie du thème du site. Par exemple, la durée moyenne d'une visite sur un site de jeux en ligne sera certainement beaucoup plus longue que celle d'un site présentant l'activité d'une entreprise.

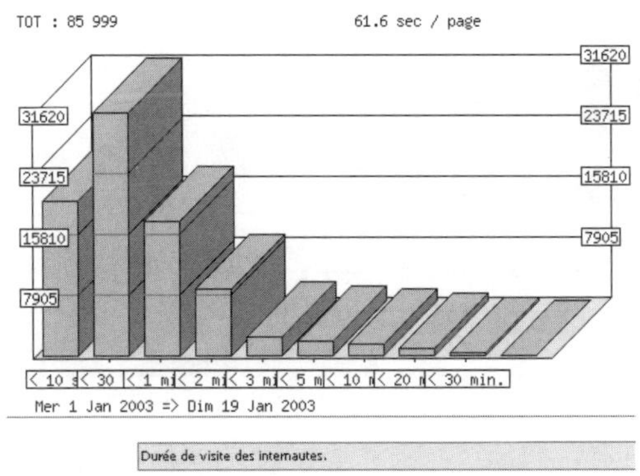

Figure 6–10
Exemple de durée moyenne d'une visite (source : Weboscope)

Jours et heures de visites

Les jours et heures de visites renseignent sur les niveaux d'activité du serveur web pour une période spécifiée. Les informations généralement disponibles sont :

- le niveau d'activité en semaine et pendant le week-end (nombre de pages vues et nombre de visites) ;
- le niveau d'activité par jour (nombre de pages vues et nombre de visites) ;

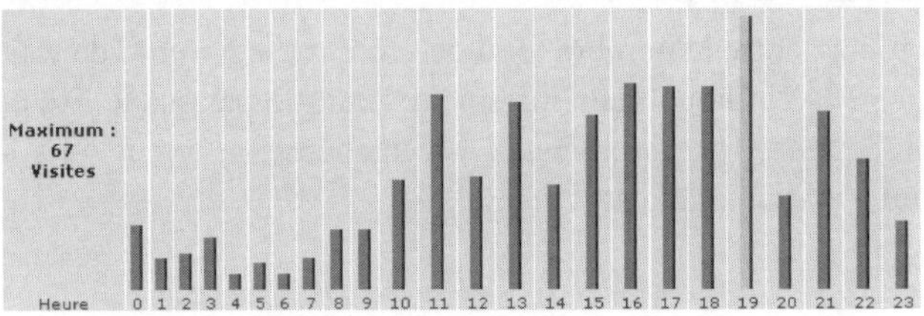

Figure 6–11 Exemple de niveaux d'activité par heure de la journée (source : Estat)

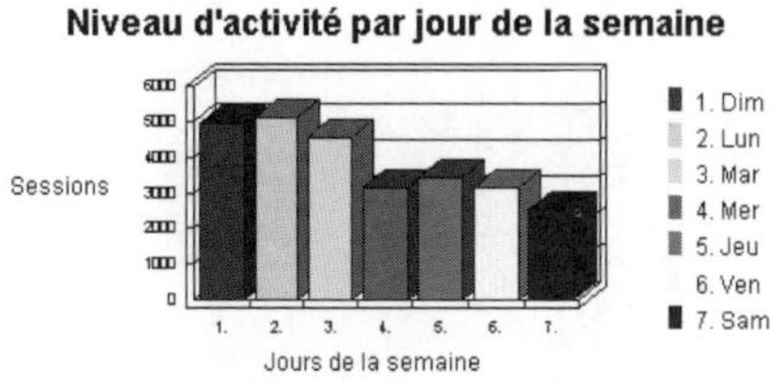

Figure 6–12 Exemple de niveaux d'activité par jour de la semaine (source : Webtrends)

- l'identification du jour de la semaine le plus actif et le moins actif ;
- l'identification des heures les plus actives et les moins actives.

Ils permettent à la fois de connaître la période la moins pénalisante pour un arrêt de service (pour une maintenance technique, par exemple) et de mieux cerner les lieux de connexions au site : entreprise ou domicile.

Ratios issus des indicateurs de comportement

Nombre de visites en fonction du nombre de pages vues

Ce ratio permet de connaître l'activité moyenne d'un site donné. À l'instar du nombre de pages vues, il peut être influencé par la structure et le thème du site. Par exemple, il est intéressant de savoir qu'un site d'information atteint en moyenne un taux de cinq pages par visite.

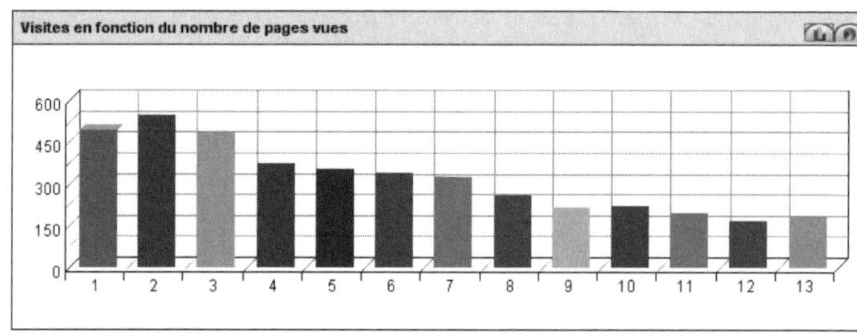

Figure 6–13
Exemple du nombre de visites en fonction du nombre de pages vues (source : Webtrends)

Visites en fonction du nombre de pages vues		
Nombre de pages vues	**Visites**	**%**
1 Page	493	4,53%
2 Pages	547	5,03%
3 Pages	483	4,44%
4 Pages	375	3,45%
5 Pages	353	3,24%
6 Pages	341	3,13%
7 Pages	327	3,00%
8 Pages	260	2,39%
9 Pages	217	1,99%
10 Pages	219	2,01%
11 Pages	198	1,82%
12 Pages	167	1,53%
13 Pages	181	1,66%
Sous-total Pages	**4 161**	**38,23%**
Autre Pages	**6 724**	**61,77%**
Total	**10 885**	**100,00%**

Taux de visites à une page

Il s'agit du rapport entre le nombre total de visites et le nombre de visites à une page. Un taux élevé indique que l'internaute ne reste pas sur le site et permet d'agir en conséquence (pages pas assez « accrocheuses », erreur du système de navigation, information mal distribuée...).

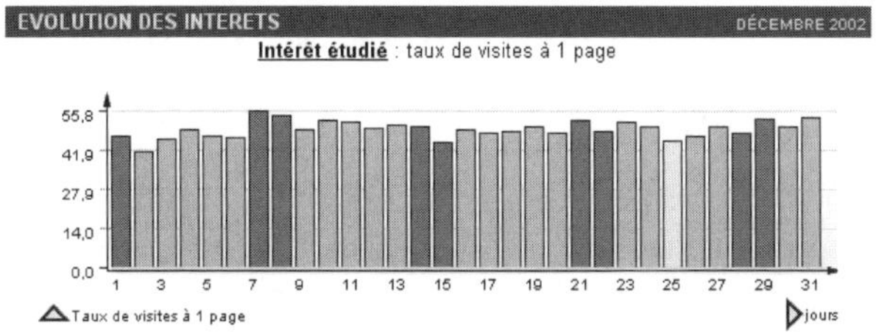

	Données		Ecarts
Cumul	-	Cumul	-
Maxi	55,8 (Samedi 07/12/2002)	Maxi hausse	-
Mini	41,4 (Lundi 02/12/2002)	Maxi baisse	-

Figure 6–14
Évolution du taux de visite à une page (source : Xiti)

Fréquence de visite

C'est une moyenne permettant de savoir combien de fois un visiteur est revenu sur un site pour une période donnée (un jour, une semaine...). Ce chiffre est généralement proche de 1 ; lorsqu'il dépasse 2, cela montre que les visiteurs reviennent sur le site très fréquemment (ce qui est normal pour un site diffusant de l'actualité, par exemple).

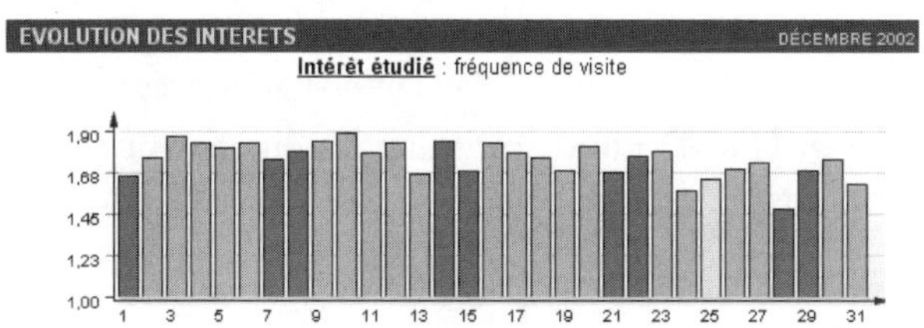

Figure 6–15
Évolution de la fréquence de visite (source : Xiti)

Nombre de pages vues à la minute

Il s'agit du ratio entre le nombre de pages vues par visite et la durée d'une visite. Il représente une sorte de vitesse de lecture des pages. Un ratio faible montre que les internautes ont pris leur temps pour lire le contenu des pages, alors qu'un ratio élevé traduit une grande rapidité de lecture (ce cas arrive notamment lorsque l'internaute connaît bien le site).

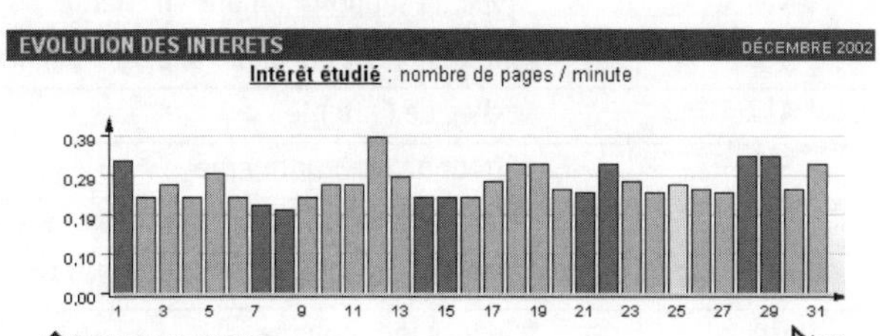

Figure 6–16
Évolution du nombre de pages vues à la minute (source : Xiti)

Connaître la performance et la notoriété d'un site web

Les outils de mesure d'audience permettent d'obtenir un classement des principales voies d'accès au site ainsi que des statistiques techniques le concernant. Ces informations sont très utiles pour établir la performance de votre site (fiabilité, erreurs, etc.) ainsi que celle de votre travail de promotion et de référencement.

Statistiques techniques

Fiabilité du site

En comparant le nombre d'accès à vos pages au nombre d'échecs, vous obtenez une représentation assez fidèle de la fiabilité de votre site.

Pour chaque erreur rencontrée, l'outil d'analyse détaille :

- la requête qui en est à l'origine (formulaire, appel d'une page ou d'une image non existante, etc.) et vous permet ainsi d'identifier tous les bugs qui subsistent ;
- son type, s'il s'agit d'une erreur côté client ou côté serveur ;
- son code d'état HTTP afin de connaître les différents types d'erreurs rencontrées au cours de la navigation.

B.A.-BA **Erreurs côté client et côté serveur**

Les erreurs côté client se produisent si la demande émise par le navigateur d'un visiteur n'est pas valide. Les erreurs client sont numérotées dans la plage 400 des codes d'état HTTP (voir ci-dessous). Les erreurs côté serveur signalent des problèmes apparus lorsqu'un serveur web a essayé de répondre à la requête d'un client, et sont numérotées dans la plage 500 des codes d'état HTTP.

DÉFINITION **Codes HTTP signalant un échec**

Les codes d'état HTTP d'une demande de fichier indiquent si le transfert a réussi ou non, et pourquoi.

Code d'état HTTP	Signification	Code d'état HTTP	Signification
400	Demande erronée	412	Échec de la précondition
401	Non autorisé	413	Demande d'entité trop grande
402	Paiement exigé	414	Demande d'URL trop grande
403	Interdit	415	Type de support non pris en charge
404	Introuvable	416	Impossible de satisfaire la plage demandée
405	Méthode non autorisée	417	Échec de l'attente
406	Inacceptable	500	Erreur de serveur interne
407	Authentification du serveur proxy requise	501	Non mis en œuvre
408	Temporisation de la demande	502	Passerelle incorrecte
409	Conflit	503	Service indisponible
410	Terminé	504	Temporisation de passerelle
411	Longueur requise	505	Version HTTP non prise en charge

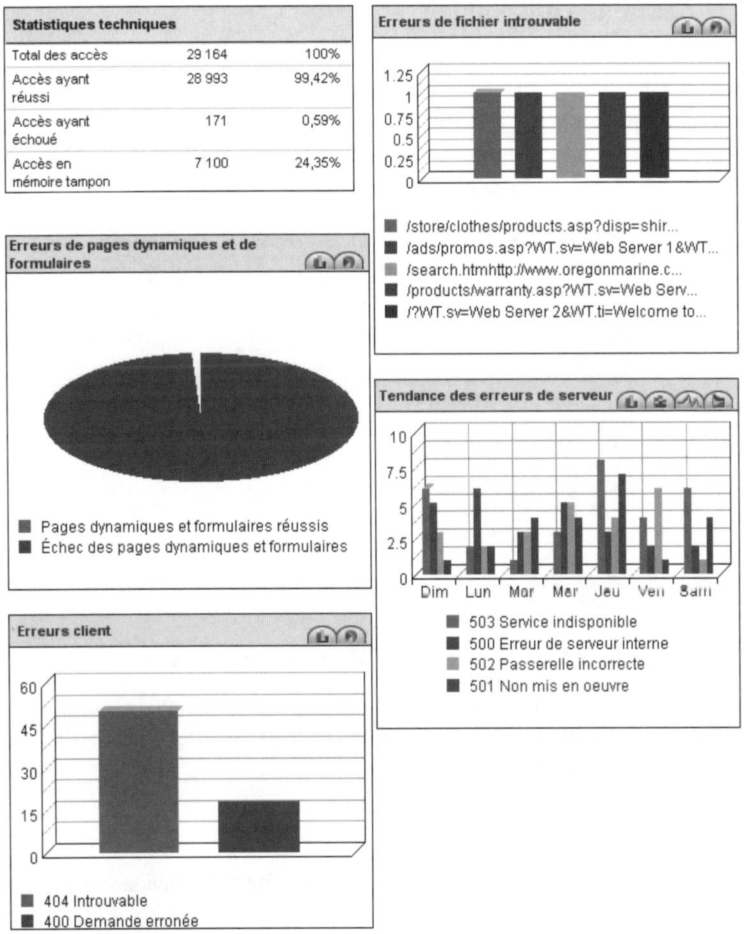

Figure 6–17
Les indicateurs d'erreurs (source : Webtrends)

Formulaires utilisés

Cette section indique le nombre de formulaires soumis avec succès par les utilisateurs et le comparent au nombre d'échecs. Cet indicateur permet d'identifier les requêtes le plus souvent demandées : demande d'information, commande, recherche, etc.

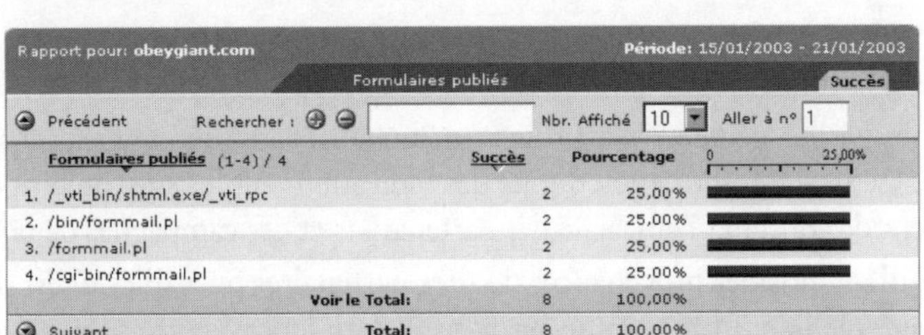

Figure 6–18
Les formulaires soumis (source : Urchin)

Bande passante consommée

Le graphique et le tableau de bande passante identifient le nombre d'octets transférés à partir de votre site web pour la période de temps spécifiée. Ces informations sont précieuses pour savoir si la consommation de bande passante nécessite de faire évoluer le débit de la connexion à Internet ou le trafic alloué par l'hébergeur (voir chapitre 3).

Figure 6–19
Exemple de bande passante consommée (source : Surfstats)

Detail Weekly Activity	
	Bandwidth
200101 (01/01/2001 - 01/07/2001)	121.24 MB
200148 (11/26/2001 - 12/02/2001)	251.72 MB
200149 (12/03/2001 - 12/09/2001)	1.54 GB
200150 (12/10/2001 - 12/16/2001)	1.31 GB
200151 (12/17/2001 - 12/23/2001)	904.68 MB
200152 (12/24/2001 - 12/30/2001)	443.33 MB
200201 (01/01/2002 - 01/07/2002)	653.24 MB
200202 (01/08/2002 - 01/14/2002)	858.39 MB
200203 (01/15/2002 - 01/21/2002)	1.29 GB
200204 (01/22/2002 - 01/28/2002)	828.09 MB
200205 (01/29/2002 - 02/04/2002)	633.32 MB
Total	8.84 GB
Maximum	1.54 GB
Minimum	121.24 MB

Performance du travail de promotion et de référencement

L'étude des différents modes d'accès au site permet d'évaluer l'efficacité du travail de promotion et de référencement. Trois types d'accès sont distingués : l'accès direct, par lien ou par moteur.

Accès direct

Il s'agit d'un accès par la saisie directe de l'URL dans le navigateur ou à partir d'un signet, ou par un lien depuis un e-mail. Ces informations donnent une indication quant au nombre de visiteurs fidélisés.

Figure 6–20
Exemple de répartition entre les différents type d'accès à un site web (source : Xiti)

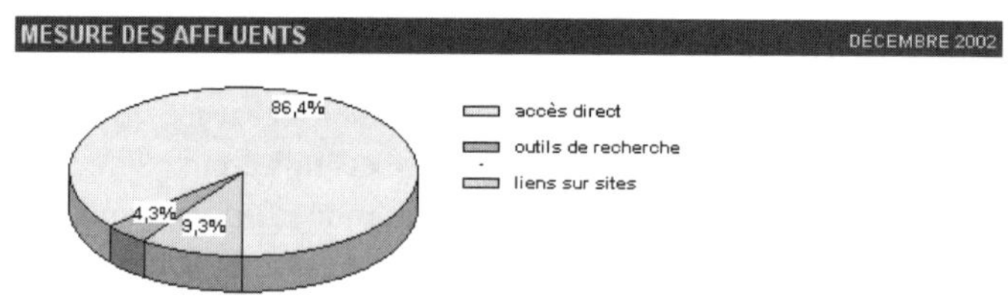

Accès par liens

Ce sont les visites générées par un lien sur un autre site (dénommées également referers). Ce type d'information donne des indications sur les sites prescripteurs et permettent de constater l'efficacité des partenariats et des campagnes de publicité.

En identifiant ainsi les provenances de sites partenaires ou affiliés, il est possible de vérifier si le lien est bien situé sur la page définie avec votre partenaire, mais aussi de repérer les liens référents dont vous n'aviez pas connaissance et d'identifier ainsi les sites qui ont spontanément établi un lien vers le vôtre.

Top Referring Sites					
		Page Views	% of Total Page Views	Client Sessions	Bandwidth
1	Unknown	25431	36.81	13629	3.72 GB
2	http://www.google.com	3838	5.56	3402	143.26 MB
3	http://www.surfstats.com	32699	47.33	1192	3.27 GB
4	http://google.yahoo.com	549	0.79	504	25.04 MB
5	http://www.uu.se	377	0.55	311	4.41 MB
6	http://download.sina.com.cn	83	0.12	292	23.64 MB
7	http://www.iisfaq.com	249	0.36	209	3.50 MB
8	http://www.google.de	215	0.31	197	8.56 MB
9	http://search.msn.com	237	0.34	179	2.69 MB
10	http://www.altavista.com	207	0.30	179	2.83 MB
11	http://www.afreego.com	2	0.00	172	256.62 KB
12	http://www.ultrasoftware.net	1	0.00	171	369.36 KB
13	http://directory.google.com	178	0.26	153	2.18 MB
14	http://www.google.fr	109	0.16	99	6.27 MB
15	http://download.cnet.com	114	0.17	97	60.81 MB
16	http://www.hotscripts.com	114	0.17	96	1.50 MB
17	http://dmoz.org	112	0.16	88	1.14 MB
18	http://www.google.it	95	0.14	87	5.40 MB
19	http://www.calitzbros.com	109	0.16	73	26.69 MB
20	http://auto.search.msn.com	92	0.13	70	1.01 MB
	SubTotal	64811	93.35	21200	7.31 GB
	Total	69084	100.00	23394	8.84 GB

Figure 6–21
Exemples de referers d'un site web (source : SurfStats)

Accès par moteur ou par annuaire

Certains outils d'analyse renseignent également sur le trafic généré par les outils de recherche. Ils donnent des informations sur :

- les résultats des campagnes de référencement (il est possible ainsi de recouper des informations précises sur la proportion du trafic provenant des moteurs de recherche) ;
- l'impact de chaque outil de recherche (données communiquées généralement en pourcentage et en nombre de visites) ;
- les mots-clés et expressions spontanément utilisés par les visiteurs pour accéder à votre site. Ces derniers ne sont pas toujours ceux que vous avez imaginés. Ils peuvent vous aider à réorienter ou compléter votre stratégie de référencement et gagner ainsi des visiteurs.

> PERFORMANCES **Calculer le retour sur investissement des campagnes**
>
> En mettant en corrélation les indicateurs de provenances cités ci-dessus et les divers coûts engendrés par vos campagnes de promotion, vous pouvez très facilement calculer votre retour sur investissement. Par exemple, le coût par visite peut s'obtenir en divisant le montant dépensé pour la campagne de marketing, divisé par le nombre de visiteurs que la campagne a attirés sur le site (bannières, liens, référencement...).

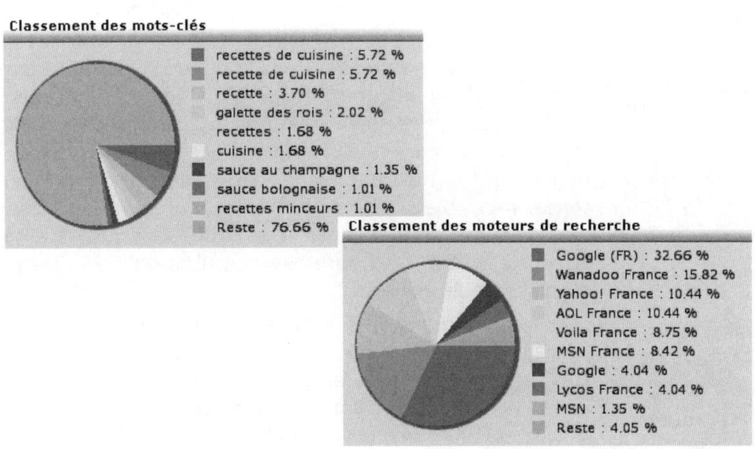

Figure 6–22
Mots-clés et répartition du trafic généré par les outils de recherche (source : Estat)

Parole d'expert : objectifs et enjeux de la mesure d'audience

par Bertrand Bathelot

La mesure et l'analyse d'audience sont des démarches indispensables dans la gestion d'un site web. Ne pas l'utiliser peut être assimilé à gérer un magasin sans connaître son chiffre d'affaires, sa fréquentation ou le comportement de ses clients.

Objectifs internes de la mesure d'audience

La création d'un site est un investissement commercial et l'entreprise doit à ce titre être capable d'en mesurer la rentabilité. L'audience est un des indicateurs qui permettent d'apprécier cette rentabilité. Si le site pratique la vente en ligne, l'audience ne sera qu'un indicateur complémentaire du volume de vente généré.

Si le site n'a qu'un objectif de promotion de la marque et de présentation des produits, l'audience est alors le principal indicateur de rentabilité de l'investissement, mais il doit être complété par des études qualitatives ponctuelles permettant de mesurer l'impact des visites sur l'image et la connaissance de la marque et des produits. Pour valider l'existence d'un réel retour sur investissement, le responsable marketing peut alors comparer une partie de son investissement de présence Internet avec le budget publicitaire nécessaire pour obtenir les mêmes effets avec des investissements médias traditionnels.

Dans le cas d'un site média, l'audience est liée à une opportunité, variable selon le titre, de générer des revenus publicitaires et a des effets qualitatifs relationnels. Par exemple, les auditeurs visitant le site d'une station radio peuvent générer quelques revenus publicitaires, mais ils peuvent surtout se sentir plus proches de la station et être ainsi fidélisés.

Pour une analyse plus fine, d'autres indicateurs peuvent être utilisés selon le domaine d'activité en complément des données générales d'audience :

- nombre de demandes d'informations ou devis réalisées en ligne (formulaires ou e-mails) ;
- nombre d'adresses de distributeurs recherchées ;
- nombre de pages produit ou service consultées ;
- ....

Lorsque les indicateurs sont déterminés, se pose encore le problème de la valorisation des actions retenues. Les demandes d'informations ou de devis peuvent être éventuellement valorisées par comparaison avec les coûts d'obtention par un autre canal (marketing direct, VRP...), mais la comparaison n'est pas forcément aussi simple.

On peut, par exemple, estimer qu'une demande de devis sur site est en moyenne moins porteuse de motivation (et donc moins précieuse) qu'une demande faite par courrier réponse. Le but n'est donc pas ici forcément de trouver un canal qui vienne remplacer les autres, mais d'utiliser un canal complémentaire qui donne de nouveaux contacts à un coût moins élevé.

La valorisation du temps passé ou du nombre de pages vues sur un site qui a pour seule ambition de promouvoir une marque est encore plus délicate.

D'autres indicateurs peuvent permettre d'étudier les économies réalisées grâce au site dans le domaine du support :

- nombre de patchs téléchargés ;
- nombre de drivers téléchargés ;
- nombre de consultation des pages d'aides techniques ;
- nombre d'opérations de tracking logistique effectuées sur le site.

L'estimation des économies réalisées peut être faite de manière relativement précise, car les entreprises sont généralement capables d'estimer le coût d'un appel sur une hotline ou les frais d'envoi de documentation.

Attention cependant à ne pas surestimer les gains. Il peut être judicieux de s'intéresser à la baisse éventuelle des appels sur une hotline plutôt qu'au nombre de recours aux services en ligne. En effet, dans le cas des services de tracking des sociétés de messagerie, 100 000 usages en ligne du service ne correspondent pas à 100 000 appels en moins sur les plates-formes d'appel car la simplicité du service en ligne en encourage l'utilisation.

Les renseignements donnés par l'analyse d'audience permettent également une gestion dynamique et une optimisation du contenu du site. Ces indicateurs de gestion sont très précieux, car ils peuvent parfois mettre en évidence des lacunes ruinant les efforts de promotion consentis. À ce sujet, les indicateurs les plus utiles sont ceux liés aux comportements des internautes, tels que les itinéraires de visites, les heures de consultation et les pages d'entrée et de sortie.

L'analyse du nombre de visites sur deux pages appartenant à un itinéraire clé sur un site est aussi une donnée très précieuse. Il est par exemple d'une importance fondamentale pour un site marchand de comparer le nombre de visiteurs mettant un produit dans un caddie virtuel et le nombre final de commandes.

Par exemple, sur Abc-netmarketing.com, nous avons comparé le nombre de visiteurs sur la page d'inscription à nos newsletters, aux nombres d'individus finalement abonnés que nous retrouvions sur la page de confirmation d'abonnement. Cela nous a permis de mettre en évidence un taux de transformation que nous trouvions trop faible et que nous avons pu augmenter de 20 % par une refonte de notre page d'inscription.

Objectifs externes de la mesure d'audience

L'objectif externe est essentiellement de fournir des données d'audience à destination des partenaires potentiels de l'entreprise : annonceurs, régies, agences, financiers... Les données d'audience sont évidemment un élément central pour attirer les annonceurs et autres acteurs des campagnes publicitaires en ligne lorsque le site est un support potentiel. Cependant, deux faits sont spécifiques à Internet :

1. Les données d'audience fournies par le site ne sont souvent qu'un moyen d'attirer l'attention des annonceurs ou les régies. Ce sont les données issues des statistiques du serveur publicitaire appartenant à la régie ou au site qui feront foi.
2. Contrairement au support TV, l'audience n'influence pas directement le tarif du support puisque les effets de volumes sont gommés par la tarification CPM (coût pour 1 000 pages vues avec publicité).

La mesure d'audience peut également servir de base à la négociation lorsqu'un site établit un partenariat avec d'autres sites pour la mise en place de liens réciproques ou d'autres formes de partenariat. Dans cette optique, il importe que l'outil de mesure s'accompagne d'une procédure de certification dans laquelle un tiers indépendant (certificateur) attestera de la réalité des chiffres fournis. Comme ce type de partenariat utilise le plus souvent des éléments visuels publicitaires (bandeaux, logotypes, etc.), la solution la plus simple est souvent d'utiliser les données de reporting d'un serveur publicitaire pour valider les chiffres du partenariat.

Dans le cadre particulier du processus de valorisation des sociétés Internet, les données d'audience publiées furent à une époque très importantes. Outre le nombre d'abonnés ou de clients, le nombre de pages vues et le temps passé sur un site étaient des éléments clés de l'appréciation de la valeur. Les acteurs financiers scrutaient les chiffres d'audiences fournis par le site ou les panels. Dorénavant, les données d'audience sont passées au second plan dans les processus de valorisation derrière les données de chiffre d'affaires généré.

D'une façon générale, la mesure d'audience sur Internet obéit de plus en plus à des objectifs de gestion interne dans le domaine commercial et marketing. Les outils évoluent dans ce sens en s'orientant vers la simplicité et le confort d'utilisation pour les responsables marketing et en incluant des indicateurs relatifs au nombre et au montant des commandes dans les interfaces de reporting des sites marchands.

Bertrand Bathelot est fondateur d'ABC-Netmarketing, site de contenus relatifs aux problématiques et techniques du marketing interactif. Actuellement, ABC-Netmarketing regroupe une communauté de plus de 10 000 professionnels.

‣ http://www.abc-netmarketing.com

Synthèse : comment utiliser les indicateurs de mesure d'audience ?

Afin d'obtenir des informations pour…	utilisez les indicateurs suivants…
Une négociation de partenariats ou une campagne publicitaire	Nombre de pages vues Nombre de visites Nombre de visiteurs Nombre de pages vues par visites
Améliorer l'ergonomie du site	Configurations et équipements des internautes Les pages de sorties Le taux de visite à une page Nombre de pages vues à la minute
Suivre l'impact d'une publicité ou d'un partenariat	Les pages d'entrées L'accès par liens
Identifier les meilleures pages pour placer une publicité ou une information importante	Les chemins préférés Les pages les plus populaires
Suivre le processus d'une commande en ligne	Les chemins préférés Les pages de sorties
Valider la pertinence des informations	Durée moyenne des visites Temps de consultation par visite Nombre de pages vues à la minute Les pages de sorties
Planifier un arrêt du service	Jours et heures de visites
Connaître les lieux de connexion	Jours et heures de visites Pays d'origine
Corriger les bugs	Les erreurs Les pages de sorties
Faire évoluer le débit de la bande passante	Bande passante consommée
Connaître le nombre de visiteurs fidélisés	L'accès direct Nombre de pages vues à la minute
Connaître les résultats de votre campagne de référencement	L'accès par moteurs ou annuaires

Testez vos connaissances

- Quelles différences existe-t-il entre les outils user-centric et les outils site-centric ?
- Qu'est-ce que la technique de mise en cache ?
- Comment peut-on identifier le trafic d'un site web ?
- Quels sont les indicateurs permettant d'analyser le comportement des internautes (indicateurs de comportement et leurs ratios) ?
- Comment peut-on définir la notoriété d'un site ?

En résumé...

La mesure et l'analyse d'audience sont des démarches indispensables dans la gestion d'un site web. Elles permettent non seulement à l'éditeur de connaître la fréquentation de son site et de mesurer son retour sur investissement (gain en notoriété, gain en image, gain financier...), mais peuvent mettre en évidence les erreurs de conception du site et faciliter son optimisation ergonomique. Enfin, l'analyse d'audience peut servir de base pour toute négociation de partenariat avec un autre site ou bien pour vendre des espaces publicitaires – le nombre de pages vues et le temps passé sur un site étant des éléments clés pour mesurer son importance.

POUR ALLER PLUS LOIN **Terminologie du CESP**

Le CESP (Centre d'étude des supports de publicité) est l'association interprofessionnelle chargée de l'audit et du contrôle des études d'audience des médias en France.
Le Collège Internet du CESP a publié une terminologie de la mesure d'audience web qui représente actuellement une référence incontestable. La dernière version a été finalisée courant mai 2002 et est disponible à l'adresse :

- http://www.cesp.org/docs/fd_docs_pub0002.htm

annexe A

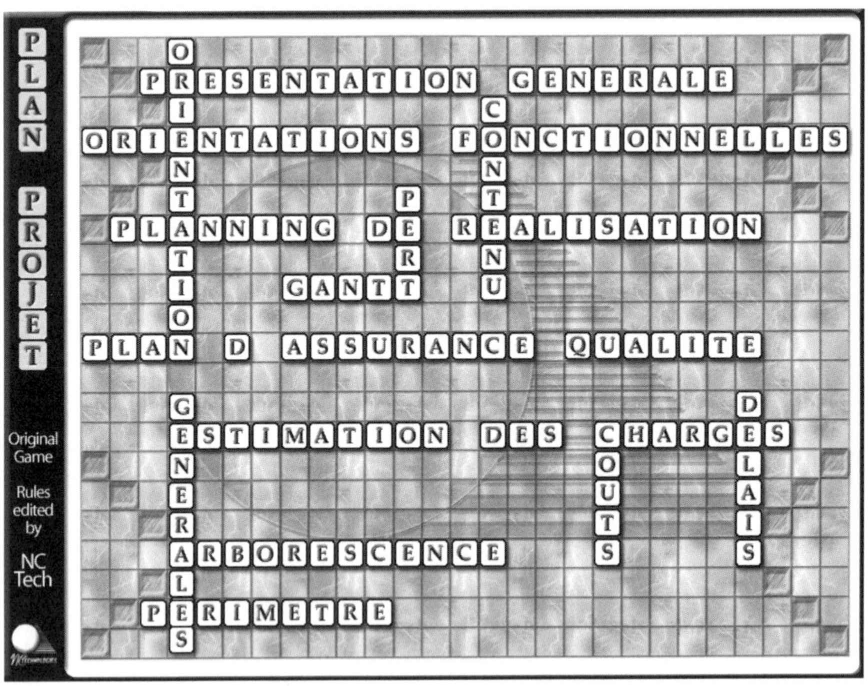
PLAN PROJET
Original Game
Rules edited by
NC Tech
PRESENTATION GENERALE
ORIENTATIONS FONCTIONNELLES
PLANNING DE REALISATION
GANTT
PLAN D ASSURANCE QUALITE
ESTIMATION DES CHARGES
ARBORESCENCE
PERIMETRE
ORIENTATIONS
CONTENU
PERT
GENERALES
COUTS
DELAIS

Modèle de plan projet

Un plan projet est un document qui permet de dégager les orientations structurantes et de fixer le cadre des travaux à venir d'un projet. Initié à partir d'une expression de besoin, puis complété en fonction de l'analyse de cette expression de besoin (faisabilité, définition de la solution, travaux à réaliser, estimation des charges et planning…), il est destiné à faciliter la compréhension du projet pour l'ensemble des acteurs concernés, y compris et surtout à l'équipe de réalisation.

SOMMAIRE

Le modèle présenté dans cette annexe doit être adapté aux spécificités du projet traité et de l'entreprise ou de l'association concernée.

Estimation

La présentation générale du projet représente en moyenne 15% du plan projet.

I. Présentation générale du projet

Cette partie doit décrire les motivations, les bénéfices attendus et doit permettre de définir les priorités (MSM : Must, Should, May). Voici une description de son contenu :

Titre du paragraphe	Description
Les objectifs	Les objectifs généraux du site se déduisent des besoins exprimés par le client.
Les enjeux	Les enjeux sont les opportunités induites par la création du site. Vous devez ici donner une description exhaustive des enjeux internes et externes (clients, concurrences...).
Le périmètre	Il faut indiquer ici ce que vous allez faire de structurant pour la réalisation du projet.
Les limites	Préciser ici ce qui n'est pas du ressort de votre projet. Ce point est crucial pour le cadrage du projet et permet de compléter le périmètre. L'objectif de cette section est d'éviter les confusions, les incompréhensions et de lever toute ambiguïté en mentionnant les sujets que certains acteurs pourraient croire inclus dans le périmètre du projet.
Les cibles	Cet élément va influencer votre conception. Cette dernière sera différente en fonction du type de public (professionnels, grand public), de leur attente, du type d'équipement dont ils disposent, de leur connaissance d'Internet et de leur origine géographique.
Les risques	Il faut distinguer ici deux types de risques : ceux liés à la mise en place de votre site et ceux liés au fait de ne pas faire le site.

Mise en place d'un portail pour la société Ivradia

Objectifs

Les objectifs de ce projet sont pour la société Ivradia de :

- mettre en œuvre un espace de travail unique pour ses employés ;
- proposer à ses clients un accès privilégié et personnalisé à divers services en ligne ;
- développer un nouveau moyen de communication vis-à-vis de ses partenaires.

Enjeux

L'étude d'opportunité nous a permis d'identifier les enjeux suivants :

- améliorer la productivité des services de l'entreprise ;
- fidéliser nos clients ;
- conquérir de nouveaux clients ;
- se différencier par rapport à la concurrence en proposant un panel des services à valeur ajoutée en ligne ;
- gagner en notoriété dans le domaine des nouvelles technologies ;
- réduire les temps de commandes en favorisant l'information en temps réel avec nos partenaires.

Périmètre

Le périmètre de ce projet induit :

- la rédaction des spécifications fonctionnelles décrivant précisément pour chaque fonctionnalité les acteurs, les divers scénarii possibles et les résultats voulus ;
- la réalisation des templates, d'une maquette et la définition de la charte graphique ;
- la réalisation des développements, tests et recettes fonctionnelles ;
- la mise en place de l'hébergement (appel d'offre, choix du prestataire, mise en œuvre…) ;
- la préparation à l'exploitation : définition des processus, définition des postes, recrutement…

Limites

Le projet n'a pas pour objectif d'effectuer la promotion du futur portail ni son référencement auprès des principaux outils de recherches.

Cibles

Pour le marché français, les cibles identifiées sont :

1. Nos clients actuels et les prospects intéressés par le secteur d'activité de la société Ivradia (Poste PC standard/Pentium III 800 MHz/256 Mo de RAM/Internet Explorer/Connexion modem 56 K).
2. Nos partenaires, professionnels de la gestion des stocks de matériels informatiques (Poste PC professionnel/Pentium III 1,3 GHz/ 512 Mo de RAM/Internet Explorer/Connexion haut débit).

Risques

En mettant en œuvre un portail à destination de ses clients et de ses partenaires, la société Ivradia s'expose aux risques suivants :

- **copyright** : une fois des informations publiées sur Internet, il devient facile de les copier et d'en tirer profit ;
- **acceptation des clients** : possibilité de rejet du nouveau canal par les utilisateurs ;
- problèmes légaux : peu de textes encadrant le fonctionnement d'Internet ;
- sécurité : réseau ouvert donc accroissement des risques d'intrusions.

II. Orientations fonctionnelles

Estimation

La présentation des orientations fonctionnelles représente en moyenne 25% du plan projet.

Cette partie doit définir les orientations fonctionnelles qui répondent aux objectifs indiqués dans la partie précédente. Il s'agit de décomposer le site en modules et de présenter les fonctionnalités avec une description détaillée du contenu et/ou du résultat voulu. Un schéma orienté utilisateur de l'architecture fonctionnelle pourra être ajouté ici afin d'illustrer cette partie.

Orientations fonctionnelles d'un module « emploi »

Fonctionnalité	Description	Résultat attendu
Les métiers de l'entreprise	Présentation des métiers de l'entreprise, les rôles, les réponsabilités, les directions...	–
Offre d'emploi	Recherche dans la base de données des offres d'emploi par mots-clés et/ou par types de poste	Description des postes Profil requis Avantages et rémunération
Les salons	Dates et lieux des salons où sera l'entreprise	Nom du salon Date et lieux Plan d'accès
Déposer son CV	Possibilité au candidat de déposer son CV en ligne au format word	–
Bourse de stages	Accès aux stages et contrats de qualification proposés par l'entreprise	Description des stages Profil requis Avantages et rémunération

III. Estimation des travaux et activités du projet

Chacune des activités du projet devra être identifiée et pourra être décrite dans un tableau qui se présentera comme suit :

Estimation

L'estimation des travaux et activités peut représenter en moyenne 25% du plan projet.

Élément	Description
Responsable	Nom et service de l'intervenant projet (normalement membre du comité de pilotage) responsable de l'atteinte des objectifs et de la production des livrables
Participants	Autres services impliqués
Objectifs	Objectifs de l'activité
Contenu	Travaux à réaliser
Prérequis	Éléments nécessaires pour réaliser ces travaux, dépendance par rapport à d'autres activités
Livrables	Éléments attendus en résultat, qui concrétisent la fin des travaux
Délais	Date de début et date de fin de l'activité
Charges	Temps de travail prévu pour effectuer cette activité (en jours/hommes)

Une activité « Réunion de lancement »

Élément	Description
Responsable	Chef de Projet : M. Intel
Participants	Mme Rouge (Service Marketing) M. Vert (Service Commercial) M. Bleu (Service Technique) Mme Jaune (Service Client)
Objectifs	Lancer le projet et définir l'organisation de ce dernier
Contenu	Organiser la réunion (Invitation, définir l'ordre du jour, salle, matériel, support…) Effectuer la réunion Rédiger le compte rendu et le diffuser
Prérequis	Salle disponible Participants disponibles
Livrables	Compte rendu de la réunion avec les points clés et les actions à entreprendre
Délais	Début : 15/04/2002 Fin : 30/04/2002
Charges	Organiser la réunion (une personne/deux heures) Effectuer la réunion (cinq personnes/deux heures) Rédiger le compte rendu (une personne/deux heures) Soit un total de 14 heures de charges (2 Jours/homme)

Estimation

L'identification des acteurs peut représenter en moyenne 8% du plan projet.

IV. Acteurs

Cette partie doit permettre d'identifier les acteurs du projet et leur principale responsabilité : qui gère le projet ? Qui pilote le projet ? Quelle est l'instance de décision ? Qui doit intervenir ? Sous quelles formes ?

Gestion du projet

La gestion du projet est à la charge de M. Rouge, responsable de projet.

Pilotage du projet

Le pilotage du projet est assuré par un comité de pilotage composé des personnes suivantes :

Nom	Rôle
M. Rouge	Responsable de projet
M. Vert	Chef de produit marketing
M. Bleu	Responsable technique
Mme Jaune	Responsable du service client

Le comité de pilotage est en charge de :

- lancer l'ensemble des activités du projet ;
- contrôler leur bon déroulement ;
- prendre toute décision nécessaire au bon fonctionnement du projet et à l'atteinte des objectifs (réalisation, calendrier et budget), dans la mesure où la décision n'implique aucune modification de ces objectifs.

Comité directeur

Toute décision ayant pour conséquence la modification d'un des objectifs du projet est prise par le Comité directeur du projet. Ce dernier est composé des personnes suivantes :

Nom	Poste
M. Orange	Directeur général
Mme Beige	Directrice marketing
M. Indigo	Directeur informatique

Intervenants

Équipe de réalisation

Nom	Rôle
M. Noir	Concepteur/Webdesigner
Mme Bordeau	Ergonome
M. Blanc	Directeur artistique (DA)
M. Turquoise	Infographiste
M. Crème	Rédacteur/Responsable des contenus
Mme Violet	Ingénieur/Développeur web
M. Gris	Architecte web
Mme Rose	Chargée d'étude

Équipe cliente

Nom	Poste
Mme Farine	DRH
M. Chocolat	Chargé de communication
M. Sucre	Ingénieur d'affaires
Mme Framboise	Juriste
M. Café	Responsable de la documentation
M. Vanille	Assistance

V. Plan d'assurance qualité

Le plan d'assurance qualité doit résumer les actions ou consignes principales qui permettront de faire un travail de meilleure qualité tout au long du projet, et traiter en particulier :

- de la gestion documentaire (nomenclature utilisée, norme à suivre…) ;
- du pilotage du projet (définition du comité de pilotage, organisation, membres, rôles) ;
- du reporting : à qui ? sous quelle forme : présentation, réunion, document ? à quelle échéance ?
- de la communication du projet : processus de validation, accord de confidentialité…

Estimation

Le plan d'assurance qualité peut représenter en moyenne 8% du plan projet.

Gestion documentaire

Pour assurer la cohérence des documents, on utilisera si possible la norme documentaire « Ivradia » pour l'écriture des documents (modèles disponibles auprès du chef de projet).

Pilotage du projet

Un comité de pilotage se réunira toutes les deux semaines. Chaque participant devra fournir pour chaque tâche lui étant attribuée les informations permettant de faire évoluer le planning : avancement, temps passé, temps restant estimé.

Participants

- Membre du comité de pilotage
- Tout intervenant additionnel selon l'ordre du jour.

Ordre du jour type

- Validation du compte rendu précédent
- Réalisations des semaines précédentes
- Problèmes rencontrés
- Actions en cours
- Suivi du planning
- Suivi de la qualité
- Prochaines étapes

Reporting

Un rapport d'activité mensuelle sous forme de FAP (fiche d'avancement projet) sera rédigé et transmis au directeur de la société.

Communication

Le responsable de projet dispose de la vision globale du projet. Par conséquent, il est garant de l'homogénéité des informations dispensées ; toute communication (en particulier externe) sur le projet doit être soumise à son approbation.

VI. Planning

Il peut se présenter sous différentes formes : diagramme de Gantt ou réseaux de PERT, et doit être constitué des éléments suivants : nom de l'activité, durée, charge, date début, date fin, ressources associées et liaisons (relation livrables/prérequis entre chaque tâche). Ce tableau peut s'étendre sur plusieurs pages.

Diagrammes de Gantt et réseaux PERT

Du nom de son inventeur, ce diagramme représente le planning d'un projet sous la forme de barres horizontales liées à une échelle de temps. Chaque tâche est visualisée d'un trait d'une longueur proportionnelle à sa durée.

Le réseau de tâches d'un projet constitue un PERT (Program Evaluation and Review Technical). Ce type de graphique permet de visualiser simplement les dépendances entre tâches (les livrables des uns sont les prérequis des autres).

ID	Tâche	Durée	Début	Fin
0	**Planning**	**105 days**	**20/01/03**	**13/06/03**
1	DEBUT PROJET	0 days	20/01/03	20/01/03
2	PHASE 1 : DEFINITION	25 days	20/01/03	21/02/03
3	Etude préalable	15 days	20/01/03	07/02/03
4	Analyse des besoins	15 days	20/01/03	07/02/03
5	Etude de faisabilité	15 days	20/01/03	07/02/03
6	Etude de marché	15 days	20/01/03	07/02/03
7	Etude concurrence	15 days	20/01/03	07/02/03
8	Rédaction du plan projet	5 days	10/02/03	14/02/03
9	Constitution de l'équipe	5 days	17/02/03	21/02/03
10	Validation Client	0 days	21/02/03	21/02/03
11	PHASE 2 : CONCEPTION	30 days	17/02/03	28/03/03
12	Architecture et infrastructure	15 days	24/02/03	14/03/03
13	Analyse fonctionnelle	5 days	24/02/03	28/02/03
14	Définition de l'architecture	5 days	03/03/03	07/03/03
15	Définition de l'infrastructure	5 days	10/03/03	14/03/03
16	Structure du site et des pages web	15 days	17/02/03	07/03/03
17	Plan du site	5 days	17/02/03	21/02/03
18	Réalisation des trames des pages	10 days	24/02/03	07/03/03
19	Aspect du site	15 days	10/03/03	28/03/03
20	Templates graphiques	10 days	10/03/03	21/03/03
21	Maquette	5 days	10/03/03	14/03/03
22	Charte graphique	5 days	24/03/03	28/03/03
23	Validation Client	0 days	28/03/03	28/03/03
24	PHASE 3 : REALISATION	35 days	31/03/03	16/05/03
25	Réalisation de l'ossature du site	5 days	31/03/03	04/04/03
26	Intégration statique	10 days	07/04/03	18/04/03
27	Intégration dynamique	20 days	07/04/03	02/05/03
28	Tests & recettes	10 days	05/05/03	16/05/03
29	Validation client	0 days	16/05/03	16/05/03
30	PHASE 4 : MISE EN PRODUCTION	20 days	19/05/03	13/06/03
31	Préparation à l'exploitation	10 days	19/05/03	30/05/03
32	Lancement et promotion	20 days	19/05/03	13/06/03
33	FIN DU PROJET	0 days	13/06/03	13/06/03

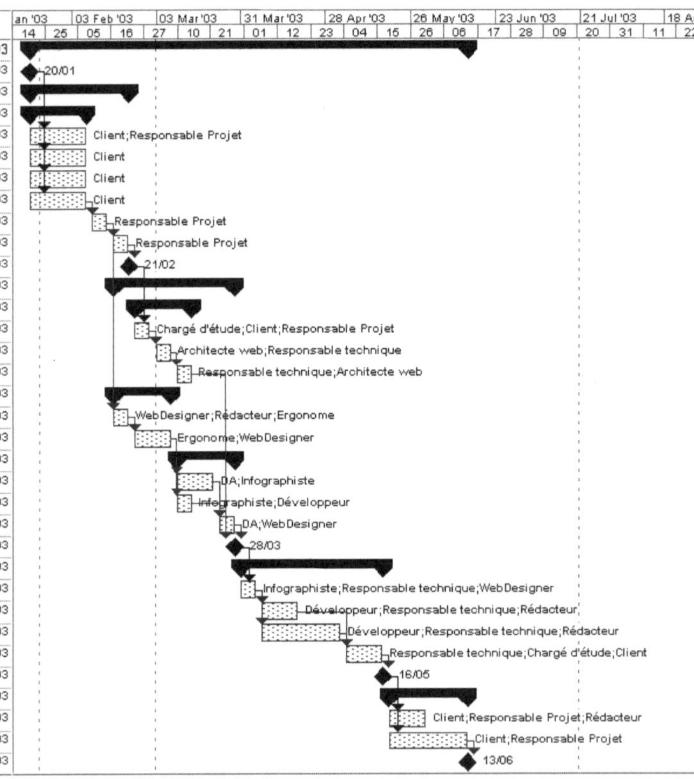

Figure A–1 Planning d'un projet web sous forme de Gantt

VII. Estimation budgétaire

Cette partie a pour objectif de présenter vos estimations budgétaires pour la réalisation de votre projet. Elle se découpe en plusieurs sections :

- les charges internes (j.h), valorisées selon les règles de l'entreprise ;
- le coûts des achats à prévoir (licences logicielles, machines…) ;
- le coût des prestations (expertise externe, formation…) ;
- les coûts logistiques (voyages…).

Estimation

L'estimation budgétaire peut représenter en moyenne 10% du plan projet.

Charges Internes Projet par poste de travail			
	Charges en J/H	Taux journalier	Sous Total
Responsable Projet	240	543 €	130 320 €
Chef de projet technique	100	320 €	32 000 €
Concepteur/Webdesigner	80	380 €	30 400 €
Ergonome	100	530 €	53 000 €
DA	60	530 €	31 800 €
Infographiste	80	420 €	33 600 €
Rédacteur	170	320 €	54 400 €
Ingénieur/Développeur	500	250 €	125 000 €
Architecte web	50	600 €	30 000 €
Chargé d'étude	60	590 €	35 400 €
TOTAL	1440	4 483 €	555 920 €

Figure A–2 Représentation du budget d'un projet par poste de travail

Répartition des charges par activité	
Activité	Charges
Gestion de Projet	300
Conception	50
Marketing & Communication	120
Travaux Techniques	600
Qualification & Recettes	150
Documentation & Formation	50
Mise en place Exploitation	130
Aspects fonctionnels	40
Sous total	1440

Figure A–3 Représentation des coûts d'achat et de prestations d'un projet web

annexe B

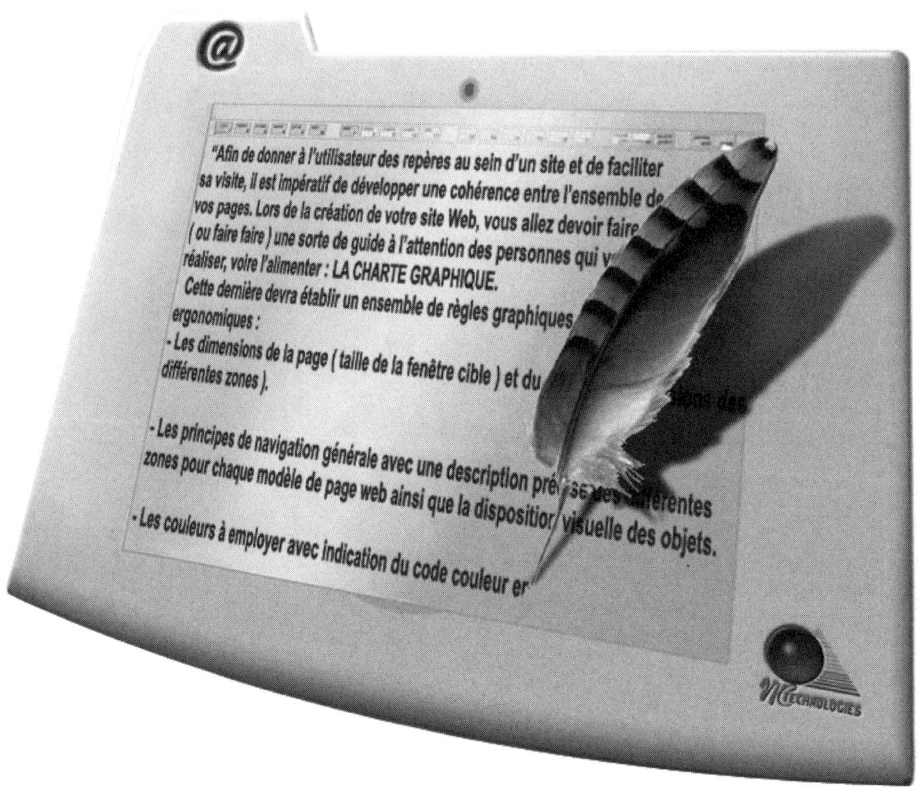
"Afin de donner à l'utilisateur des repères au sein d'un site et de faciliter
sa visite, il est impératif de développer une cohérence entre l'ensemble
vos pages. Lors de la création de votre site Web, vous allez devoir faire
(ou faire faire) une sorte de guide à l'attention des personnes qui
réaliser, voire l'alimenter : LA CHARTE GRAPHIQUE.
Cette dernière devra établir un ensemble de règles graphiques
ergonomiques :
- Les dimensions de la page (taille de la fenêtre cible) et du
différentes zones).
- Les principes de navigation générale avec une description
zones pour chaque modèle de page web ainsi que la disposition visuelle des objets.
- Les couleurs à employer avec indication du code couleur

Modèle de charte graphique

Pour donner à l'utilisateur des repères au sein d'un site et faciliter sa visite, il est impératif de développer une cohérence pour l'ensemble de vos pages. Lors de la conception du site web, il faut établir (ou faire établir) une sorte de guide à l'attention des personnes qui vont le réaliser, voire l'alimenter ou le modifier : la charte graphique.

SOMMAIRE

I. Dimensions et découpes

Cette section présente, pour chaque modèle de page du site, la taille de la fenêtre cible ainsi que les différents objets génériques la composant (logos, menus, titres, images, onglets, barres de défilement, puces…) avec leurs dimensions.

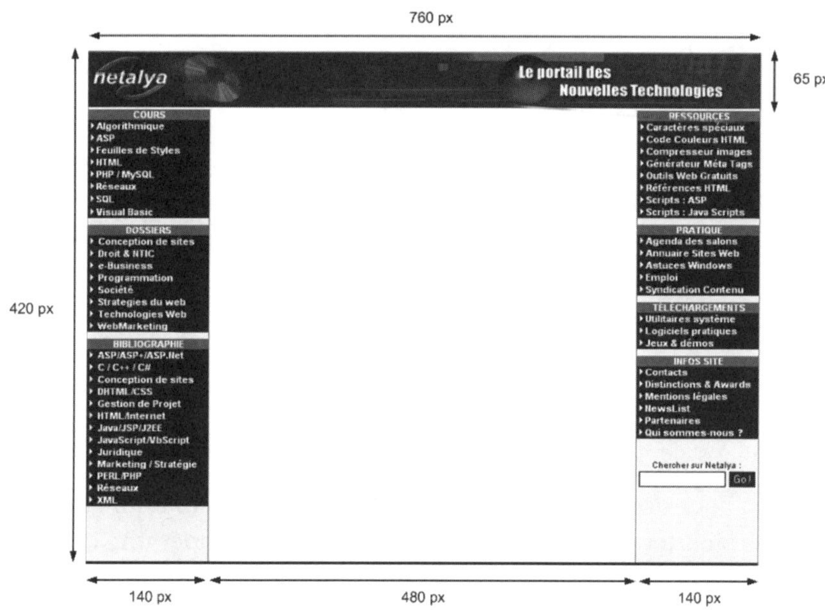

Figure B–1
Dimensions : modèle générique de page pour le portail Netalya

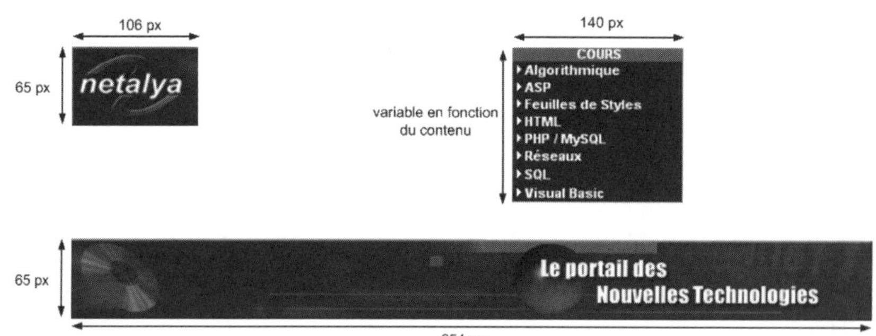

Figure B–2
Découpes : modèle générique de page pour le portail Netalya

Tableau B–1 Un tableau récapitulatif pour le format des pages et des objets

Appellation	Commentaires	Dimensions
Page Type	Dimensions globales des pages du site. La hauteur doit pouvoir s'adapter au contenu de la page.	760 × 420 px
Logo	Image : logo.gif	65 × 106 px
Bandeau	Image : bandeau.gif	65 × 654 px
Objet de Menu	Cet objet comprend le titre de la rubrique et des section. La hauteur doit pouvoir s'adapter au contenu (nombre de sections).	? × 140 px

II. Typographie

Cette section décrit tous les attributs de caractères et styles appliqués

- aux textes des pages web ;
- aux liens ;
- et aux objets graphiques utilisant du texte.

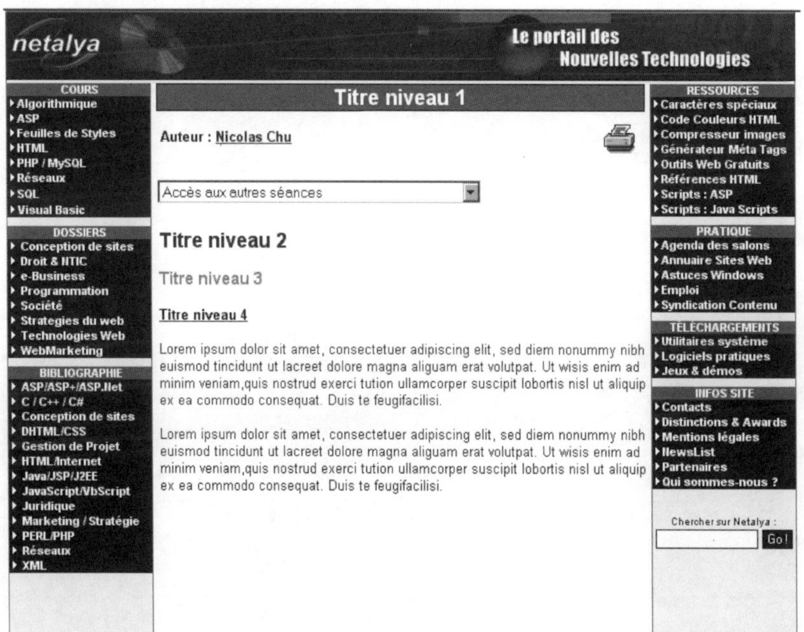

Figure B–3
Représentation des principaux éléments typographiques : la rubrique « cours » du portail Netalya

Attributs de caractères et style applicables pour la rubrique « cours » du portail Netalya

Élément	Principales caractéristiques	Feuille de style associée
Texte corps de la page	**Police** : Arial, Verdana, Helvetica **Taille** : 10 px **Couleur** : #330033 **Alignement** : gauche	.texte
Texte des Menu	**Police** : Arial, Verdana, Helvetica **Taille** : 11 px **Couleur** : #FFFFFF **Poids** : gras **Alignement** : Gauche	.menu
Titre Niveau 1	**Police** : Arial **Taille** : 15 pt **Couleur** : #FFFFFF **Poids** : gras **Alignement** : centré **Couleur de Fond** : #3366FF **Bordure** : type « solide » de couleur #000000 **Marge du bas** : 10 px	.titre1
Titre Niveau 2	**Police** : Arial **Taille** : 14 pt **Couleur** : #0000CC **Poids** : gras **Alignement** : gauche	
Titre Niveau 3	**Police** : Arial **Taille** : 12 pt **Couleur** : #FF6600 **Poids** : gras **Alignement** : gauche	.titre3
Titre Niveau 4	**Police** : Arial **Taille** : 10 pt **Couleur** : #000080 **Poids** : gras **Alignement** : gauche **Soulignement :** oui	.titre4
Lien	**Police** : Arial **Couleur** : #0000CC **Poids** : gras	A:link
Lien actif	**Police** : Arial **Couleur** : #0000CC **Poids** : gras	A:active
Lien visité	**Police** : Arial **Couleur** : #0000CC **Poids** : gras	A:visited

III. Contenu

Cette section présente tous les éléments composant le contenu des pages web :

- pictogrammes illustratifs, boutons d'actions…
- couleurs utilisées : numérotation hexadécimale des couleurs du fond de page, des en-têtes, des textes, des rubriques, des onglets, du pied de page, des filets séparateurs…
- attributs des éléments de formulaires.

Pictogrammes : la rubrique « dossiers » du site Netalya

	Liste des dossiers du même auteur		Imprimer le dossier
	Recommander le dossier à un ami	Suivante ▶▶	Passer à la page suivante
	Liste des dossiers du même thème	◀◀ Précédente	Passer à la page précédente

Figure B–4 Palette de couleurs avec description

Attributs des éléments de formulaires du portail Netalya

Élément	Principales caractéristiques	Feuille de style associée	Représentation
Champs texte	**Police** : Arial **Taille** : 12 px **Couleur du texte** : #202020 **Bordure** : type « solide » de couleur #000000 **Hauteur** : 18 px **Largeur** : 100 px	.inputStyle	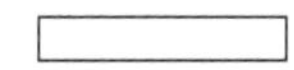
Champs texte 2	**Police** : Arial **Taille** : 12 px **Couleur** du texte : #202020 **Bordure** : type « solide » de couleur #c0c0c0 **Hauteur** : 18 px **Largeur** : 200 px	.inputStyle2	
Zone de texte	**Police** : Arial **Taille** : 12 px **Couleur** du texte : #202020 **Bordure** : type « solide » de couleur #c0c0c0 **Hauteur** : 60 px **Largeur** : 200 px	.inputstyle3	
Bouton Envoi	**Police** : Arial **Taille** : 10 px **Poids** : gras **Couleur du texte** : #FFFFFF **Couleur du fond** : #000080 **Hauteur** : 18 px **Largeur** : 30 px	.inputStyleButton	

IV. Structure des pages

Cette section décrit les différents éléments des pages du site web :

- principes de navigation générale et secondaire ;
- détail des zones de contenu ;
- en-tête et pied de page.

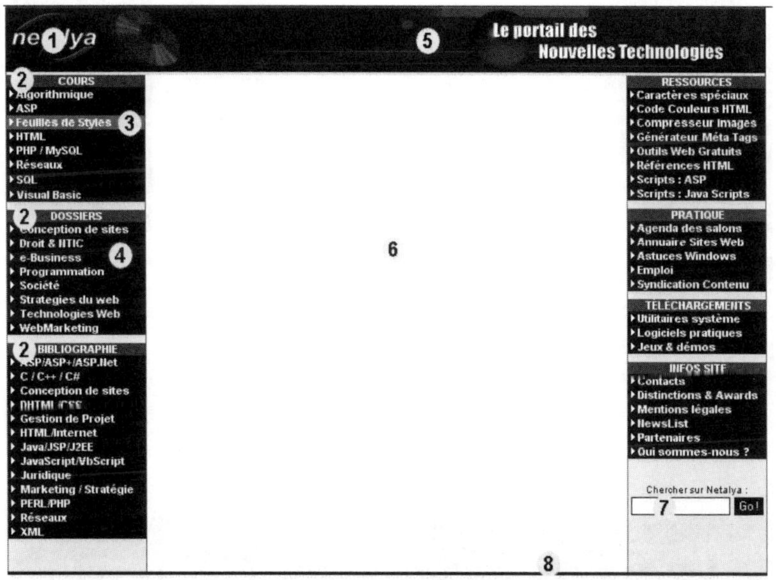

Figure B–5
Représentation des principes de navigation et des principaux objets du portail Netalya

N°	Élément	Description	Caractéristiques
1	Logo	Zone de retour à la page d'accueil par un lien. La largeur est de 100 px.	Image : logo.jpg
2	Menu – Rubrique	Navigation de premier niveau – Indication du nom de la rubrique. La largeur est de 140 px	Feuille de style : .titreRubriqueTitle
3	Menu – Section 1	Navigation de second niveau en position Roll Over. Les détails se distinguent visuellement par un changement de couleur, ici le fond devient orange. La largeur est de 140 px.	Feuille de style : .MenuOn
4	Menu – Section 2	Navigation de second niveau en position normale. La largeur est de 140 px.	Feuille de style : .MenuOff
5	Bandeau	Bandeau et Nom du site/Toujours justifié à droite. La largeur est de 660 px.	Image : barreTop.jpg
6	Zone de contenu	Marge de 5 px. La Hauteur s'adapte au contenu de la page. Le contenu texte est toujours justifié à gauche. La largeur est de 478 px.	-
7	Moteur de recherche	Moteur de recherche : phrase + champs texte + bouton Envoyer	Feuille de style Champs texte : .InputStyle2 Feuille de style bouton : .InputStyleButton
8	Barre Pied de page	La zone doit s'étendre à 100%.	Hauteur : 5 px Couleur : #000080

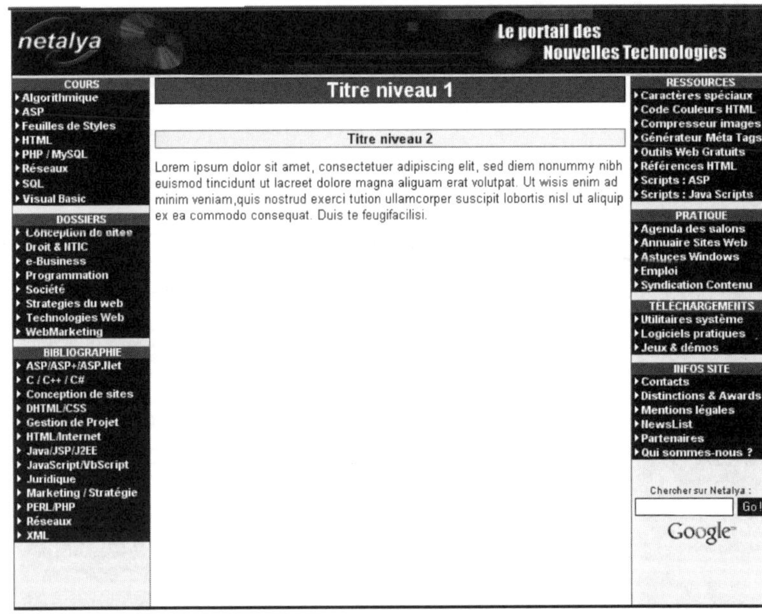

Figure B–6
Représentation de la zone de contenu du portail Netalya : Titre 1 – Titre Section 2 et Texte

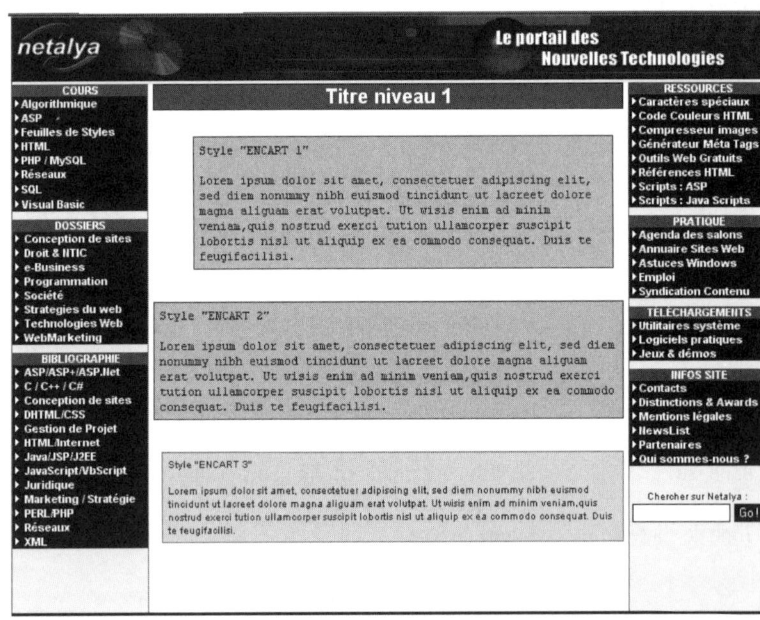

Figure B–7
Représentation de la zone de contenu du portail Netalya : les encarts

Styles applicables : les zones de contenu du portail Netalya

Élément	Description	Feuille de style associée
Titre Niveau 1	Titre des rubriques, le contenu correspond à la rubrique en cours de visite. **Police** : Arial **Taille** : 15 pt **Couleur** : #FFFFFF **Poids** : gras **Alignement** : centré **Couleur de Fond** : #3366FF **Bordure** : type « solide » de couleur #000000 **Marge du bas** : 10 px	.titre
Titre Niveau 2 (section)	Titre des sections, le contenu correspond aux différentes section d'une même rubrique. **Police** : Arial **Taille** : 10 pt **Couleur** : #000099 **Poids** : gras **Alignement** : centré **Couleur de Fond** : #FFF2E2 **Bordure** : type « solide » de couleur #FF6600 **Marge du bas** : 10 px	.titresection
Encart 1	Est à utiliser pour toutes remarques ou notes de marge. **Police** : Courier New **Taille** : 12 px **Couleur** : #000080 **Alignement** : gauche **Couleur de Fond** : #CAD5E4 **Bordure** : type « solide » de couleur #003399 **Marge du bas** : 10 px **Marge de gauche** : 40 px	.encart1
Encart 2	Est à utiliser pour toutes mises en exergue d'un texte. **Police** : Courier New **Taille** : 12 px **Couleur** : #000080 **Alignement** : gauche **Couleur de Fond** : #CAD5E4 **Bordure** : Type « solide » de couleur #003399 **Marge du bas** : 10 px	.encart2
Encart 3	Est à utiliser pour toutes mentions légales. **Police** : Courier New **Taille** : 12 px **Couleur** : #000080 **Alignement** : gauche **Couleur de Fond** : #FF6600 **Bordure** : type « solide » de couleur #003399	.encart3

annexe C

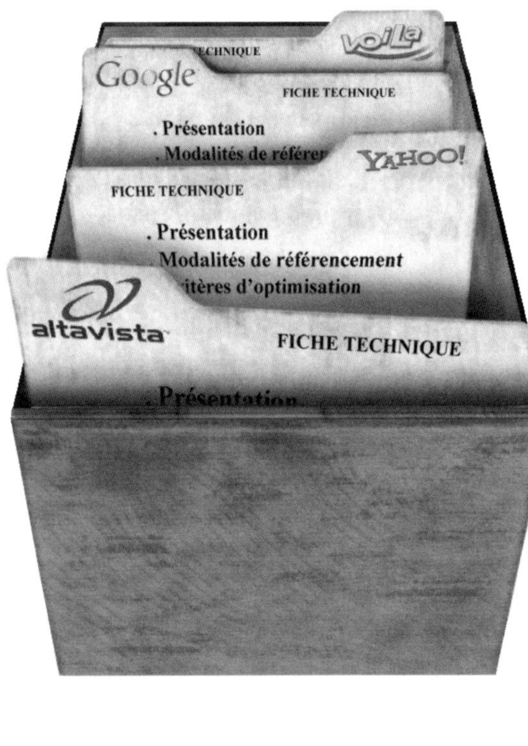
voiLà
Google
FICHE TECHNIQUE
. Présentation
YAHOO!
FICHE TECHNIQUE
. Présentation
Modalités de référencement
altavista
FICHE TECHNIQUE

Fiches descriptives des principaux outils de recherche francophones

Pour le référencement du site web, quel outil choisir ? Chaque outil de recherche propose sa propre méthode de classement des résultats, basée sur des critères différents et parfois contradictoires. Voici une description des principales caractéristiques des moteurs et annuaires de recherche francophones.

SOMMAIRE

Google

URL	Date de Lancement	Nom du Spider	Portails utilisant cette technologie
http://www.google.com ou http://www.google.fr	1998	GoogleBot	Free, Club-Internet, Numericable, AOL.com, Earthlink, Netscape

Modalités de référencement

URL du formulaire de soumission	http://www.google.com/addurl.html
Informations demandées	URL + Commentaire
Délais de prise en compte des soumissions	Quatre à six semaines
Nombre de pages indexées pour un même site limité ?	Non

Critères d'optimisation pris en compte

Critère	Prise en compte	Importance
Titre	Oui	Haute
Meta Description	Oui	Très faible
Meta Keywords	Non	Non
Attribut ALT	Non	Non
Contenu de l'URL	Oui	Haute
Corps du texte	Oui	Haute
Popularité de la page	Oui	Très haute
Fichier Robots.txt	Oui	–

Yahoo! Search

URL	Date de Lancement	Nom du Spider	Portails utilisant cette technologie
http://fr.search.yahoo.com/	2004	Yahoo Slurp	Yahoo!, AltaVista, AllTheWeb, Lycos, Nomade

Modalités de référencement

URL du formulaire de soumission	http://submit.search.yahoo.com/
Informations demandées	Création d'un compte chez Yahoo! Search puis indication de l'URL
Délais de prise en compte des soumissions	Plusieurs semaines
Nombre de pages indexées pour un même site limité ?	Non

Critères d'optimisation pris en compte

Critère	Prise en compte	Importance
Titre	Oui	Haute
Meta Description	Oui	Faible
Meta Keywords	Oui	Faible
Attribut ALT	Oui	–
Contenu de l'URL	Oui	–
Corps du texte	Oui	Haute
Popularité de la page	Oui	Haute
Fichier Robots.txt	Oui	–

MSN Search

URL	Date de Lancement	Nom du Spider	Portails utilisant cette technologie
http://search.msn.fr/	2005	Msnbot	MSN.com, MSN.fr

Modalités de référencement

URL du formulaire de soumission	http://search.msn.fr/docs/submit.aspx?FORM=WSDD2
Informations demandées	URL
Délais de prise en compte des soumissions	Plusieurs semaines
Nombre de pages indexées pour un même site limité ?	Non

Critères d'optimisation pris en compte

Critère	Prise en compte	Importance
Titre	Oui	Haute
Meta Description	Oui	Très faible
Meta Keywords	Non	Non
Attribut ALT	Non	Non
Contenu de l'URL	Oui	Haute
Corps du texte	Oui	Haute
Popularité de la page	Oui	Très haute
Fichier Robots.txt	Oui	–

Yahoo! France

URL	Date de Lancement
http://www.yahoo.fr	1997

Modalités de référencement

Procédure	Choisir deux rubriques qui correspondent à l'activité de votre site, puis cliquer sur le lien « Proposer un site » en bas de page.
URL de référencement	http://fr.docs.yahoo.com/info/ajouter.html
Informations demandées	Titre du site URL du site Situation géographique du site Description du site Nom du contact Adresse e-mail du contact
Délais de prise en compte des soumissions	Trois semaines

Guide du Web de Voila.fr

URL	Date de Lancement
http://www.voila.fr	1996

Modalités de référencement

Procédure	Sélectionner, dans le Guide du Web, la catégorie dans laquelle on souhaite voir figurer son site, puis cliquer sur le lien « Soumission standard ». Pour soumettre votre site à l'équipe du Guide du Web, vous devez tout d'abord vous identifier comme étant membre de Voila !.
URL de référencement	http://guide-voila.search.ke.voila.fr/Soumission/
Informations demandées	Titre du site URL du site Description du site Nom du contact Adresse e-mail du contact
Délais de prise en compte des soumissions	Quatre semaines

DMOZ (Open Directory Project)

URL	Date de Lancement
http://www.dmoz.fr	1998

Modalités de référencement

Procédure	Choisir la rubrique qui correspond à l'activité de votre site, puis cliquer sur le lien « Proposez un site», en haut.
URL de référencement	http://www.dmoz.fr/add.html
Informations demandées	Titre du site URL du site Description du site Adresse e-mail du contact
Délais de prise en compte des soumissions	Deux à trois semaines

annexe D

Les principaux articles d'une CGU

Cette annexe présente les principaux articles d'une rubrique CGU (conditions générales d'utilisation) d'un site web, à adapter en fonction des caractéristiques du site et du service proposé.

SOMMAIRE

ATTENTION

Cette annexe réalisée en collaboration avec Nicolas Herzog, avocat au barreau de Paris, ne saurait remplacer un entretien privé avec un avocat qui, véritablement, sera en mesure de rédiger une CGU spécifique à votre besoin.

Définitions

Cet article a pour objectif de définir tous les termes rencontrés dans les conditions générales d'utilisation.

Par exemple, « utilisateur », « visiteur », « logiciel », « site web », « contenu »...

Objet du site et descriptif du service fourni

« L'objet du site et la description du service fourni » est une présentation générale des prestations offertes par le site. Les éléments « qui », « quand », « pourquoi », « comment » devront être ici détaillés. Les modalités de fourniture de la prestation de services devront l'être aussi : équipe, formation professionnelle de l'équipe, moyens mis à leur disposition, délais, garantie...

Mentions légales

Placez dans les mentions légales le nom de la société titulaire du site, l'adresse du siège social, la forme sociale (SA, SARL, EURL...), le nom du directeur de publication (si ce dernier a été désigné) ainsi que le numéro de récépissé de la CNIL.

Capacités

Cet article définit les conditions à respecter pour visiter ce site. Par exemple, pour un site de commerce électronique, vous pouvez mentionner que l'utilisateur doit être âgé d'au moins 18 ans, qu'il doit être capable juridiquement de contracter et d'utiliser le site en question.

Droit applicable/clause attributive de compétence

Précisez ici que les conditions générales sont soumises au droit français et que tout litige relatif à leur interprétation et/ou à leur exécution relève des Tribunaux français.

Responsabilité et garanties quant à l'utilisation du site

En fonction des services proposés, il peut être utile d'informer l'internaute que les éléments suivants ne seront pas garantis :

- les anomalies, erreurs ou bugs des informations, produits, services, logiciels fournis sur le site ;
- les interruptions ou pannes du site ;
- la compatibilité du site avec un matériel ou une configuration particulière.

Précisez également qu'en aucun cas, la responsabilité de l'éditeur du site ne peut être engagée :

- pour les dommages indirects et/ou immatériels, prévisibles ou imprévisibles (incluant la perte de profits) découlant de la fourniture et/ou de l'utilisation ou de l'impossibilité totale ou partielle d'utiliser les services fournis sur le site ;
- quant au contenu des sites sur lesquels vous renvoyez par l'intermédiaire de liens hypertextes ;

- en cas de survenance d'un événement irrésistible, imprévisible et extérieur (tremblement de terre, etc.)

Propriété intellectuelle

Les éléments constitutifs d'un site Internet bénéficient, au même titre que les autres œuvres de l'esprit, de la protection par le droit de la propriété intellectuelle. Cet article devra comporter les points suivants :

- La société propriétaire du site reste titulaire de tous les droits de propriété intellectuelle relatifs au site et des droits d'usage y afférant.
- L'accès au site ne confère aucun droit sur les droits de propriété intellectuelle relatifs au site, qui restent la propriété exclusive de la société titulaire du site.
- Les éléments accessibles sur le site (textes, photographies, images, icônes, sons, vidéos, logiciels, bases de données…) sont protégés par des droits de propriété intellectuelle (voire industrielle si dépôt de marque).
- Sauf dispositions explicites, il est interdit de reproduire, modifier, transmettre, publier, adapter, sur quelque support que ce soit ou exploiter de quelque manière que ce soit, tout ou partie du site sans l'autorisation écrite préalable de la société titulaire du site.
- La violation de ces dispositions pourra faire l'objet de toute action en justice appropriée, notamment d'une action en contrefaçon.

De plus, si le besoin se présente, vous pourrez signaler également que l'insertion de liens hypertextes vers toute partie du site est interdite sans autorisation préalable et écrite de la société éditrice du site.

Logiciel

Si l'utilisation de votre site nécessite le téléchargement d'un logiciel spécifique, expliquez sous cette clause que son utilisation est régie par les termes de la licence qui l'accompagne. La mention « Le visiteur s'engage à ne pas installer, copier ou utiliser ce logiciel avant d'avoir préalablement acquiescé aux termes de ladite licence » peut être également présente à titre d'indication.

À noter cependant que les dispositions ci-dessus ne s'appliquent pas pour les logiciels libres de droits ou « freeware ».

Livraison des commandes

Dans le cas d'un site de commerce électronique, les modalités de livraison des commandes devront être clairement exposées : engagement de délai, qui livre, par quels moyens (poste…), sous quelle garantie ?

« Pour toute opération de vente à distance, l'acheteur d'un produit dispose d'un délai de sept jours francs à compter de la livraison de sa commande pour faire retour de ce produit au vendeur pour échange ou remboursement, sans pénalité à l'exception des frais de retour. Si ce délai expire normalement un samedi, un dimanche ou un férié ou chômé, il est prorogé jusqu'au premier jour ouvrable suivant. » (Code de la Consommation, article L 121-16).

« Dans tout contrat ayant pour objet la vente d'un bien meuble ou la fourniture d'une prestation de services à un consommateur, le professionnel doit, lorsque la livraison du bien ou la fourniture de la prestation n'est pas immédiate et si le prix convenu excède des seuils fixés par voie réglementaire » (Décret n°92-1156 : seuil = 450 euros), indiquer la date limite à laquelle il s'engage à livrer le bien ou à exécuter la prestation.

Le consommateur peut dénoncer le contrat de vente d'un bien meuble ou de fourniture d'une prestation de services par lettre recommandée avec demande d'avis de réception en cas de dépassement de la date de livraison du bien ou d'exécution de la prestation excédant sept jours et non dû à un cas de force majeure.

Ce contrat est, le cas échéant, considéré comme rompu à la réception, par le vendeur ou par le prestataire de services, de la lettre par laquelle le consommateur l'informe de sa décision, si la livraison n'est pas intervenue ou si la prestation n'a pas été exécutée entre l'envoi et la réception de cette lettre. Le consommateur exerce ce droit dans un délai de soixante jours ouvrés à compter de la date indiquée pour la livraison du bien ou l'exécution de la prestation.

Sauf stipulation contraire du contrat, les sommes versées d'avance sont des arrhes, ce qui a pour effet que chacun des contractants peut revenir sur son engagement, le consommateur en perdant les arrhes, le professionnel en les restituant au double » (Code de la Consommation, article L 114-1).

Service clientèle et réclamations

Pour toute réclamation ou question relative à l'utilisation du service proposé, il est nécessaire d'indiquer clairement où et qui joindre en cas de difficultés ainsi que le type de réponse qui sera apportée en fonction de la difficulté.

Protection des données personnelles/vie privée

Les sites Internet qui collectent des informations nominatives doivent effectuer une déclaration auprès de la CNIL relative au traitement automatisé des données. Ils doivent prévenir les internautes de l'existence de ce traitement de données et de leurs droits (droit d'accès et de rectification aux informations les concernant) :

- Le site, exploité par la société _______, a été régulièrement déclaré auprès de la CNIL, sous le numéro :_______.
- Les informations communiquées sur le site permettent à la société qui exploite le site, ainsi qu'à ses partenaires, de traiter et exécuter ses commandes ou services.
- Conformément à l'article 27 de la Loi Informatique et Libertés du 6 janvier 1978, les informations indispensables à la société qui exploite le site, ainsi qu'à ses partenaires, pour traiter et exécuter les commandes ou services, sont signalées dans les pages du site.

- Les autres informations demandées, pour laquelle la réponse est facultative, sont destinées à mieux connaître l'utilisateur afin d'améliorer les services proposés.
- La société qui exploite le site s'engage à se conformer aux législations françaises et européennes sur la protection des données à caractère personnel.
- Sauf avis contraire de l'utilisateur, la société qui exploite le site est susceptible de transmettre les informations qui le concernent à ses partenaires commerciaux.
- Conformément à la Loi Informatique et Libertés, l'utilisateur dispose d'un droit d'accès, de modification, de rectification et de suppression des données qui le concernent (article 34 de la Loi Informatique et Libertés du 6 janvier 1978).
- L'utilisateur peut exercer ce droit en adressant un courrier au Service clients, à l'adresse suivante : __________.

Limitation de responsabilité

Cette clause a pour objet de limiter soit les conditions de la responsabilité de la société qui exploite le site, soit le montant de la réparation éventuellement octroyé par la société qui exploite le site à ses clients.

Clauses relatives aux conditions de responsabilité

Voici un exemple de clause pour une Société qui propose un service d'e-mails :

« La Société qui exploite le Site n'est en aucun cas responsable du contenu des e-mails et de leur utilisation par ses clients. »

Si ces clauses sont en principe valables, elles connaissent cependant quatre limites importantes :

- Quant à l'obligation éludée : la clause ne peut pas porter sur l'obligation essentielle du contrat (exemple : le Vendeur ne peut pas se dispenser de fournir la chose vendue), mais uniquement sur les obligations accessoires (exemple : garantie, délais…).
- Quant à la gravité de la faute : la faute dolosive ou lourde écarte la clause de non-responsabilité.
- Quant à la qualité des parties : dans la plupart des contrats conclus entre un consommateur et un professionnel, la jurisprudence annule les clauses de non-responsabilité.
- Quant à la nature du dommage : les dommages corporels ne peuvent pas faire l'objet d'une clause de non-responsabilité.

Clauses relatives au montant de la réparation

Ces clauses ont pour objet de fixer un plafond de responsabilité. Ces clauses sont en principe valables, mais soumises aux mêmes limitations que celles relatives aux conditions de responsabilité.

annexe **E**

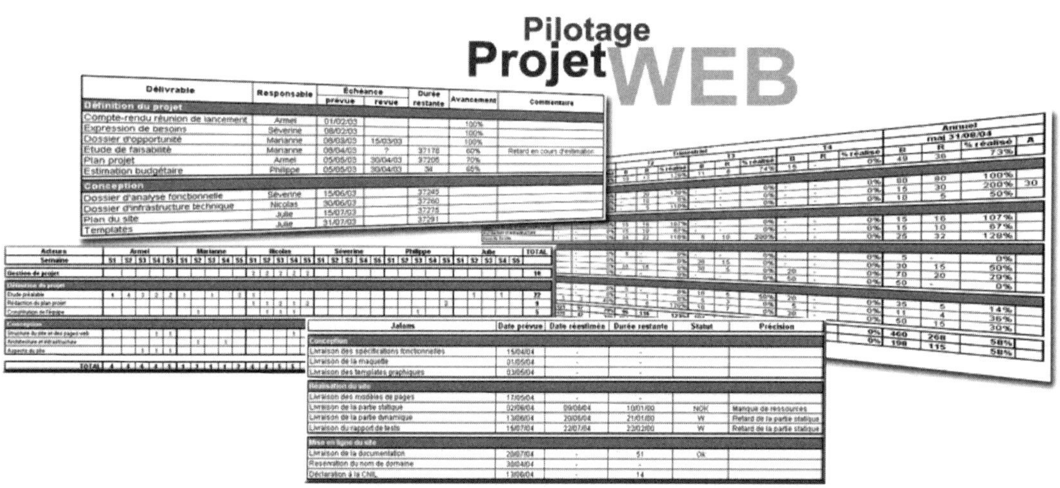

Les indicateurs de pilotage d'un projet web

La conduite d'une voiture va de pair avec la consultation régulière des indicateurs de pilotages : vitesse, kilométrage, éventuellement voyants de températures… Sans ces derniers, difficile d'évaluer la distance parcourue ou restante, ou simplement de vérifier que tout va bien à bord. Il en va de même pour la conduite d'un projet.

Cette annexe a pour objectif de vous proposer une approche pragmatique en présentant des outils concrets, utiles au quotidien pour le pilotage d'un projet web.

SOMMAIRE

À propos de l'auteur

Armel CUSIN-GOGAT exerce depuis plus de 10 ans des responsabilités de manager de projets et de consultant dans le domaine des systèmes d'information, tant sur les aspects maîtrise d'œuvre que maîtrise d'ouvrage. Il enseigne le management de projet depuis plusieurs années, et fait partie du Project Management Institute dont il détient la certification « Project Management Professionnal ».

Quels indicateurs utiliser ?

Les trois premiers indicateurs, avancement de la production, contrôle des jalons critiques, avancement du budget, sont les plus importants. Sans eux, il n'est pas possible de piloter votre projet. Le quatrième indicateur concerne le contrôle des risques. C'est un complément utile voire indispensable pour piloter des projets très importants par la taille ou par les enjeux.

I. Avancement de la production

L'avancement de la production est mesuré par un tableau de suivi des livrables. Les livrables sont les réalisations (documents, applications, matériels...) ou prestations (formations, réunions...) fournies par le projet. Ils matérialisent l'aboutissement des tâches, et constituent des points de contrôles indispensables pour jalonner la progression du projet.

Objectifs

Ce tableau permet d'une part de mesurer la progression effective du projet en contrôlant les réalisations concrètes, « concrètes » signifiant que vous pouvez les voir (exemples : document, code applicatif, plate-forme opérationnelle...) ou les constater (utilisateurs formés), d'autre part de détecter d'éventuels retards.

Format

Il s'agit dans la majorité des cas d'un tableau de tableur (Excel de la suite Microsoft Office, Calc de OpenOffice.org...). Pensez à utiliser des couleurs pour mettre en évidence les informations importantes. La figure F-1 montre un exemple appliqué aux deux premières phases d'un projet web.

Conception

Cet indicateur doit être conçu dès le début de la phase de définition du projet, au moins pour les deux premières phases, puis complété au plus tard lors de la rédaction du plan projet pour les phases suivantes.

Données initiales

- Liste de tous les livrables indispensables au bon déroulement du projet, et date d'échéance prévue.
- Pour chaque livrable, nom du responsable, qui sera en charge du suivi et du reporting auprès du chef de projet

Ces données sont collectées par le chef de projet, en collaboration avec l'ensemble des acteurs concernés.

Degré de précision

Il n'y a pas de règle quant au degré de précision de la liste des livrables. Disons simplement qu'il doit être suffisant pour vous permettre de piloter le projet sans en alourdir le suivi. C'est à vous de vérifier régulièrement la pertinence de cet indicateur, et de le faire évoluer si nécessaire.

Délivrable	Responsable	Échéance prévue	Échéance revue	Durée restante	Avancement	Commentaire
Définition du projet						
Compte-rendu réunion de lancement	Armel	01/02/04		-	100%	
Expression de besoins	Séverine	08/02/04		-	100%	
Dossier d'opportunité	Marianne	08/03/04	15/03/04	-	100%	
Etude de faisabilité	Marianne	08/04/04	?	-	60%	Retard en cours d'estimation
Plan projet	Armel	05/05/04	30/04/04	12	70%	
Estimation budgétaire	Philippe	05/05/04	30/04/04	12	15%	
Conception						
Dossier d'analyse fonctionnelle	Séverine	15/06/04		44	0%	
Dossier d'infrastructure technique	Nicolas	30/06/04		55	0%	
Plan du site	Julie	15/07/04		66	0%	
Templates	Julie	31/07/04		77	0%	

Figure E–1 Avancement de la production d'un projet web au 15/04/04

Guide de lecture du tableau présenté à la figure F-1

La colonne...	contient...
Livrable	La liste de tous les livrables du projet (documents, applications, prestations)
Responsable	Le nom du responsable de la réalisation du livrable
Échéance prévue	L'échéance prévue pour la livraison du livrable validé
Échéance revue	La nouvelle échéance si avance ou retard
Durée restante	Le nombre de jours ouvrés restant d'ici l'échéance prévue (calculé automatiquement par une fonction Excel à partir de la date d'actualisation et de l'échéance prévue)
Avancement	Le taux d'avancement du livrable
Commentaire	Toute précision utile à l'interprétation de la ligne

À noter que le degré de précision est aussi variable selon la taille du projet, l'importance de chaque phase (vous augmenterez le nombre de livrables à contrôler sur les phases critiques), et le degré d'autonomie de l'équipe projet.

Précision sur le taux d'avancement

Le taux d'avancement est estimé par le responsable du livrable, en fonction des informations dont il dispose. À la différence de la mesure de la charge consommée (voir plus loin l'indicateur 3), cette estimation est plus ou moins objective :

- Exemple 1 - livraison d'une plate-forme de formation : il est facile de constater que la plate-forme est opérationnelle ou non.
- Exemple 2 - développement d'un programme logiciel : seul le développeur concerné peut estimer s'il est à 60 ou 80 % d'avancement, avec un degré de précision fonction de sa compétence et de son expérience (même principe pour la rédaction d'un document).

Actualisation

Fréquence d'actualisation

Cet indicateur est actualisé lors des réunions de coordination de l'équipe projet.

Données en entrée

Chaque responsable met à jour sa partie du tableau pour les livrables qui le concerne (avancement, et éventuellement échéance revue).

Diffusion

Elle est assurée par l'équipe projet uniquement, voire le comité de pilotage pour les livrables majeurs.

ASTUCE **Tableur**

Utilisez la fonction de partage du classeur Excel pour permettre la mise à jour simultanée par plusieurs acteurs.

Interprétation

En rapprochant l'avancement et la durée restante, on peut :

- Identifier les risques de retard, si l'avancement est faible et la durée restante courte (dans notre exemple, l'estimation budgétaire). Dans ce cas, vous devez soit revoir l'échéance, soit revoir l'objectif ou mettre davantage de ressources pour terminer le livrable.
- Identifier les livrables en avance, et donc éventuellement anticiper le démarrage d'autres livrables (dans notre exemple, le plan projet).
- Vérifier régulièrement la liste des livrables à commencer.

Attention, il n'y a pas d'interprétation « mécanique » de ce tableau : un livrable peut être avancé à 80 % à une semaine de l'échéance, et être quand même en risque de dépassement car les 20 % à compléter sont les plus difficiles à réaliser. Seule la compétence des acteurs projet permet d'interpréter correctement ces données et de définir les actions appropriées.

Points forts

Cet indicateur a le mérite d'être facile à mettre en place et à suivre. Il donne à toute l'équipe projet une vision partagée de l'avancement de la production, et permet d'identifier rapidement les problèmes et risques de retard. De plus, le format Excel présente des avantages notables : tous les acteurs disposent généralement de l'application, et la compatibilité avec d'autres documents bureautiques est naturelle.

Limites

Cet indicateur donne une vision statique de la production, c'est-à-dire qu'il ne montre pas les impacts potentiels d'un retard sur les autres livrables. Cette limite importante (elle restreint la capacité d'anticipation de l'équipe projet) est à relativiser par l'utilisation d'indicateurs complémentaires.

La critique peut aussi porter sur la mesure du taux d'avancement (voir plus haut), qui peut passer pour une mesure globalement assez subjective, par opposition à la mesure de la charge consommée pour produire le livrable, beaucoup plus objective.

Quelques remarques à ce sujet :

- L'expérience montre que ce principe d'évaluation subjective est en définitive relativement fiable, voire plus fiable que des méthodes dites rationnelles (par exemple, le comptage du nombre de lignes de code produites, qui revient à l'extrême à confondre quantité et qualité). Signalons d'ailleurs que la plupart des systèmes de pilotage reposent sur la modélisation du fonctionnement subjectif d'un individu expert.

- Quel que soit son degré d'imprécision, cette mesure reflète davantage la réalité du terrain que la mesure de la charge consommée (qui d'ailleurs présente des limites décrites pour l'indicateur 3). Pour illustrer le propos, ce n'est pas parce que vous avez consommé 80 % de la charge allouée pour un livrable que vous l'avez réalisé à 80 %.

II. Contrôle des jalons critiques

Le contrôle des jalons critiques est effectué à l'aide d'un tableau.

Jalons critiques

Un jalon est une tâche de durée nulle, donc qui signale un événement (début de…, fin de…, livraison de…, cahier des charges validé). Les jalons marquent les événements clés du projet. Caractéristique des jalons dits « critiques » : tout retard sur ces jalons se reporterait mécaniquement sur la date de fin du projet (exemple : retard sur la fin de la recette).

Objectif

Le contrôle des jalons critiques est un excellent moyen de vérifier la progression du projet, et surtout de détecter au plus tôt les risques de dérive. Ce contrôle peut également s'effectuer à l'aide d'un planning classique, mais la construction d'un tel planning d'une part n'intervient qu'en fin de phase de définition du projet, et d'autre part nécessite des outils spécifiques.

Format

Il s'agit généralement d'un tableau Word ou Excel. Pensez à utiliser des couleurs pour mettre en évidence les informations importantes. La figure F-2 présente un exemple appliqué aux trois premières phases d'un projet web.

Conception

Le tableau de contrôle des jalons critiques doit être conçu dès le début de la phase de définition du projet, au moins pour les deux premières phases, puis complété au plus tard lors de la rédaction du plan projet pour les phases suivantes.

Données initiales

Elles comprennent la liste de tous les événements critiques du projet et la date d'échéance prévue (livrables majeurs, début/fin de phase, point de rendez-vous si le projet implique des acteurs externes…).

Vous devez normalement retrouver dans cette liste un sous-ensemble du tableau de suivi des livrables. Ces données sont collectées par le chef de projet, en collaboration avec l'ensemble des acteurs concernés.

Degré de précision

Ce contrôle doit s'appliquer uniquement aux jalons critiques, qu'il s'agit donc de bien repérer en début de projet (surtout ne pas en oublier !).

Jalons	Date prévue	Date réestimée	Durée restante	Statut	Précision
Conception					
Livraison des spécifications fonctionnelles	15/04/04	-	-	R	
Livraison de la maquette	01/05/04	-	-	R	
Livraison des templates graphiques	03/05/04	-	-	R	
Réalisation du site					
Livraison des modèles de pages	17/05/04	-	-	R	
Livraison de la partie statique	02/06/04	09/06/04	10	NOK	Manque de ressources
Livraison de la partie dynamique	13/06/04	20/06/04	21	W	Retard de la partie statique
Livraison du rapport de tests	15/07/04	22/07/04	53	W	Retard de la partie statique
Mise en ligne du site					
Livraison de la documentation	20/07/04	-	51	Ok	
Reservation du nom de domaine	30/04/04	-	-	R	
Utilisateurs formés	01/08/04	-	63		
Déclaration à la CNIL	13/06/04	-	14		

Figure E–2 Tableau de suivi des jalons critiques d'un projet web pour la date du 30/05/04

Actualisation

Fréquence d'actualisation

Elle est à déterminer selon la durée du projet, le nombre et l'espacement entre les jalons. À titre d'exemple, cet indicateur devrait être actualisé en moyenne une fois par mois pour un projet d'une durée d'un an.

Données en entrée

Il s'agit de l'appréciation qualitative du statut de chaque jalon, que le chef de projet formule d'après l'avis des acteurs concernés.

Diffusion

Comité de pilotage, comité directeur.

Interprétation

R : jalon réalisé conformément à l'objectif.

Ok (vert) : la date prévue est confirmée, l'avancement est normal.

W (pour warning, orange) : risque de dérive sur la date prévue. Actions préventives à mener :

- Analyser ce qui peut encore être fait pour respecter la date.
- Si finalement le risque est trop grand, estimer l'ampleur de la dérive potentielle, et étudier les moyens de résorber le retard prévisible sur les jalons suivants (par exemple, si dérive prévue sur le jalon J, que faire pour respecter l'échéance du jalon J+1 ou J+2).

Nok (rouge) : la date prévue ne peut plus être respectée. Dans ce cas, voir l'action précédente.

Points forts

S'il est bien conçu, il s'agit d'un indicateur très simple à suivre et à interpréter, donc très parlant pour des décideurs. Le chef de projet peut repérer très tôt les risques de dérive, ce qui permet d'une part d'alerter rapidement, et d'autre part de se donner du temps pour essayer de rétablir la situation.

Limites

La simplicité a un prix : cet indicateur donne uniquement une vision statique du planning, il ne fournit pas toutes les informations nécessaires pour étudier les solutions en cas de dérive (c'est par contre la grande valeur ajoutée des outils de planification).

Par ailleurs, c'est le chef de projet qui donne un statut « subjectif » pour chaque jalon : la pertinence de l'information est donc fonction de sa compétence et de sa maîtrise du projet. Ce statut doit en tous les cas être étayé par les données « objectives » fournies notamment par les indicateurs d'avancement des livrables et d'avancement du budget.

III. Avancement du budget

L'avancement du budget est mesuré par un tableau et une courbe de suivi budgétaire.

> **Budget d'un projet**
>
> Le budget représente la valorisation financière de l'ensemble des moyens nécessaires à l'atteinte des objectifs (ressources, matériels et logiciels, prestations...). En tout état de cause, si vous ne disposez pas de leur valorisation financière, vous devez au moins effectuer un suivi budgétaire des charges consommées.

Objectifs

Cet indicateur vous permet :

- de contrôler l'évolution de votre consommation budgétaire (donc de votre « carburant ») par rapport à votre budget de référence ;
- de détecter les avances ou retards de consommation ;
- de simuler les impacts de ces écarts au terme du projet (estimation du point de sortie).

Format

Il s'agit dans la majorité des cas d'un tableau Excel, accompagné du graphique correspondant. N'oubliez pas d'utiliser des couleurs pour faire ressortir les informations remarquables du tableau.

Exemple

Voici un exemple de tableau de suivi budgétaire trimestriel d'un projet web (figure F-3).

> **Précision sur la valorisation financière**
>
> La valorisation financière correspond à la valorisation de la charge (1 j.h = X k€), X étant une estimation du coût moyen d'une journée de travail (généralement calculé par le contrôle de gestion lorsqu'il s'agit des ressources internes d'une entreprise). La valorisation de la charge est éventuellement augmentée du coût de prestations externes.

	Trimestriel												Annuel			
	T1			T2			T3			T4			maj 31/08/04			
Activité	**B**	**R**	**% réalisé**	**B**	**R**	**% réalisé**	**B**	**R**	**% réalisé**	**B**	**R**	**% réalisé**	**B**	**R**	**% réalisé**	**A**
Gestion de projet	13	15	114%	10	13	126%	11	8	74%	15	-	0%	49	36	73%	
Définition du projet																
Etude préalable	80	60	75%	-	20	120%	-	-	0%	-	-	0%	80	80	100%	
Rédaction du plan projet	15	20	133%	-	10	0%	-	-	0%	-	-	0%	15	30	200%	30
Constitution de l'équipe	10	-	0%	-	5	110%	-	-	0%	-	-	0%	10	5	50%	
Conception																
Structure du site et des pages web	-	-	0%	15	16	107%	-	-	0%	-	-	0%	15	16	107%	
Architecture et infrastructure	-	-	0%	15	10	67%	-	-	0%	-	-	0%	15	10	67%	
Aspects du site	-	-	0%	20	22	110%	5	10	200%	-	-	0%	25	32	128%	
Réalisation du site																
Ossature	-	-	0%	5	-	0%	-	-	0%	-	-	0%	5	-	0%	
Intégration statique	-	-	0%	-	-	0%	30	15	0%	-	-	0%	30	15	50%	
Intégration dynamique	-	-	0%	20	15	0%	30	5	0%	20	-	0%	70	20	29%	
Tests & recettes	-	-	0%	-	-	0%	-	-	0%	50	-	0%	50	-	0%	
Mise en ligne du site																
Préparation à l'exploitation	-	-	0%	5	-	0%	10	5	50%	20	-	0%	35	5	14%	
Administratif et juridique	-	-	0%	1	1	0%	5	3	0%	5	-	0%	11	4	36%	
Lancement et promotion	5	2	40%	5	6	120%	10	7	0%	30	-	0%	50	15	30%	
Total en j.h	**123**	**97**	**79%**	**96**	**118**	**123%**	**101**	**53**	**53%**	**140**	-	**0%**	**460**	**268**	**58%**	
Cumul en j.h	**123**	**97**		**220**	**215**		**320**	**268**		**460**						
Total en k€	**53**	**42**	**79%**	**41**	**51**	**123%**	**43**	**23**	**53%**	**60**	-	**0%**	**198**	**115**	**58%**	

Figure E–3 Exemple d'avancement budgétaire d'un projet web : tableau de suivi trimestriel à la date du 31/08/04

Guide de lecture du tableau présenté à la figure F-3

La colonne...	contient...
Activité	La liste des activités qui font l'objet d'un suivi budégtaire
Tx	Les éléments budgétaires pour le trimestre x
B	Le budget prévisionnel
R	Le budget réalisé (c'est-à-dire consommé)
% réalisé	Le ratio B/R (donc la part du consommé par rapport au prévu)
A	Le budget actualisé (c'est-à-dire revu par rapport à la prévision initiale)
La ligne...	**contient...**
Total en j.h	Le total de la charge
Cumul en j.h	Le total de la charge cumulée
Total en k€	Le total équivalent en k€ (qui peut intégrer par un ajout manuel le montant des éventuelles prestations)

Voici un exemple de courbe de tendance associée au tableau précédent (figure F-4).

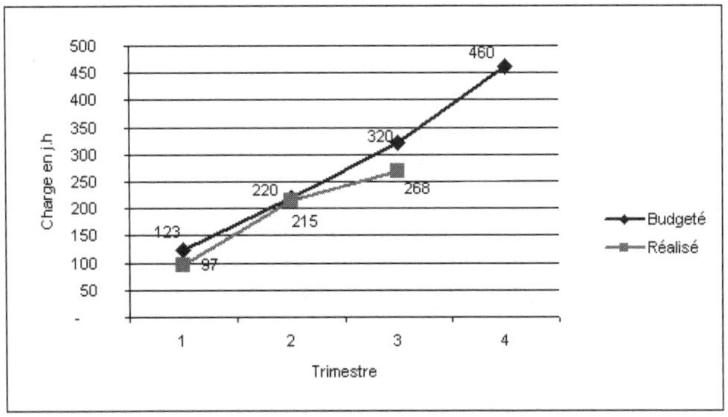

Figure E-4 Exemple d'avancement budgétaire d'un projet web : courbe de tendance à la date du 31/08/04

Cette courbe montre l'évolution de la consommation budgétaire cumulée.

Conception

L'indicateur d'avancement budgétaire doit être opérationnel dès l'entrée en phase de conception du projet, ce qui suppose d'avoir préparé le système de saisie des imputations (voir ci-après la partie actualisation), et d'avoir sensibilisé tous les acteurs du projet à son importance.

Par contre, pendant la phase de définition du projet, un suivi budgétaire assez léger est généralement acceptable (si le nombre d'acteurs est limité), l'objectif étant simplement de vérifier que l'on reste dans l'enveloppe budgétaire initialement prévue pour les études.

Données initiales

Liste des principales activités du projet :

- budget estimatif pour chaque activité (en charge ou en euros), et sa répartition dans le temps (mensuelle ou trimestrielle) ;
- coûts matériels et logiciels, coûts logistiques, montant des prestations externes.

Ces données sont collectées par le chef de projet, en collaboration avec l'ensemble des acteurs concernés.

Degré de précision

S'il n'y a pas de règle quant au degré de précision de la liste des activités à suivre, nous recommandons une approche synthétique, dans la mesure où les données budgétaires sont principalement destinées aux décideurs.

Actualisation

Fréquence d'actualisation

L'avancement budgétaire doit être actualisé sur une base mensuelle ou trimestrielle, selon la durée du projet et surtout son impact sur le budget de l'entreprise.

Données en entrée

Le tableau de suivi budgétaire est automatiquement alimenté par un système d'imputation du temps passé. Ce système permet à chaque intervenant du projet de saisir périodiquement les charges qu'il a consommées sur le projet, ventilées sur les activités qui le concernent.

Quelle que soit la fréquence d'actualisation, cette saisie doit être hebdomadaire : sur une périodicité plus longue, l'expérience montre qu'il est très difficile pour chaque intervenant de se souvenir du montant et de la répartition de ses charges.

Le système d'imputation du temps passé est généralement intégré dans les outils de planification, mais se fait aussi simplement sous Excel. L'exemple ci-après (figure F-5) montre une feuille d'imputation mensuelle.

> ASTUCE **Classeur Excel**
>
> Il est indispensable d'utiliser la fonction de partage du classeur Excel pour permettre la saisie simultanée des imputations, sous peine de décourager les bonnes volontés qui se casseraient le nez sur un fichier... verrouillé par un autre utilisateur.

Diffusion

Comité de pilotage (tableau et courbe de tendance), comité directeur (courbe de tendance).

Figure E–5 Exemple de tableau de suivi d'imputations du mois de mars 2004 (en j.h)

Acteurs	Armel					Marianne					Nicolas					Séverine					Philippe					Julie					TOTAL
Semaine	S10	S11	S12	S13	S14	S10	S11	S12	S13	S14	S10	S11	S12	S13	S14	S10	S11	S12	S13	S14	S10	S11	S12	S13	S14	S10	S11	S12	S13	S14	
Gestion de projet											2	2	2	2	1																9
Définition du projet																															
Etude préalable	4	4	3	2	2	1		1		2	1																1		1		22
Rédaction du plan projet											1	1	2	1	2										2						9
Constitution de l'équipe							1					1	1	1									1								5
Conception																															
Structure du site et des pages web				1										1							2	1	3	4			1	3			16
Architecture et infrastructure							1		1							1	2	1	3												9
Aspects du site			1	1																	1		1			2				3	9
TOTAL	4	4	4	4	2	1	2	1	1	2	4	4	5	5	3	1	2	1	3	0	3	1	5	4	2	2	2	3	1	3	79

La ligne...	... contient	La colonne...	... contient
Acteurs	Le nom de tous les acteurs du projet	De gauche	La liste des principales activités du projet
Semaine	Les numéros des semaines qui commencent dans le mois concerné	Total	Le total, par activité, des charges consommées pendant le mois concerné
Total	Le total, par intervenant et par semaine, de la charge consommée pendant le mois concerné (en j.h)		

Interprétation

Tableau

Il vous donne une vision à l'instant T de votre consommation, qui doit être analysée par l'interprétation des ratios B/R (% réalisé) en rapport avec l'indicateur d'avancement de la production. Vous devez analyser les écarts dont l'ampleur est significative dans le contexte du projet.

B/R < 100 % : vous consommez moins vite que prévu. Deux facteurs principaux peuvent expliquer ce retard :

- Les ressources n'ont pas pu consommer la charge prévue (pour cause d'absence, de gestion de priorité, ou tout autre problème), et la production est donc en retard. Ceci implique un report de charges sur le trimestre suivant (sous réserve que les ressources initialement prévues soient toujours disponibles !), qui peut éventuellement provoquer un décalage du planning.

Au final, ceci peut impliquer un glissement de l'investissement d'une année sur l'autre, avec parfois des conséquences directes sur le compte de résultat d'une entreprise.

- La charge initiale a été surestimée, vous avez produit ce qui était prévu, mais en consommant moins que prévu. Vous devez donc actualiser l'estimation à la baisse (colonne A), ce qui dégagera une marge budgétaire éventuellement disponible pour d'autres activités (si les ressources concernées sont équivalentes).

B/R > 100 % : vous consommez plus vite que prévu. Deux facteurs principaux peuvent expliquer ce retard :

- La charge initiale a été sous-estimée, vous avez produit ce qui était prévu, mais en consommant davantage sur le trimestre. Vous devez donc actualiser l'estimation à la hausse (colonne A), ce qui engendre au final un risque de dépassement du budget (l'identification précoce de ce risque vous permet éventuellement d'agir d'ici la fin du projet sur d'autres activités pour essayer de rétablir l'équilibre budgétaire).
- Les ressources ont travaillé davantage mais produit plus que prévu, vous êtes donc en avance de consommation. Ceci implique une baisse de charges sur le trimestre suivant, qui peut éventuellement signifier une avance sur le planning.

Courbe de tendance

Elle vous donne la vision historique de la consommation cumulée, et vous permet d'estimer le point de sortie budgétaire du projet. Sur l'exemple précédent, elle montre :

- un retard de consommation sur T1, qui a été rattrapé sur T2 ;
- un retard significatif sur T3, qui doit porter à investigation.

Estimation du point de sortie

Le point de sortie est estimé d'après les hypothèses faites sur le déroulement ultérieur du projet. Voici à la figure F-6, par rapport à l'exemple précédent, une simulation dans le cas où rien ne change. Dans ce cas, le budget consommé par le projet serait au final inférieur de 11 % au budget prévu (mais les objectifs seront-ils atteints ?). Bien entendu, cette estimation serait différente si des ressources supplémentaires étaient allouées au projet sur le trimestre 4.

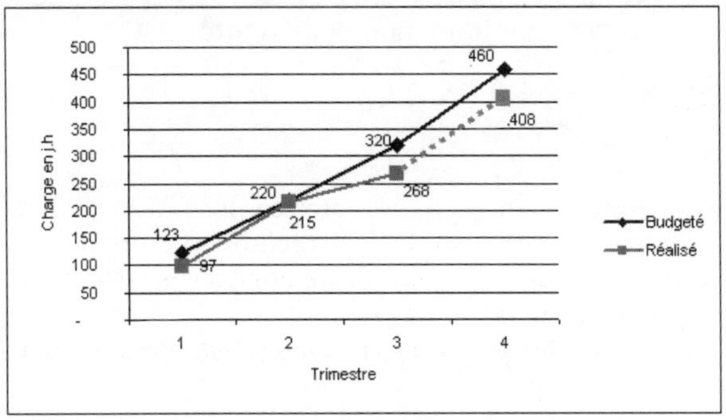

Figure E–6 Exemple d'avancement budgétaire d'un projet web : estimation du point de sortie

Points forts

Cet indicateur est le seul à donner la vision budgétaire du projet, très appréciée par les décideurs. Parce qu'ils sont très visuels, le tableau et la courbe permettent d'identifier très vite les écarts. L'équipe projet peut dès lors anticiper les risques à terme et réfléchir à des solutions. De plus, la courbe de tendances permet d'anticiper les impacts des écarts sur l'économie globale du projet (estimation du point de sortie).

Limites

La fiabilité de cet indicateur repose entièrement et exclusivement sur la fiabilité des imputations, et les sources d'erreurs sont multiples (absence ou retard d'imputation, imputation sur une mauvaise activité...). D'autre part, précisément parce qu'il repose sur un système d'imputation des temps passés, la mise en place de cet indicateur peut s'avérer difficile si le nombre d'intervenants sur le projet est élevé. Vous devez donc prévoir très tôt une campagne de sensibilisation, et des actions de relance systématiques pour obtenir les imputations (actions qui normalement s'espacent une fois le système rôdé). Par ailleurs, une charge de travail récurrente est à prévoir pour préparer chaque mois la grille de saisie des temps passés, et gérer les éventuels mouvements de personnels sur le projet (arrivée/départ d'intervenants).

IV. Contrôle des risques

Les risques majeurs du projet sont surveillés par un tableau de contrôle des risques.

Risques

Dans un cadre projet, un risque est un événement potentiel susceptible d'empêcher l'atteinte des objectifs de réalisation, calendaires ou budgétaires. De plus, sont considérés comme risques uniquement les événements sur lesquels il est possible d'agir a priori (actions préventives) ou a posteriori (actions correctives). Il n'est d'aucune utilité de s'intéresser à des risques qui échappent à tout contrôle.

Objectif

Cet indicateur permet d'identifier et de contrôler l'évolution des risques majeurs du projet.

Format

Il s'agit généralement d'un tableau Word ou Excel. Pensez à utiliser des couleurs pour mettre en évidence les informations importantes.

Exemple

N°	Risques	P	G	T	Précision	Impacts – Projet	Impacts – Clients	Impacts – Internes
1	Retards livraisons	1	1	H	Pas de visibilité sur livraisons lot_1	Dérives planning Charges pour adaptation du projet et du plan de déploiement	Crédibilité	Pression concurrentielle
2	Fiabilité partielledes informations	1	2	H	Spéc techniques incomplètes	Idem risque 1		
3	Qualité inadéquate des produits	1	2	B	Cf. anomalies sur livraison version beta	Idem risque 1		
4	Modification des prérequis techniques produits	2	1	S		Idem risque 1		
5	Couverture fonctionnelle des produits incomplète	3	2	S		Charges de développement interne		Coûts d'exploitation
6	Retards livraisons	1	2	S		Idem risque 1		
7	Disponibilité insuffisante des ressources	2	1	H		Idem risque 1		
8	Perte ressources critiques	3	1	S		Idem 1		
9	Changements de priorités	2	3	B		Idem risque 1		Mobilisation / motivation des équipes

Figure E–7 Exemple de contrôle des risques d'un projet web : actualisation au 31/05/04

La colonne...	contient...
N°	Le numéro de référence du risque
Risques	L'intitulé du risque
P	Le niveau de probabilité (1 = très élevée, 2 = élevée, 3 = moyenne)
G	Le niveau de gravité (1 = très élevée, 2 = élevée, 3 = moyenne)
T	La tendance par rapport au dernier point de contrôle (H = à la hausse, S = stable, B = à la baisse, R = réalisé)
Précision	Toute précision utile pour étayer les valeurs P/G/T
Projet	Les impacts pour les objectifs du projet si le risque se réalise
Clients	Les impacts pour les clients si le risque se réalise
Internes	Les impacts internes pour le projet et l'entreprise si le risque se réalise

Conception

L'indicateur de contrôle des risques doit être opérationnel dès l'entrée en phase de conception. C'est en effet pendant la phase de définition du projet que sont identifiés les risques majeurs.

Données initiales

- Liste des risques majeurs.
- Niveau de probabilité de chaque risque (P), estimé selon les informations du moment.

- Liste des impacts projet, clients et internes.
- Niveau de gravité (G), qui résulte des impacts identifiés.

Ces données sont collectées par le chef de projet, en collaboration avec l'ensemble des acteurs concernés. À noter qu'un document annexe doit décrire pour chaque risque les actions préventives et correctives associées (qui fait quoi, comment, quand, et avec quels moyens).

Degré de précision

Seuls les risques majeurs doivent figurer dans ce tableau. Ils se caractérisent par un niveau de probabilité élevé et/ou un niveau de gravité élevé (c'est-à-dire que les conséquences de la réalisation de ces risques compromettent directement les objectifs du projet). Nous recommandons par ailleurs une approche synthétique, dans la mesure où le contrôle des risques est principalement destinés aux décideurs.

Actualisation

Fréquence d'actualisation

Elle est à déterminer selon la durée du projet, et l'importance des enjeux associés. À titre d'exemple, cet indicateur devrait être actualisé en moyenne une fois tous les deux mois pour un projet d'une durée d'un an.

Données en entrée (pour chaque risque)

- Revue des impacts et ajustement du niveau de gravité (G) en conséquence.
- Revue du niveau de probabilité (P), selon les informations du moment.
- Calcul de la tendance (T), résultat des variations de P et G.

Le chef de projet met à jour le tableau de contrôle d'après sa connaissance du projet, en collaboration avec les acteurs concernés.

Diffusion

Comité de pilotage, comité directeur.

Interprétation

L'interprétation du tableau de contrôle porte sur la donnée T, qui matérialise l'évolution du risque par rapport au dernier point de contrôle :

- T = R : le risque est réalisé, il est urgent de déclencher les actions correctives (initialement prévues ou non) afin de minimiser ses impacts.
- T = H : le risque est la hausse, ce qui signifie que le niveau P et/ou G a été augmenté. Dans ce cas, vous devez déclencher les actions préventives appropriées (initialement prévues ou non).
- T = S : le risque reste stable, pas d'évolution notable depuis le dernier point de contrôle. Si le niveau de gravité est très élevé, c'est un risque majeur qui se confirme, donc à prévenir par les actions appropriées.
- T = B : le risque est à la baisse, ce qui signifie que le niveau de probabilité et/ou de gravité a été abaissé. La surveillance peut donc être allégée au profit des autres risques.

Points forts

Le contrôle des risques donne une visibilité sur un aspect qui échappe totalement aux indicateurs précédents, et qui pourtant peut s'avérer crucial pour la réussite du projet. Il permet de limiter les imprévus en s'assurant régulièrement que l'environnement du projet reste propice à l'atteinte des objectifs. En cas de dégradation de cet environnement, il permet de mieux anticiper les impacts, et donc de définir le plan d'action approprié pour préserver ces objectifs.

Limites

La gestion de cet indicateur représente une charge de travail additionnelle qui peut s'avérer non négligeable. De fait, nombre de projets mettent en place un contrôle des risques, puis le laissent rapidement à l'abandon. Or un indicateur qui n'est plus actualisé devient totalement inefficace. Vous devez donc vous assurer de la pertinence de cet indicateur dans votre contexte, et ne l'utiliser qu'après vous être assuré qu'il est indispensable à la réussite de votre projet.

De plus, sa valeur ajoutée repose sur l'identification préalable de l'ensemble des risques majeurs, or la réalité du terrain montre qu'il est difficile de penser à tout. L'expérience du chef de projet joue ici un grand rôle.

annexe F

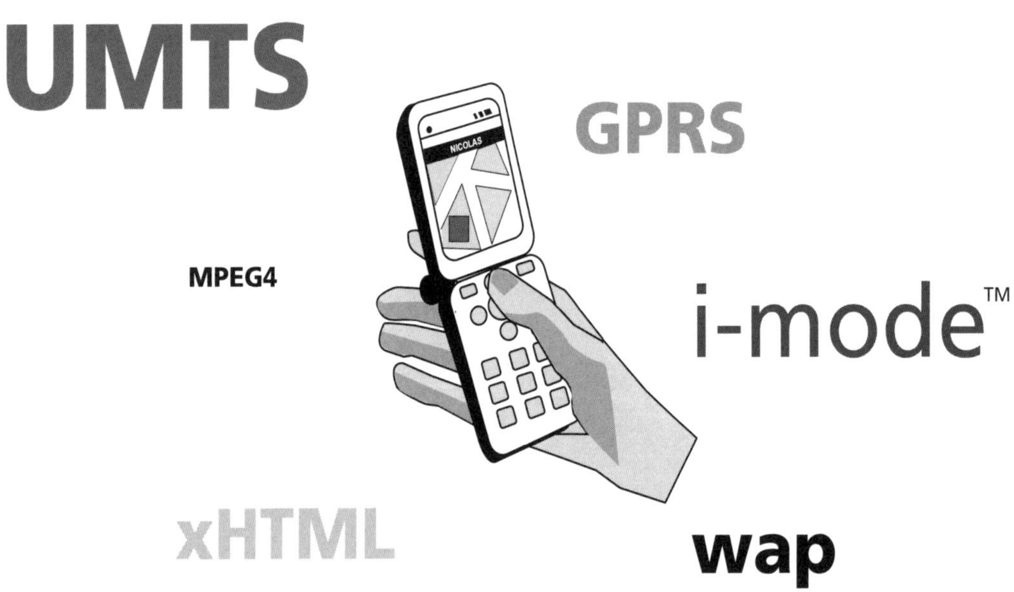

Étendre son projet à l'Internet mobile

L'objectif de cette annexe est de proposer une synthèse des fonctionnalités permises par l'Internet mobile et de l'intérêt qu'il offre pour prolonger et compléter les services d'un site Internet classique.

Il y est défini par Internet mobile, tout accès au réseau Internet réalisé depuis un terminal mobile (téléphone multimédia, smartphones, PDA connecté) par le biais d'un opérateur téléphonique.

SOMMAIRE

L'Internet mobile en bref

À propos de l'auteur

Jean-Philippe Briguet est responsable marketing de la société APOCOPE. Spécialisé dans les domaines de l'Internet et du marketing mobile, il vient de lancer le site d'information :

- www.marketing-mobile.net.

Ubiquité et intimité

Deux concepts sont très importants pour bien comprendre l'Internet mobile : l'ubiquité et l'intimité.

En abolissant les barrières d'espace et de temps, le téléphone mobile permet de mieux gérer le quotidien. Il permet d'être ici et là-bas au même moment ; d'accéder à l'information de n'importe où et n'importe quand. On parle d'ubiquité.

En parallèle, le téléphone est aujourd'hui l'unique média personnel. En effet, on constate que les autres média sont le plus souvent propriété collective :

- les affiches sont offertes à des milliers de regards ;
- le cinéma s'adresse à toute une salle ;
- la télévision est partagée par toute la famille ;
- le PC appartient au foyer ou à l'entreprise.

Seul le téléphone mobile ne se partage pas, il est intime, privé, et toujours allumé au fond de notre poche. Il permet de toujours conserver la marque ou l'entreprise dans la poche.

Un environnement hétérogène

La pauvreté des débuts du WAP a fait place à un Internet mobile plus riche, plus ouvert et plus simple d'accès. La couleur a remplacé le noir et blanc, l'ergonomie est apparue, les contenus sont maintenant multimédia.

DEFINITIONS

xHTML (extensible Hyper Text Markup Langage) : successeur du HTML 4.0, il propose une extension du HTML reprenant les caractéristiques les plus intéressantes du XML, telles que la structuration et l'extensibilité des données.

WML (Wireless Markup Langage) : Le WML a été conçu par le wapforum (aujourd'hui Open Mobile Alliance) regroupant les principaux constructeurs de terminaux mobiles et opérateurs telecom. Basé à l'origine sur le XML, la version 2.0 est résolument orientée vers une convergence avec le xHTML.

iHTML (i-mode Hyper Text Markup Langage) : créé par NTT DoCoMo pour ses terminaux i-mode. Il se base sur le cHTML (sous-ensemble du langage HTML dédié aux terminaux disposant de performances très faibles, enrichi de quelques extensions).

Le **GSM** (Global System for Mobile Communications) est un réseau (2G) physique normalisé de téléphonie sans fil numérique. Conçu pour la transmission de la voix, il ne permet pas de dépasser 9600 bit/s en transmission de données. En se basant sur la commutation de paquets, la norme **GPRS** (General Packet Radio Service) (2,5G) permet d'accroître la bande passante sur le réseau GSM. En théorie 10 fois plus rapide que le GSM, on constate des débits proches des connexions RTC (environ 50Kbit/s).

L'UMTS (Universal Mobile Telecommunications System) désigne le réseau physique dit de troisième génération (3G), il offre un débit théorique de 2 Mbit/s permettant le streaming vidéo, le téléchargement musical et toute application multimédia mobile.

EDGE (Enhanced Date rate for GSM Evolution) est une alternative temporaire à l'UMTS ; il permet de tripler à moindre coût le débit des données par rapport au GPRS.

Malgré toutes ces améliorations, la première caractéristique de l'Internet mobile demeure l'hétérogénéité de son environnement à la fois liée :

- aux différences de capacités entre les terminaux ;
- aux multiples langages utilisés (WML 1.2, WML 2.0, iHTML, xHTML) ;
- au type de réseau des opérateurs (GSM, GPRS, EDGE, UMTS, WiFi) ;
- aux règles ergonomiques des portails et kiosques opérateurs (Orange world, Bouygues i-mode, SFR Vodafone Live, Gallery...).

Une variété de contenus

Malgré tout, les sites Internet mobile peuvent aujourd'hui intégrer des contenus texte, image, vidéo, audio et plus largement, interactifs.

Tableau F–1 Les différents types de contenu présents dans un site Internet mobile

Type de contenu	Descriptif	Réseau nécessaire
Texte	Tout type de contenu texte peut être affiché.	-
Image	Chaque terminal supporte une gamme de formats d'images (JPG, GIF, BMP, PNG...).	-
Vidéo	Le format de référence est aujourd'hui le MPEG4. Les partenariats entre éditeurs de lecteurs spécifiques (Real, Microsoft...) et constructeurs vont accroître le nombre de formats compatibles.	Download : GPRS Streaming : EDGE , UTMS
Flash	Depuis plusieurs années, Macromedia propose une version de Flash compatible avec l'ensemble des smartphones et des pda Microsoft Pocket PC. Une autre version nommée Flash Lite est dédiée aux téléphones multimédia. L'utilisation de cette version devrait rapidement se développer en Europe avec le support des opérateurs.	GPRS, EDGE, UMTS
Sonneries	Les sonneries nécessitent d'être adaptées dans différents formats en fonction du type terminal et de la qualité souhaitée.	GPRS, EDGE, UMTS
Applications JAVA	Les applications JAVA doivent être adaptées selon le constructeur et le terminal. Ces applications côté client ont l'immense avantage de pouvoir fonctionner en mode connecté et déconnecté. Elles peuvent en effet dialoguer automatiquement avec un serveur à distance pour se mettre à jour ou le mettre à jour.	GPRS, EDGE, UMTS

Des fonctionnalités étendues

L'Internet mobile permet d'accéder aux mêmes fonctions que le Web classique :

- Consultation de contenus (catalogue de produits, actualités, fiches...) ;
- Postage de contenus (formulaire, forum, bon de commande, message...) ;
- Traitement et calcul de données (devis en ligne, calcul de panier...).

Mais il ne s'arrête pas là. La connexion aux portails/kiosques opérateurs lui confère des fonctions complémentaires et véritablement innovantes telle la géolocalisation ou le micropaiement.

La géolocalisation

La fonction de géolocalisation est réalisée à l'aide du réseau de bornes de l'opérateur. Ce dernier repère quelle cellule utilise l'abonné et renvoie les coordonnées associées au serveur du site Internet mobile.

Les sites Internet mobile peuvent ainsi proposer un contenu thématique associé à la position géographique du « mobinaute ».

Par exemple, le site peut proposer de se géolocaliser pour :

- connaître le point de vente le plus proche ;
- découvrir les promotions d'un quartier ou d'un centre commercial ;
- retrouver les membres de sa communauté...

La précision de cette géolocalisation dépend de la densité de bornes présentes :

- en milieu très urbain, le nombre de bornes est important ; le rayon de géolocalisation est donc d'1 km maximum ;
- en milieu rural, le nombre de bornes est faible ; le rayon de géolocalisation est alors de 50 km maximum.

La fonction de géolocalisation est soumise à des conditions de mise en œuvre très strictes :

- elle doit toujours être sollicitée par le mobinaute ;
- il doit toujours donner son autorisation avant qu'elle ne soit réalisée.

Le micropaiement

Fort des erreurs commises sur l'Internet classique et de l'exemple donné par NTT Docomo avec son offre de services i-mode, l'ensemble des opérateurs ont doté leurs portails et kiosques Internet mobile d'une solution de micropaiement. Même si ces solutions ne sont pas aujourd'hui unifiées, elles offrent l'immense avantage de permettre aux éditeurs de pouvoir faire payer leurs services et donc de sortir du modèle 100% publicitaire.

Selon les opérateurs, ce système de micropaiement varie en termes de modèle de facturation :

- paiement à l'acte ;
- accès 24 h ;
- accès mensuel ;
- abonnement mensuel à reconduction tacite.

Ces différences entre modèles de facturation peuvent avoir une influence sur la conception du site, l'éditeur doit les prendre en compte en amont du projet.

Les quatre familles d'informations

Pour conclure cette première partie, on peut distinguer quatre grandes familles d'informations et de services sur l'Internet mobile :

1. Les informations personnalisées : mon compte, mon profil, mes messages, mes avantages, mes offres spéciales...

2 Les informations périssables : les événements, les données temporaires (remplissage d'un spectacle, état d'une rencontre sportive…), actualités…

3 Les informations pratiques : mode d'emploi, procédures administratives, en cas d'urgence, alertes…

4 Les informations localisées : carnets d'adresses, points de vente le plus proche, activités aux alentours, informations locales…

Prolonger et compléter son site web

Plus de 350 marques proposent aujourd'hui des services Internet mobile grand public et sont déjà présentes sur les portails/kiosques opérateurs. Ces sites sont dans la plupart des cas un prolongement des sites Internet classiques et s'inscrivent dans une ou plusieurs des démarches suivantes :

- Faciliter l'accès à son contenu ;
- Compléter son offre de service ;
- Être plus proche de ses utilisateurs ;
- Dialoguer avec sa communauté.

Faciliter l'accès à son contenu

Le site Internet mobile peut permettre de délester son utilisateur d'un certain nombre de supports papiers : magazines, notes, flyers, prospectus, bons de réduction… qu'il oublie, perd, doit acheter ou rechercher régulièrement. Dans le même esprit, il permet également, de retrouver l'information d'un site Internet classique, pertinente en situation de mobilité.

Figure F–1 Une version mobile du site du Ministère de la Jeunesse et des Sports permet de retrouver en quelques clics la bonne adresse ou la bonne information pratique.

Compléter son offre de service

L'Internet mobile offre la possibilité aux sites Internet et aux entreprises de proposer des services complémentaires, voire même inédits. Il complète ainsi l'offre de service sur le plan fonctionnel mais également sur le plan média : les possesseurs de téléphones multimédia n'ont pas nécessairement accès à l'Internet depuis leur foyer ou leur travail.

Figure F–2 Réaliser un devis d'assurance en temps réel et être contacté par l'agence ASSU 2000 la plus proche dans l'heure qui suit : un service simple et efficace adressant une population n'ayant pas nécessairement accès à Internet.

Être plus proche de ses utilisateurs

L'Internet mobile est un moyen pour le site de renforcer le contact avec ses utilisateurs en proposant un fil d'information en continue mais également des alertes et de l'information personnalisée.

Figure F–3 Le service mobile NESPRESSO permet aux abonnés du club de commander des capsules sur leur mobile et de recevoir des alertes SMS/MMS.

Favoriser le dialogue au sein d'une communauté

Tous les membres de communautés seront ravis à l'idée de pouvoir continuer une conversation ou recevoir la réponse à une question postée sur un forum depuis leur téléphone portable.

Figure F–4 RTL propose aux inscrits à la communauté RTL Foot de prolonger leur dialogue et de réagir en temps réel aux matchs via un site Internet mobile dédié.

Méthodologie de conduite de projet Internet mobile

Projets pour les professionnels ou le grand public

Pour commencer, il convient de différencier les prérequis entre sites à destination d'un public professionnel (les projets entrant dans ce cadre sont essentiellement dédiés aux employés de l'entreprise, on parle de Business to Employee : BtoE) et sites à destination du grand public (Business to Consumer : BtoC).

Les sites s'adressant aux employés d'une société sont bien souvent une reprise de fonctionnalités d'un intranet (agenda, carnets d'adresse, outil de reporting...). Destinés à un usage interne, ils répondent à un objectif de productivité et peuvent donc être conçus pour :

- un parc de terminaux homogènes ;
- un accès hors portails/kiosques opérateurs.

Au contraire, les sites s'adressant au grand public possèdent les caractéristiques inverses :

- besoin d'une forte visibilité ;
- obligation d'une compatibilité terminaux parfaite ;
- nécessité d'un modèle économique.

La conception d'un site Internet mobile

Qu'il soit BtoC ou BtoE, la conception d'un site Internet mobile demande un fort degré d'empathie à l'égard du futur utilisateur. Le concepteur doit véritablement analyser quels peuvent être les besoins des utilisateurs en situation de mobilité :

- de quelles informations peuvent-ils avoir besoin ?
- quelles fonctions peuvent les aider ?

- certains contenus peuvent-ils être associés à de la géolocalisation ?
- quels échanges peut-il y avoir entre eux, les autres « mobinautes » et le site ?
- certains services peuvent-ils être facturés ?
- des services de personnalisation peuvent-ils être pertinents ?

Quelles différences entre le projet Internet et le projet Internet mobile ?

D'une façon globale, la démarche projet Internet mobile demeure très proche de celle de l'Internet classique. Les deux différences majeures proviennent de l'environnement Internet mobile et de la relation tripartite.

L'environnement de l'Internet mobile

La principale complexité vient de l'environnement de l'Internet mobile. Le même site doit s'adapter en fonction :

- des capacités techniques du terminal ;
- du langage supporté par le terminal ;
- des règles ergonomiques et contraintes techniques opérateurs.

Pour les raisons citées plus haut, les sites dédiés BtoE (Intranet mobile...) peuvent s'affranchir facilement de ces contraintes techniques. Ce type de projet peut donc être facilement développé en interne ou par un prestataire non spécialisé.

En revanche, tout site à destination du grand public se doit d'être visible depuis n'importe quel terminal et être présent sur les portails/kiosques opérateurs. De plus si les fonctionnalités de micropaiement, géolocalisation ou téléchargement sont nécessitées par le site, ce dernier devra être connecté au système d'information des opérateurs.

Dans ce cas, il est préférable de passer par un spécialiste de l'Internet mobile (« facilitateur ») prenant en charge le développement du site, la connexion opérateurs, la gestion de toutes les problématiques techniques devant être suivies au jour le jour (création du site dans les différents langages, respect des règles techniques et ergonomiques des opérateurs, mise à jour de la base de compatibilité terminaux...).

La relation tripartite

Cette différence est principalement valable pour les projets BtoC.

Les sites présents sur les portails/kiosques opérateurs doivent être validés par ces derniers. Pour les portails, la validation recouvre l'aspect fonctionnel, innovant et technique ; pour les kiosques, la validation se limite au niveau technique.

Cette forte implication de l'opérateur donne lieu à des cycles de projet différents de ceux du Web :

1. L'intérêt du site pour le portail doit être validé par l'opérateur.

2 La conception du site doit être également validée par l'opérateur.

3 Le lancement du site sur le portail ou kiosque donne lieu à une recette complète de la part de l'opérateur.

Les huit étapes de la gestion de projet Internet mobile

1. Détailler la cible et contexte

En début de projet, il est crucial d'établir précisément la cible et le contexte ; et tout particulièrement le contexte technique. Le chef de projet doit rapidement s'interroger sur la provenance du contenu du site Internet mobile et sur son mode de mise à jour.

Derrière cette question se cache la vaste problématique de l'édition multi-support :

- Quelles informations peuvent être reprises du site Internet mobile ?
- Comment peut-on connecter les deux ?
- Doit-on utiliser un même back office ?

2. Valider le besoin de l'utilisateur et rédiger une note de synthèse

Comme nous l'avons vu, une étape importante de la conception consiste à se mettre à la place de l'utilisateur pour bien comprendre son vrai besoin en situation de mobilité. Le service doit être imaginé dans la perspective de l'ubiquité et de l'intimité.

Une fois le périmètre fonctionnel précisé, il convient de rédiger pour les opérateurs une note de synthèse présentant le service et ses facteurs différenciant. Cette note est un support privilégié pour présenter le projet aux portails/kiosques opérateurs et leur faire valider.

3. Réaliser le storyboard

A l'issue de cette étape avec les opérateurs, le chef de projet peut réaliser un storyboard détaillé du service. Notre recommandation est de d'abord faire valider ce dernier par l'opérateur paraissant le plus exigeant.

4. Rédiger le cahier des charges fonctionnel et le plan projet

Une fois la validation du premier opérateur obtenue, tous les documents nécessaires à la bonne conduite du projet devront être rédigés. On notera que le plan projet doit intégrer le déploiement sur les autres opérateurs et prendre en compte pour cela le planning des sessions de tests et d'homologation prévues par leurs équipes techniques.

5. Réaliser le site

La réalisation du site doit inclure une longue session de tests sur un maximum de terminaux cible.

6. Lancer les tests opérateur

Une fois le site validé en interne, il devra passer les sessions de tests opérateurs qui incluent :

- la vérification du bon respect du storyboard validé à l'origine ;
- le test de toutes les fonctionnalités et pages du site ;
- le test du site sur tous les terminaux.

7. Mise en production et lancement du site

Les dernières corrections apportées, le site est en général mis en ligne dans la semaine qui suit.

8. Déploiement du site

La déclinaison du site sur les autres portails/kiosques opérateurs peut maintenant commencer. Attention à bien adapter le storyboard en fonction des modes de paiements et des cinématiques fonctionnelles de chacun (retour à l'étape 5).

Index

T

U

V

W

X

Z